귀의성

이인직

SR&B(새로본닷컴)

강희안의 〈고사관수도〉

〈베스트 논술 한국대표문학(전60권)〉을 펴내며

　어린 시절의 독서는 평생의 이성과 열정을 보장해 줄 에너지의 탱크를 채우는 일입니다. 인생의 지표를 세울 수 있는 가장 믿을 만한 방법이기도 합니다.

　새로 접하는 사물의 이치를 터득하려면 그 정보를 대뇌 속에 담는 프로그램이 마련되어 있어야 합니다. 그 프로그램을 구축하는 가장 효과적인 방법이 지속적인 독서입니다. 독서는 책과 나의 쌍방향적인 대화이며 만남이며 스킨십입니다.

　그러나 단순한 독서만으로는 생각하는 힘과 정확히 표현하는 힘을 키울 수 없습니다. 〈베스트 논술 한국대표문학〉은 이에 유의하여 다음과 같이 편찬하였습니다.

①　초 · 중 · 고 교과서에 실린 고전 및 현대 문학 작품부터 〈삼국유사〉, 〈난중일기〉, 〈목민심서〉 등 우리의 정신을 일깨워 주고 우리에게 지혜와 용기를 준 '위대한 한국 고전' 에 이르기까지 한 권 한 권을 가려 뽑았습니다.

②　각 권의 내용과 특성을 분석하여, '작가와 작품 스터디', '논술 가이드' 등을 덧붙여 생각하는 힘, 표현하는 힘을 키울 수 있도록 각 분야의 권위 학자, 논술 전문가들이 심혈을 기울였습니다.

③　특히 현대 문학 부문은 최근 학계에서, 이 때까지의 오류를 바로잡아 정확한 텍스트를 확정한 것을 반영하였고, 고전 부문은 쉽고 아름다운 현대 국어로 재현하였습니다.

④　각 작품에 관련된 작가의 고향을 비롯한 작품의 배경, 작품의 참고 자료 등을 일일이 답사 촬영하거나 수집 · 정리하여 화보로 꾸몄고, 각 작품의 갈피 갈피마다 아름다운 그림을 넣어, 작품에 좀더 친근감 있게 접근할 수 있도록 하였습니다.

　이 〈베스트 논술 한국대표문학〉이 여러분이 '큰 사람' , '슬기로운 사람' 이 되는 데 충실한 밑거름이 되기를 바랍니다.

〈베스트 논술 한국대표문학〉 편찬위원회

이인직

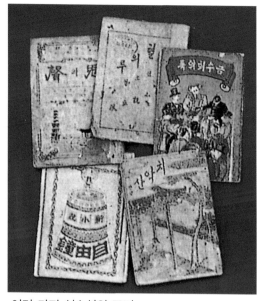

여러 가지 신소설의 표지

〈혈의 누〉의 표지

이인직이 쓴 〈귀의 성〉의 표지   이인직이 지은 〈은세계〉 원본

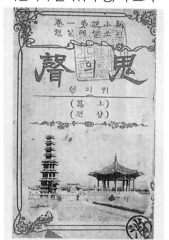

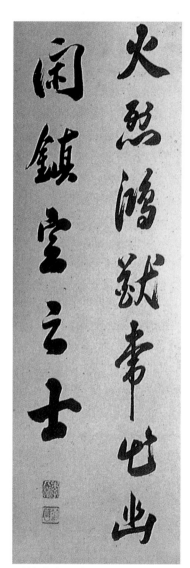

이인직의 글씨

이인직이 창간한 〈대한 매일 신보〉

친일파인 이완용(왼쪽)과 함께한 이인직

동학 운동 진압을 위해 출병한 일본군이 청의 군함을 공격함으로써 시작된 청일 전쟁

샌프란시스코의 상징인 금문교

청일 전쟁 때의 황해 해전

모란봉의 정금문

〈혈의 누〉의 배경이 되는 평양 시내

차례

귀의 성

귀의 성

깊은 밤 지는 달이 춘천* 삼학산 그림자를 끌어다가 남내면 솔개 동네 강 동지 집 건넌방 서창에 드리웠더라.

창호지 한 겹만 가린 홑창 밑에서, 긴 베개 한 머리 베고 넓은 요 한 편에 혼자 누워 있는 부인은 나이 이십이 될락 말락 하고, 얼굴은 솟아오르는 반달같이 탐스럽더라.

그 부인이 베개 한 머리가 비어서 적적한 마음이 있는 중에, 뱃속에서 팔딱팔딱 노는 것은 내월만 되면 아들이나 딸이나 낳을 터이라고 혼자 마음에 위로가 된다.

서창에 비치는 달빛으로 벗을 삼고, 뱃속에서 꼼지락거리고 노는 아이로 낙을 삼아 누웠으나, 이런 생각 저런 생각 잠 못 들어 애를 쓰다가

＊ 춘천(春川) 강원도의 한 시. 소양강이 시가의 중심부와 삼면을 끼고 호반의 도시를 이룸.

삼학산 그림자가 창을 점점 가리면서 방 안이 우중충하여지는데, 부인도 생각을 잊으며 잠이 들었더라.

잠든 동안에, 게으른 놈은 눈도 몇 번 못 끔적거릴 터이나, 부인은 꿈을 빨랫줄같이 길게 꾸었더라.

꿈을 꾸다가 가위에 눌렸던지 소리를 버럭 질러서 그 집 안방에서 잠자던 동지 내외가 깜짝 놀라 깨었는데, 강 동지의 마누라가 웃통 벗고 너른 속곳 바람으로 한걸음에 뛰어왔다.

"이애, 길순아! 문 열어라, 문 열어라! 이애, 길순아! 길순아!"

길순이를 두세 번 부르다가 길순이가 대답이 없자 다시 안방으로 향하고 강 동지를 부른다.

"여보 영감, 이리 좀 건너오시오. 길순이 방에서 무슨 이상한 소리가 들렸는데 아무리 불러도 대답이 없으니 웬일이오?"

벌거벗고 자던 강 동지가 바지만 꿰고 뛰어나와 건넌방 문을 흔든다.

강 동지 "이애 길순아, 길순아 길순아!"

길순이를 부르느라고 온 집안이 법석을 하는데, 그 방 안에 있는 길순이가 잠이 깨었으나, 숨소리도 없이 누웠다가 마지못하여 대답하는 모양이라.

"아버지 어머니는 그 대단한 길순이가 무슨 염려가 되어 저렇게 애를 쓰시오? 길순이는 죽든지 살든지 내버려 두고 들어가서 주무시오."

하더니 다시는 아무 소리 없는데, 길순이 가슴은 녹는 듯하여 베개에 드러누웠고, 강 동지 내외는 죄나 지은 듯이 헛웃음을 웃으면서,

"오냐, 잠이나 잘 자거라. 무슨 소리가 들리기로 염려가 되어서 그리하였다."

하면서 안방으로 건너가더니, 강 동지 마누라는 웃통 벗은 채로 방 한가운데 앉았는데, 무슨 생각을 하는지 얼빠진 사람같이 우두커니 앉았더라.

그 때는 달 그림자가 지구를 안고 깊이 들어간 후라 강 동지 집 안방이 굴 속같이 어두웠는데, 강 동지는 그렇게 어두운 방에서 담뱃대를 찾으려고 방 안을 더듬더듬 더듬지만 담뱃대는 아니 집히고 마누라의 몸뚱이에 손이 닿더라.

판수*가 계집을 만지듯이, 마누라의 머리에서부터 더듬어 내려오더니, 중늙은이도 젊은 마음이 나던지 담뱃대는 아니 찾고 마누라를 드러누리려 하니, 마누라가 팔을 뿌리치며 하는 말이,

"여보, 좀 가만히 있소. 남은 경황이 없는데 왜 이리하오."

강 동지 "왜 무슨 걱정이 있나?"

마누라 "여보, 자식에게 저 몹쓸 노릇을 하고 걱정이 아니 된단 말이오? 나는 우리 길순이 생각을 하면 뼈가 녹는 듯하오. 자식이라고는 그것 하나뿐인데, 금옥같이 길렀다가 지금 와서 저러한 신세가 되니 그것이 뉘 탓이오? 초록은 제 빛이 좋다고, 사위를 보려거든 같은 상사람끼리 혼인하는 것이 좋지, 양반 사위 좋다고 할 빌어먹을 년이 있나. 내 마음대로 할 것 같으면 가난한 집 지차 자식*이든지, 그렇지 아니하면 부모도 없고 사람만 착실한 아이를 골라서 데릴사위를 삼아서 평생을 데리고 있으려 하였더니, 그 소원이 쓸데없고, 사위 없는 딸 하나만 데리고 있게 되었소. 여보 영감, 양반 사위를 보려고 남을 입도 못 벌리게 하고 풍을 칠 때에는, 그 혼인만 하면 하늘에서 은이나 금이나 쏟아지는 것 같고 길순이는 신선이나 되는 듯하더니, 사위 덕을 얼마나 보았소?"

강 동지 "말 좀 나직나직 하게. 길순이 들으리. 덕은 적게 본 줄로 아나? 김 승지 영감이 춘천 군수로 있을 때에 최덜퍽에게 빚 받은 것은 생억지의 돈을 받았지, 어디 그러한 것이 당연히 받을 것인가? 그러

---

* 판수 점치는 것을 직업으로 하는 소경.
* 지차(之次) 자식 둘째 아들. 혹은 첫째 아들을 뺀 나머지 아들.

나 그뿐인가, 청질*은 적게 하여 먹었나?"

마누라 "에그, 끔찍하여라. 큰 수났군. 그러나 그 수나서 생긴 돈은 다 어디 두었소?"

강 동지 "압다, 이런 답답한 말도 있나? 빚 갚은 것은 무엇이며 그 동안 먹고 쓴 것은 무엇인가? 우리가 백척간두*에 꼭 죽을 지경에 김 승지 영감이 춘천 군수로 내려와서 우리 길순이를 첩으로 달라 하니, 참 용꿈 꾸었지. 내가 전에는 풍언 하나만 보아도 설설 기었더니, 춘천 군수 사위 본 후에는 내가 읍내를 들어가면 동지님 동지님 하고, 어디를 가든지 육회 접시, 술잔이 떠날 때가 없었네. 그 영감이 비서 승으로 갈려 들어가지 말고 춘천 군수로 몇 해만 더 있었다면 우리가 수날 뻔하였네. 여편네들은 아무것도 모르면서 집 안에서 방정을 떨고 있으니 될 것도 아니 되야. 잠자코 가만히만 있게. 그 양반 덕에 우리가 또 수날 때 있으니."

하는 소리에 마누라가 골이 잔뜩 났더라.

무식한 상사람은 대개 다툼이 나면 맹세지거리, 욕지거리가 아니면 말을 못 한다.

마누라 "그 빌어먹을 소리 좀 마오. 집안이 잘 될 것을 여편네가 방정을 떨어서 아니 되었소그려. 내일부터 내가 벙어리 되면 하늘에서 멍석 같은 복이 내려와서 강 동지의 머리에서부터 덮어쓸 터이지, 어디 좀 두고 보아야. 양반 사위 보고 그 덕에 청나치나 하여 먹고, 읍내 가면 육회 접시, 술잔 얻어먹었다고 그까짓 것을 덕본 줄 알고, 길순이에게는 저러한 적악한 줄은 모르니, 참 답답한 일이오. 길순이는 정절 부인이 되려나, 왜 다른 데로 시집을 아니 가고, 김 춘천인지 김 승지인지 그 망할 놈만 바라고 있어. 김 승지 김 승지, 김 승지가 다

---

* 청질 어떤 일을 하는데 남에게 청탁하여 그 힘을 비는 것.
* 백척간두(百尺竿頭) 긴 장대 꼭대기에 매달린 것처럼 위태로움.

무엇이오? 그런 김 승지 같은 놈이 어디 있단 말이오? 저의 마누라가 무서워서 첩을 데려가지 못하고 저렇게 둔단 말이오? 아내가 그렇게 겁이 날 것 같으면 당초에 첩을 얻지 말 일이지, 얻어는 놓고 남에게 저런 못할 노릇을 하여? 그 망할 놈, 편지나 말면 좋으련만, 편지는 왜 하는지. 내일은 길순이더러 다른 서방을 얻으라고 일러서, 만일 아니 듣거든 쳐죽여야. 호강하려고 남의 첩 되었다가 어떠한 빌어먹을 년이 고생하고 근심하려고 있어?"

하는 소리에 강 동지는 골이 나서 제 계집을 박살이라도 하고 싶으나 꿀꺽꿀꺽 참고 잠자코 있는 것은 계집을 아껴서 참는 것이 아니요, 돈을 아껴서 참는 것이라. 돈은 무슨 돈인가? 강 동지의 마음에는 길순이를 돈덩어리로 보고 있는 터이라, 그 돈덩어리를 덧냈다가 중병이 나면 탈이라고 생각하면서, 어느 틈에 담뱃대를 찾아서 담배를 붙였던지 방바닥에서 담뱃불만 반짝반짝한다.

단풍머리 찬바람에 이슬이 어려 서리되는 새벽 기운이라 열이 잔뜩 났던 마누라가 몸이 싸늘하게 식었는데, 옷을 찾아 입느라고 부스럭부스럭하더니 윗목에 가서 혼자 웅크리고 등걸잠*을 잔다.

강 동지 "여보게 마누라, 마누라, 감기 들려고 윗목에서 등걸잠을 자나?"

마누라는 숨소리도 없이 쥐죽은 듯이 누웠는데, 강 동지는 그 마누라가 잠 아니 든 줄을 알면서 모르는 체하고 혼자말로,

"계집이란 것은 하릴없는 것이야. 고런 방정이 있나? 김 승지 영감이 나더러 길순이 데리고 서울로 올라오라고 기별까지 하였는데, 집 안에서 그런 말을 하면 그 날 그 시로 아니 떠난다고 방정들을 떨 듯하여서 내가 잠자코 있었지. 내가 영웅이지. 조 방정에 그 소리를 듣고

---

* 등걸잠 아무것도 덮지 않고 옷을 입은 채 자는 것.

한시를 참아? 윗목에서 등걸잠을 자다가 감기나 들어서 뒈졌으면."
하더니 담뱃대를 탁탁 털고 이불 속으로 쑥 들어가니, 마누라는 점점
추운 생각이 나서 이불 속으로 들어가고 싶으나 강 동지가 부를 때에
들어가지 아니하고, 지금 제풀에 들어가기도 열없는 일이라. 다시 부르
기를 기다려도 부르지는 아니하고 제풀에 골이 나서 새로이 일어나더
니 혼자말로,

"이 원수 같은 밤은 왜 밝지 아니하누? 내가 감기나 들어서 거꾸러지
기만 기다리는 그까짓 영감을 바라고 살 빌어먹을 년이 있나? 날이
밝거든 내 속으로 낳은 길순이까지 쳐죽여 버리고, 내가 영감 앞에서
간수나 마시고 눈깔을 뒤어쓰고 죽는 것을 보일 터이야."

강 동지 "죽거나 말거나, 누가 죽으랬나? 공연히 제풀에 방정을 떨
어. 죽거든 혼자나 죽지, 애꿎은 길순이는 왜 쳐죽인다 하는지, 김 승
지가 날마다 기다리고 있는 길순이를……."

그렇게 싱거운 싸움 하는 소리가 단칸 마루 건넌방에 혼자 누운 길순
이의 귀에는 낱낱이 유심히 들린다. 강 동지의 엉터리도 없는 거짓말
이, 길순이 귀에는 낱낱이 참말로 들렸더라.

제 2 장

길순이는 강 동지의 딸이라. 그 아비에게 속기도 많이 속았는데, 만
일 남에게 그렇게 속았으면 다시는 참말을 들어도 거짓말로 들을 터이
나, 자식이 부모를 믿는 마음에 의심도 없이 또 속는다. 그 안방에서는
강 동지의 솜씨 있는 거짓말 한 마디에 마누라의 포달*은 제풀에 줄어

＊포달 악을 쓰고 함부로 대드는 일.

져서 크던 목소리 작아지고 작던 소리 없어지더니 그로 잠이 들었는지 아무 소리도 아니 들리더라.

길순의 베개가 다시 조용하여졌더라.

창 밖의 오동나무 가지에서 새벽 까치가 두세 마디 짖는데, 그 까치의 소리가 길순의 베개 위에 똑똑 떨어진다.

길순이 잠 못 든 눈을 감고 누웠다가 눈을 번쩍 떠서 보니 창 밖에는 다 밝은 날이라.

"까치*야 까치야, 반기어라. 김 승지 댁에서 날 데리러 교군* 오는
   소식을 전하느냐? 에그, 그 집 인품은 어떠한고, 어서 좀 가서 보았
   으면……."

하더니 한 번 뒤쳐 누우면서 발로 이불을 툭 차서 이불이 허리 아래만 걸쳤더라. 일평생에 서울을 못 가 보고 죽으려니 생각하고 있을 때는 그 근심뿐이더니, 서울로 올라가려니 생각하고 있으니 남 모르는 걱정이 무수히 생기더라.

기품 좋고 부지런한 강 동지는 벌써 일어나서 앞뒤로 돌아다니면서 잔소리를 하더니 동네 막걸릿집으로 나가더라.

강 동지의 마누라가 무슨 경사나 난 듯이 길순의 방으로 건너오더니 입이 헤벌어져서 길순을 부른다.

"이애 길순아, 네가 저렇게 탐스럽게 잘생긴 얼굴을 가지고 팔자가
   사나울 리가 있느냐?"

길순 "무슨 팔자 좋을 일이 생겼소?"

모친 "오냐, 걱정 마라. 우리가 그 동안에 헛근심을 그렇게 하고 있었
   다. 내가 오늘에야 처음으로 너의 아버지에게 자세한 말을 들었다.
   김 승지가 너의 아버지더러 너를 데리고 서울로 오라고 노자까지 보

* 까치 까마귀과에 딸린 새.
* 교군(轎軍) 가마. 또는 가마를 메는 사람인 '교군꾼'을 줄여 부르는 말.

냈는데, 너의 아버지가 돈을 썼는지 우리더러 그 말을 아니하고 있었다가 오늘 새벽에 처음으로 그 말을 하시더라. 어떻게 하든지 내일은 너를 데리고 서울로 간다 하니 오늘부터라도 행장을 차려라. 네가 올라간 뒤에는 우리도 차차 네게로 올라가겠다. 우리 내외가 늙게 와서 너밖에 의지할 데 있느냐?"

하면서 눈물이 뚝뚝 떨어지니, 길순이가 마주 보며 눈물을 흘리는데, 그 날 그 시로 모녀 상별하는 것 같은지라.

그 때 강 동지가 식전 술을 얼근하도록 먹고 제 집에 들어오는데, 새벽녘에 거짓말하던 일은 언제 무엇이라 하였던지 생각도 아니 나는데, 그 마누라가 모녀 마주 보며 우는 것을 보더니 서슬 있게 소리를 지르더라.

"요 방정맞은 것들, 계집년들이 식전참에 울기는 왜 우느냐?"

길순의 모녀가 평생에 그런 일을 처음으로 당하는 것 같으면 여편네 마음에 경풍을 하였을 터이나, 강 동지의 그 따위 소리는 그 집안에서 예사로 듣는 터이라. 강 동지가 빚만 졸려도 화풀이는 집 안에 들어와서 만만한 계집 자식에게 하고, 술만 취하여도 주정은 계집 자식에게 하고, 무슨 경영하던 일이 아니 되어도 심증은 집 안에 들어와서 부리는 고로, 그 마누라는 강 동지의 주먹이나 무서워할까, 여간한 잔소리는 으레 들을 것으로 알고 있다.

마누라 "압다, 답답한 소리도 하시구려. 길순이가 내일 떠나면 언제 다시 볼는지, 우리가 추후로 올라간다 하기로 말이 그러하지 쉬운 일이오? 여보, 오늘 하루만 걱정을 좀 마시고 잠자코 계시구려. 길순이를 집에 두고 보면 며칠이나 보려고 그리 하시오?"

하면서 눈물이 쏟아지니,

길순 "어머니, 우지 마시오. 내가 아버지 걱정을 들으면 며칠이나 듣겠소. 서울로 올라가면 아버지 걱정을 듣고 싶기로 얻어들을 수가 있겠소? 걱정을 하시든지 귀애하시든지 믿을 곳은 부모밖에 또 있소? 내가 서울로 가기는 가나 웬일인지 마음이 고약하오. 어젯밤에 꿈자리가 하도 사나우니 꿈땜이나 아니할는지."

하면서 꿈 생각이 나더니, 소름이 쪽쪽 끼치고 눈물이 뚝 그쳤다.

모친 "글쎄, 그 이야기 좀 하여라. 어젯밤에 네가 자다가 무슨 소리를 그렇게 질렀던지 좀 물어 보려 하다가 딴말 하느라고 못 물어 보았다. 꿈을 꾸고 가위에 눌렸더냐?"

길순이는 대답 없이 가만히 앉았고, 강 동지는 마누라와 길순의 얼굴만 흘끔흘끔 보며 담배를 부스럭부스럭 담는다.

길순이는 꿈 생각만 하고 있고, 강 동지는 거짓말할 경륜을 하고 있다.

길순의 꿈 생각을 잊어서 생각하는 것이 아니라, 무섭고 끔찍하여 앞일 조심되는 그 생각을 하고 있고, 강 동지의 거짓말할 생각은 차일피일하고 딸을 아니 데리고 가자는 일이 아니라, 이번에는 무슨 귀정이 날 일을 생각한다.

못된 의사라도 의사는 방통이 같은 사람이라. 아무 소리도 없이 고개를 끄덕끄덕하며 빙긋빙긋 웃는다.

무슨 경륜을 하였는지 아비의 얼굴에는 기쁜 빛이요, 어미의 눈에는 눈물방울이요, 딸의 가슴에는 근심덩어리라. 세 식구가 서로 보며 한참 동안을 아무 소리가 없더니, 말은 기쁜 마음 있는 사람이 먼저 냅뜬다.

강 동지 "오냐, 두 말 마라. 솔개 동네서 서울이 일백구십 리다. 내일 새벽 떠나면 아무리 단패* 교군이라도 모레 저녁에는 일찍 들어간다. 마누라, 아침밥 좀 일찍이 하여 주게. 어디 가서 교군 잘하는 놈 둘만 얻어야 하겠네. 아니, 그럴 것도 없네. 나는 아직 밥 생각도 없으니 지금으로 어디 가서 교군꾼 먼저 얻어 놓고."

---

* **단패**(單牌) 가마를 메고 가는 데 교대할 사람이 없이 단 두 사람이 메는 것.

하면서 뒤도 아니 돌아보고 문 밖으로 나가니, 길순의 모녀는 눈앞에 이별을 두고 아침밥 지어 먹기도 잊었던지 둘이 마주 보고만 앉았더라.

길순 "어머니, 내 꿈 이야기 좀 들어 보시오. 꿈에는 내가 아들을 낳아서 두 살이 되었는데, 함박꽃같이 탐스럽게 생긴 것이 나를 보고 엄마 엄마 하면서 내 앞에서 허덕허덕 노는데, 우리 큰마누라라는 사람이 상긋상긋 웃으며 어린아이를 보고 두 손바닥을 톡톡 치면서 이리 오너라 이리 오너라 하니, 천진한 어린아이가 벙긋벙긋 웃으며 고사리 같은 작은 손을 내미니, 큰마누라가 와락 달려들어서 어린아이의 두 어깨를 담싹 움켜쥐고 반짝 들더니 어린아이 대강이서부터 몽창몽창 깨물어 먹으니, 내가 놀랍고 끔찍하여 어린아이를 뺏으려 하였더니, 큰마누라가 반 토막쯤 남은 아이를 집어던지고 피가 빨갛게 묻은 주둥이를 딱 벌리고 앙상한 이빨을 흔들며 왈칵 달려드는 서슬에 질기*를 하여 소리를 지르며 잠이 깨었으니, 무슨 꿈이 그렇게도 고약하오?"

모친 "이애, 그 꿈 이야기를 들으니 소름이 끼치는구나. 그러면 서울로 가지 말고 집에 있거라. 네가 지금 열아홉 살에 전정*이 만 리 같은 사람이 김 승지가 아니면 서방이 없겠느냐? 우리 같은 상사람이 수절이니 기절이니 그 따위 소리는 하여 무엇 하느냐? 어디든지 고생이나 아니할 곳으로 보내 주마. 나는 사위 덕도 바라지 아니한다. 사람만 착실하면 돈 한 푼 없는 걸인이라도 관계 없다."

길순 "어머니, 그 말 마오. 좋은 일도 팔자에 타고나고 흉한 일도 팔자에 타고나는 것이니, 내 팔자가 좋을 것 같으면 김 승지 집에 가서도 좋을 것이요, 흉할 것 같으면 어디를 가기로 그 팔자 면할 수 있

---

* 질기(窒氣) 숨이 통하지 못하여 기운이 막힘.
* 전정(前程) 앞길.

소? 또 사람의 행실은 반상*으로 의논할 것이 아니오. 사족의 부녀라도 제 마음 부정한 사람도 있을 것이요, 불상년이라도 제 마음 정렬한 사람도 많을 터이니, 나는 아무리 시골 구석에 사는 상년이라도 두 번 세 번 시집가기는 싫소. 시집에 가서 좋은 일이 있든지 흉한 일이 있든지 갈 길은 하루바삐 가고 싶소."

해가 낮이 되도록 모녀의 공론은 그치지 아니하였는데 강 동지는 벌써 제 집으로 돌아왔더라. 조그마한 일을 보아도 볼멘소리를 하던 강 동지가 그 날은 별다른 날인지 낮이 되도록 아침밥을 아직 아니 하였단 말을 들어도 야단도 아니 치고,

"길순이가 배고프겠다. 어서 밥 지어 먹여라."

하는 말뿐인데, 내일 새벽에 길 떠날 준비를 다 하고 들어온 모양이라.

길순은 행장을 차린다 차린다 하면서 경대의 먼지 하나 털지 못하고 그 날 해가 졌더라.

강 동지의 마누라는 허둥거리느라고 길순의 행장 차리는 것도 거들어 주지 못하고 있다가, 길 떠나는 날 새벽이 된 후에 문 밖에서 말 워낭* 소리나는 것을 듣고, 한편으로 밥 짓고, 한편으로 말죽 쑤고, 한편으로 행장을 차리는데, 어찌 그리 급하던지 된장을 거르다가 말죽 속에도 들이붓고, 행장을 차리다가 옷 틈에 걸레까지 집어넣었더라. 그렇게 새벽부터 법석을 하나 필경 떠날 때는 해가 낮이나 된지라. 강 동지의 수선에 길순이는 밥 먹을 동안도 없이 교군을 타는데, 모녀가 다시 만나 보리 못 보리 하면서 울며불며 이별이라.

솔개 동네는 여편네 천지인지, 늙은 여편네 젊은 여편네가 안마당 바깥마당에 그득 모여서 언제 길순과 정이 그렇게 들었던지, 길순 모녀 우는 대로 덩달아서 눈물을 흘린다. 이 눈에도 눈물, 저 눈에도 눈물,

* 반상(班常) 양반과 상사람.
* 워낭 마소의 턱밑에 늘어뜨린 쇠고리 또는 귀에서 턱밑으로 늘이어 단 방울.

약한 마음 여린 눈에 남 우는 것 보고 감동되어 눈물나기도 예사라 하련만 흑흑 느끼며 우는 것은 이상한 일이라.

　이웃집 노파는 길순이를 길러 내서 정이 그렇게 들었다 하더라도 곧 이들을 만하거니와 아랫마을 박 첨지의 며느리는 길순과 초면인데 그 시어머니 따라서 길순이 떠나는 것 보러 온 사람이라. 처음에는 비죽비죽 울기를 시작하더니 나중에는 남부끄러운 줄도 모르고 목을 놓아서 엉엉 우니, 그것은 울음판에 와서 제 친정 생각하고 우는 사람이라.

　강 동지 "어, 이리하다가는 오늘 길 못 떠나겠구나. 이애 길순아, 어서 교군 타거라. 여보게 교군꾼, 어서 교군채 메고 일어나게. 자, 동네 아주먼네 여러분, 평안히 계시오. 서울 다녀와서 또 뵈옵겠습니다. 이애 검둥아, 말 이리 끌어오너라."

하더니, 부담말*에 치켜 타니, 교군 한 채 말 한 필은 신연강으로 향하

여 가고, 솔개 동네 여편네들은 하나씩 둘씩 제 집으로 돌아가고, 강 동지 마누라는 혼자 빈 집에 들어와서 목을 놓아 운다.

제3장

본래 김 승지가 서울로 올라갈 때에 강 동지더러 하는 말이, 춘천집을 데리고 가지 못할 사기*가 있으니 아직 자네 집에 두고 기다리다가, 언제든지 내가 치행*할 돈을 보내며 서울로 오라 하기 전에는 부디 오

---

* **부담**(負擔)**말** 부담롱(옷 · 책 등을 담아서 말 잔등에 싣는 농짝)을 싣고, 사람도 함께 타도록 꾸민 말.
* **사기**(事機) 일이 되어 가는 가장 중요한 기틀.
* **치행**(治行) 길 떠날 행장을 차림.

지 마라는 당부가 있은지라.

그러한 사정이 있는데, 길순이 잠꼬대하던 날 새벽에 강 동지의 마누라가 포달부리는 서슬에 강 동지가 거짓말로, 서울 김 승지 집에서 길순을 오라 하였다 하고, 또 하는 말이, 내일은 길순을 데리고 서울로 올라가겠다 하였는데, 밝은 후에 일어나서 술집에 가서 식전 술을 얼근하게 먹고 집에 들어와 본즉, 길순이 모녀가 당장 이별하는 사람같이 다시 만나 보느니 못 보느니 하며 우는 것을 보고 강 동지가 기가 막혔더라. 강 동지가 성품은 강하고 힘은 장사라, 하늘에서 떨어지는 벼락도 무섭지 아니하고, 삼학산에서 내려오는 범도 무섭지 아니하나, 겁나는 것은 양반과 돈이라.

양반과 돈을 무서워하면 피하여 달아나는 것이 아니라 어린아이 젖꼭지를 따르듯 따른다. 따르는 모양은 한 가지나 따르는 마음은 두 가지라. 양반을 보면 대포를 놓아서 무찔러 죽여 씨를 없애고 싶은 마음이 있으면서 거죽으로 따르고, 돈을 보면 어미 아비보다 반갑고 계집 자식보다 귀애하는 마음이 있어서 속으로 따른다.

그렇게 따르는 돈을 이전 시절에 남부럽지 아니하게 가졌더니, 춘천 부사인지 군수인지, 쉽게 말하려면 인피 벗기는 불한당들이 번갈아 내려오는데, 이놈이 가면 살겠다 싶으나 오는 놈마다 그놈이 그놈이라. 강 동지의 돈은 양반의 창자 속으로 다 들어가고, 강 동지는 피천 대푼 없이 외자술이나 먹고 집에 들어와서 화풀이로 세월을 보내더니, 서울 양반 김 승지가 춘천 군수로 내려와서 지방 정치에는 눈이 컴컴하나 어여쁜 계집 있다는 소문에는 귀가 썩 밝은 사람이라, 솔개 동네 강 동지의 딸이 어여쁘단 말을 듣고 강 동지를 불러서 고소대*같이 치켜세우더니 알깍쟁이가 다 된 책방*을 시켜서 강 동지를 어떻게 삶았던지, 김 승

* 고소대(姑蘇臺) 중국 춘추시대에 오왕 부차가 고소산 위에 쌓은 대.
* 책방(冊房) 조선 때, 고을 원의 비서 사무를 맡아 보던 사람.

지가 죽어라 하면 죽고 싶을 만하게 된 터에, 김 승지가 길순을 첩으로 달라 하니 강 동지의 마음에는 이제 큰 수 났다 하고 그 딸을 바쳤는데, 일 년이 못 되어 군수가 갈린지라. 세력이 없어서 갈린 것도 아니요, 싫어서 내놓은 것도 아니라.

김 승지의 실내는 서울 있다가 그 남편이 춘천 가서 첩을 두었다는 소문을 듣고 열 길 스무 길을 뛰며 당장에 교군을 차려서 춘천으로 내려가려 하는데, 온 집안이 난리를 당한 것같이 창황한 중에, 김 승지의 아우가 급히 통신국에 가서 춘천으로 전보하더니 춘천 군수가 관찰부 수유도 못 얻고 서울로 올라가서 비서승으로 옮긴 터이라.

길순 모녀는 그렇게 자세한 사정은 다 모르나, 강 동지는 자세히 아는지라. 그런 괴상야릇한 사기가 있는데, 만일 내일 떠난다 하고 또 떠나지 아니하고 있다가 그 마누라가 그 사기를 알고 길순을 충동하여 마음이나 변하게 할까 의심하여, 새 의사가 나서 불고전후하여 길순을 데리고 가서 김 승지에게 맡기면 무슨 도리가 있으리라 하는 경영이러라.

제 4 장

시작이 반이라, 떠난 지 사흘 만에 서울로 들어갔는데, 아무 통기도 없이 김 승지 집으로 들어가더라. 김 승지가 그리 서슬 있는 세도 재상은 아니나, 일 년에 일천 석 추수를 하느니 이천 석 추수를 하느니, 그러한 부자 득명하는 터이라.

솟을대문*, 줄행랑이 강 동지 눈에 썩 들며, 그 재물이 반은 제 것이 되는 듯하여 입이 떡 벌어지며 흥이 났더라. 하마석* 앞에서 말에서 내

---

* 솟을대문 행랑채의 지붕보다 높이 솟게 지은 대문.
* 하마석(下馬石) 말을 타거나 내릴 때에 발돋움으로 쓰려고 대문 앞에 놓은 큰 돌.

리면서 '하게' 하던 교군꾼더러 서슴지 아니하고 '해라'를 한다.

　강 동지 "이애 교군꾼아, 어서 안중문으로 교군 뫼셔라."

하면서 강 동지는 큰사랑으로 들어가더라.

　하인청에서 꼭뒤가 세 뼘*씩이나 되는 하인들이 나서면서,

　"여보, 어디 행차요?"

　교군 "네, 춘천 솔개 동네 행차 모시고 왔소."

　하인 "어디를 그리 함부로 들어가오? 그 중문간에 모셔 놓고 기다리오. 내가 들어가서 하님* 부르리다."

하더니 하인은 안으로 들어가고 교군은 중문간에 내려놓았더라.

　길순이는 교군 속에 앉아서 별 생각이 다 난다.

　'내가 왔단 말을 들으면 영감이 오죽 반가워하랴. 춘천 군수로 있을 때에 하루 한 시간 나를 못 보면 실성한 사람 같더니, 그 동안에 날 보고 싶어 어찌 살았누. 영감은 나더러 올라오라고 노자 보낸 지가 오래 되었을 터이지마는 필경 우리 아버지가 돈을 다 쓰시고 날 속인 것이야. 영감이 글도 잘 한다는데 왜 언문은 그렇게 서투르던지, 편지를 하면 아버지께만 하고 내게는 아니 하니, 내가 우리 아버지께 속은 것이야. 어찌 되었든지 이제는 서울로 올라왔으니 아무 걱정 없지. 집도 크고 좋아라. 나 있을 방이 어딘고?'

　그렇게 생각하며 교군 속에 앉았는데, 안대청에서 웬 여편네 목소리가 나기 시작하더니, 아이종·어른종·행랑것들이 안마당으로 모여드는데 춘천 읍내 장꾼 모여들듯 한다. 여편네 목소리지마는 무당년의 소리같이 씩씩하고 시원한데, 폭포수 쏟아 놓듯 거침새없이 나오는 말이라. 마루청이 쪼개지도록 발을 구르더니 명창 광대가 화루도 상성 지르듯이,

　"금단아, 사랑에 가서 영감께 여쭈어라. 영감이 밤낮으로 기다리시던

---

* 꼭뒤가 세 뼘 거만을 피우는 모양.
* 하님 계집종들이 서로 존대하여 부르는 말.

춘천집이 왔습니다고 여쭈어라. 요 박살을 하여 놓을 년, 왜 나가지
아니하고 알찐알찐하느냐? 요년, 이리 오너라. 내가 저년부터 쳐죽
여야 속이 시원하겠다. 옥례야, 점순아!"

하며 소리소리 지르는데, 그 집이 큼직한 집이라 안대청에서 목청 좋게
지르는 소리라도 사랑에는 잘 들리지 아니하는지라. 강 동지는 영문도
모르고 김 승지 앞에 와서, 길순을 데리고 온 공치사만 한다.

김 승지는 앉은키보다 긴 담뱃대를 물고 거드름이 뚝뚝 듣게 앉았던
사람이 깜짝 놀라는 모양으로 물었던 담뱃대를 쑥 빼들고 강 동지 앞으
로 고개를 쓱 두르면서,

"응, 춘천집이 올라왔어? 그래 어디 있나?"

강 동지 "……."

김 승지 "아, 교군이 이 밖에 왔나? 이미 통기나 있고 들어왔더면 좋
았을 것을……. 그것 참 아니 되었네. 기왕 그렇게 되었으니 자네가

이 길로 그 교군을 데리고 계동 박 참봉 집을 찾아가서, 내 말로 춘천 집을 좀 맡아 주라 하게.”

강 동지 “…….”

김 승지 “압다, 아무 염려 말고 가서 내 말대로 하게. 나도 곧 그리로 갈 터이니 어서 가게. 박 참봉에게 부탁하여 오늘로 곧 집주릅*을 불러서 조그마한 집이나 사게 하고 세간 배치하여 줄 터이니, 어서 그리로 데리고 가게. 어, 이 사람 지체 말고 어서 가게. 그러나 먼 길에 삐쳐 와서 곤하겠네. 시골서 그 동안에 굶지나 아니하였나. 응, 걱정 말게. 자네 내외 두 식구쯤이야 어떻게 못 살겠나?”

그 소리 한 마디에 강 동지가 일변 대답을 하며 밖으로 나가더라.

김 승지가 춘천집이 왔다 하는 말을 들을 때에 겁에 떨던 마음에 제 말만 하느라고 강 동지에게 자세한 말을 묻지도 아니하였는데, 춘천집의 교군은 대문 밖에 있는 줄만 알았던지, 강 동지를 보내면서 그 눈치를 그 부인에게 보이지 아니할 작정으로 시치미를 뚝 떼고 안으로 들어가다가 사랑 중문 밖에 강 동지가 선 것을 보고,

김 승지 “왜 아니 가고 거기 섰나?”

그러한 정신 없는 소리 하는 중에 안중문간으로 사람이 들락날락하며 수군수군하는 것을 보고 강 동지에게 눈짓을 쓱 하면서 안중문으로 들어가다가 보니 교군은 안중문간에 놓였는데, 안대청에서는 그 부인이 넋두리하는 소리가 들리고, 교군 속에서는 춘천집이 모기 소리같이 우는 소리가 들리는데, 김 승지의 두루마기 자락이 울음소리 나는 교군을 스치고 지나간다.

가만히나 지나갔으면 좋으련만, 그 못생긴 김 승지가 춘천집 교군 옆으로 지나가면서 웬 헛기침은 그리 하던지, 내가 여기 지나간다 하고

***집주릅** 집을 사고 파는 일을 흥정붙이는 일을 업으로 삼는 사람.

통기하듯 헛기침 두세 번을 하고 지나가니, 춘천집은 기가 막혀서 소리를 삼키고 울다가 김 승지의 기침 소리를 듣더니, 반갑고도 미운 마음이 별안간 생기면서 울음소리가 커지더라.

춘천집이 만일 산전수전 다 겪고 거침새없는 계집 망나니 같으면 김 승지가 그 당장에 두 군데 정장을 만나고 대번에 세상 물정을 알았을 터이나, 춘천 솔개 구석에서 양반 무서운 줄만 알던 백성의 딸이라. 또 춘천집은 비록 상사람이나 사족 부녀가 따르지 못할 행실이 있던 계집이라. 춘천집이 기가 막혀서 우는 목소리가 점점 커지다가 무슨 조심이 나던지 울음소리가 다시 가늘어진다.

김 승지가 중문간 울음소리 들을 때는 애처로운 마음에 뼈가 녹는 듯하더니, 안마당이 가득 차도록 들어선 사람을 보니 수치스런 마음에 얼굴에 모닥불을 담아 놓은 듯하더라.

김 승지 "이것들, 무슨 구경 났느냐? 웬 계집년들이 이렇게 들어왔느냐. 작은돌아, 네 이년들 냉큼 다 내쫓아라. 저 조무래기까지 다 내쫓아라."

하면서 안마루 끝 섬돌에 우뚝 올라서니 그 부인이 김 승지가 마당에 들어오는 것을 보고 무슨 마음인지 아무 소리 없이 안방으로 뛰어들어가서 앉았는데, 눈에서 모닥불이 뚝뚝 떨어진다.

김 승지가 마당에 있는 사람들은 다 내쫓았으나 마루 위아래에 선 사람들은 침모·유모·아이종 들이라. 그것들까지 멀찍이 있었으면 좋으련만, 필경 마누라에게 우박맞는 것을 저것들은 다 보리라 싶은 마음에, 아무쪼록 집 안이 조용하도록 할 작정으로 서투른 생시치미를 떼느라고 침모를 보며,

김 승지 "저 중문간에 교군이 웬 교군인가? 자네가 어디를 가려고 교군을 갖다 놓았나? 젊은 여편네가 어디를 자주 가면 탈이니."

하는 소리에 안방에서 미닫이를 드윽 열어젖히며,

부인 "여보, 침모까지 탐이 나나 보구려. 하나를 데려오더니 또 하나 더 두고 싶은가 보구려. 이애, 춘천집 어서 들어오라 하여라. 춘천집 은 안방에 두고, 침모는 저 건넌방에 두고, 나는 부엌에 내려가서 밥 이나 지으마. 영감이 그 교군을 모르시고 물으신다더냐?"

하면서 소리를 지르는데, 침모는 생강짜를 만나더니 김 승지 앞을 피하 여 유모 뒤에 가 섰다. 김 승지는 마누라에게 봉변을 하면서 남부끄러 운 마음은 없던지 솜씨 있게 거짓말한 것이 쓸데없이 된 것만 우스운 마음이 나서 웃음을 참느라고 콧방울이 벌쭉벌쭉하며,

김 승지 "어디 내가 춘천집이 왔는지 무엇이 왔는지 알 수가 있나. 나 더러 누가 말을 하여야 알지. 이애, 그것이 참 춘천집이냐? 내가 오 란 말 없이 왜 왔단 말이냐. 내가 데려올 것 같으면 춘천서 올라올 때 에 데리고 왔지 두고 올 리가 있나. 춘천 있을 때에 내가 싫어서 내 버린 계집인데 왜 내 집에를 왔단 말이냐? 작은돌아, 네가 나가서 어 서 그 교군을 쫓아 보내고 들어오너라. 여보, 마누라도 딱한 사람이 오. 자세히 알지도 못하고 헛푸념을 그리 하는구려."

그 부인은 열이 꼭뒤까지 오른 사람이라, 김 승지의 말은 귀에 들어 가지도 아니한다. 마누라가 와락 뛰어나오는 서슬에 침모는 까닭도 없 이 질겁을 하여 모가지를 움츠리고 유모의 등 뒤에 꼭 붙어 선다.

김 승지는 눈이 뚱그레지며 그 부인을 보고 섰더라.

부인 "작은돌아, 쫓아 보내기는 누구를 쫓아 보내란 말이냐. 네 그 춘 천집인지 마마님인지 이리 모셔다가 안방에 들어앉으시게 하여라. 그 교군 타고 내가 쫓겨가겠다. 어서 들어옵시사고 여쭈어라. 내가 그년의 입무락 좀 보고 싶다. 왜 아니 들어오고 무슨 거드름을 그리 피운다더냐? 그렇게 거드름스러운 년은 내가 그년의 대강이를 깨뜨 려 놓겠다."

하더니, 육간 대청을 뺑뺑 헤매며,

"이 방망이 어디 갔누, 이 방망이 어디 갔누?"

하면서 방망이를 찾으니, 김 승지가 마당에 선 작은돌을 보며 중문간을 향하여 눈짓을 하여 내보내고 분합 마루로 들어오면서 부인을 달랜다.

　김 승지 "여보, 웬 해거*를 그리 하오. 남부끄러운 줄도 모르오? 춘천 집을 쫓아 보냈으면 그만이지. 저 안방으로 들어갑시다. 소원대로 하여 줄 터이니……."

하며 비는 김 승지의 모양을 보고 눈치 있는 작은돌이가 중문간으로 나가다가 도로 돌아서서 안마당으로 들어오며 하는 말이,

　"아까 여기 웬 교군이 있더니 지금은 없습니다."

하거늘, 중문간에서 아이들 한 떼가 따라 들어오면서 하는 말이,

　"아까 웬 옥관자 붙인 늙은이가 교군꾼더러 어서 교군 메고 계동으로 가자. 어서어서 하며 재촉을 하니 교군꾼이 교군을 메는데, 교군 속에서 울음소리가 납디다."

하면서 세상이나 만난 듯한 아이들이 물밀듯 들어오니, 작은돌이가 장창급창에 징을 잔뜩 박은 미투리 신은 발로 마당을 딱 구르면서,

　"요 배라먹을 아이녀석들, 아까 다 내쫓았더니 왜 또 들어오느냐?"

하며 쫓아가니, 아이들이 편쌈꾼 몰리듯이 몰려 나가면서,

　"자, 우리들 나가자. 이따가 구경나거든 또 들어오세."

　부인이 그 아이들 하는 말을 듣더니 한층 야단을 더 친다.

　"옳지, 내가 이제야 자세히 알겠다. 춘천집이 계동으로 가? 응, 침모의 집이 계동이지. 아까 영감이 침모더러 하시던 말이 까닭이 있는 말이로구나. 그래, 춘천집이 올라온 것이 다 침모의 주선이로구나. 침모는 내 집에 있어서 내 못할 일을 그렇게 한단 말이냐? 여보게 침모, 자네는 왜 유모의 등 뒤에 가서 숨었나? 도둑이 발이 저리다고,

---

＊해거(駭擧)　해괴한 짓.

허다한 사람 중에 자네 혼자 저렇게 겁날 것이 무엇인가? 여보게, 얼굴 좀 들어서 날 좀 쳐다보게. 본래 자네 눈웃음만 하여도 사람 여럿 궂힐* 줄 알았네. 춘천집을 침모의 집에 두고 오늘부터 영감께서 밤낮으로 거기 가서 파묻혀 계실 터이지. 침모는 영감께 그렇게 긴하게 보이고 무슨 덕을 보려고 그러한 짓을 하나?"

하면서 침모를 집어삼킬 듯이 날뛰는데, 침모는 아무 영문도 모르고 자다가 벼락치듯 횡액을 당하고 운다.

부인 "여편네가 남의 집에서 쪽쪽 울기는 왜 울어? 자네 때문에 무엇이 될 것도 아니 되겠네. 울려거든 자네 집에 가서 울게. 춘천집도 계동 가서 있고 침모도 계동 가서 있으면, 영감은 계동만 가 계실 터이지 여기 계실 줄 아나? 이 집에는 나 혼자 사당이나 모시고 있지. 그래 속이나 좀 자세히 아세. 어찌 하려는 작정인가? 춘천집을 자네 집에 두고 영감이 자네 집에 가시거든 뚜쟁이 노릇을 하여 먹잔 작정인가? 춘천집과 베갯동서가 되어서 셋붙이 개피떡같이 밤낮으로 셋이 한데 들러붙어 있으려는 작정인가?"

하면서 애매한 침모더러 푸념을 하다가 다시 김 승지에게 푸념을 한다.

"영감, 어서 침모 데리고 계동으로 가시오. 한 무릎에는 춘천집을 앉히고 한 무릎에는 침모를 앉히고 마음대로 호강하고 있어 보오. 누가 계집을 좋아하기로 영감처럼 좋아하는 사람이 어디 있겠소? 내가 다 알아. 어찌하면 그렇게 안타깝게 좋아하는지."

그렇게 광패한* 소리를 계집종만 들으면 오히려 수치가 적다 하겠으나, 작은돌이 듣는 것을 민망하게 여기는 사람도 많이 있더라. 일러전쟁의 강화 담판을 붙이던 미국 대통령이나 왔으면 김 승지의 내외 싸움을 중재할는지, 아무도 말릴 사람 없는 싸움이라. 그 싸움은 끝날 수가

---

* **궂히다** 〔사람을〕 죽게 하다.
* **광패(狂悖)하다** 미친 사람처럼 도의에 벗어나고 난폭하다.

없더라.

항복이 나면 싸움이 그치는 법이라, 김 승지는 자초지종으로 슬슬 기며 항복을 하건마는 부인이 듣지 아니한다.

김 승지 "압다, 마누라 소원대로 할밖에 또 어찌 하란 말이오. 춘천집이 침모의 집에 있나 없나 누구를 보내 보구려. 정 못 믿겠거든 마누라가 교군을 타고 가서 보든지. 춘천집은 춘천으로, 내리쫓은 춘천집이 어디 가 있다고 그리 하는지. 침모는, 공연한 사람을 의심을 하여서 애매한 소리를 하니 우스운 일이로구."

하면서 정신 없이 빈 담뱃대를 두어 번 빨아 보다가,

"어, 이거 불 없구."

하더니 담뱃대를 든 채로 마루에서 왔다 갔다 한다.

그 때 작은돌이 안부엌 문 옆에 섰다가 주먹으로 부엌 문설주를 딱 치고 부엌으로 들어가면서,

"이런 경칠*, 나 같으면 쌩……."

작은돌의 입에서 무슨 말이 나올 듯 나올 듯하고 말을 못 하는 모양인데, 상전의 일에 눈꼴이 잔뜩 틀려서 제 계집을 노려보는데, 참 생벼락이 내릴 듯하더라.

부엌 앞에 기러기 늘어서듯 한 계집종 총중에서 이마는 숙붙고 얼굴빛은 파르족족하고 눈은 게슴츠레한 계집이, 나이는 스물이 되었거나 말거나 하였는데 부엌으로 뛰어들어오며 작은돌을 향하여 손을 내뿌리면서,

"여보, 마루에 들리면 어찌 하려고, 그것은 다 무슨 소리요?"

하는 것은 작은돌의 계집 점순이라.

작은돌 "남 열나는데 웬 방정을 그리 떨어. 나는 나 하고 싶은 대로

---

* 경을 치다 호된 꾸지람을 듣거나 벌을 받다.

하지, 너 하라는 대로 할 병신 같은 놈 없다. 남의 비위 건드리지 말고 가만히 있거라. 한주먹에 맞아 뛰어질라. 계집이 사흘을 매를 안 맞으면 여우 되느니라."

하면서 행랑으로 나가더니, 그 길로 막걸릿집으로 가서 술을 잔뜩 먹고 제 방에 들어오더니 계집을 치고 싶어서 생트집을 하니, 점순이가 그 눈치를 알고 안으로 뛰어들어가서 나가지 아니한다.

안에서는 부인의 등쌀이요 행랑방에서는 작은돌의 주정이라. 상전의 싸움에는 여장군이 승전고를 울리고 종의 싸움에는 주먹 세상이라.

김 승지는 그 부인 앞을 떠나지 못할 사정이요, 점순이는 서방의 앞에 갈 수가 없는 사정이라. 김 승지는 그 부인 앞을 떠났다가는 무슨 별 야단이 날지 모를 사정이요, 점순이는 그 서방 앞으로 갔다가는 무슨 생벼락을 맞을는지 모를 사정이라.

그 날 해가 지도록, 밤이 되도록 김 승지가 그 부인을 따라 저녁밥도 아니 먹고 부인을 달래는데, 방 안에서 상직 자던 사람들은 건넌방으로 다 건너가고 내외 단둘이만 있어 다투다가 소낙비에 매미 소리 그치듯이 부인의 목소리와 김 승지의 목소리가 뚝 그치더니 다시는 아무 소리가 없는데, 그 때는 초저녁이라.

점순이는 캄캄한 안마루 끝에서 팔짱을 끼고 기둥에 기대고 앉았다가 혼자 씩 웃으면서 건넌방으로 건너가더라.

제 5 장

장수가 항복하고 싸움은 끝이 나더라도 총 맞고 칼 맞은 병상병은 싸움 파한 아픈 생각이 더 나는 법이라.

그와 같이 침모는 건넌방에 앉아서 여러 사람을 대하여 애매한 말을

들었다고 죽고 싶으니 살고 싶으니 하며 구슬 같은 눈물을 떨어뜨리더
니 치마를 쓰고 나가니, 온 집안이 낙루*를 하며 작별하는데 젊고 인물
이나 반반하게 생긴 계집종들은 서로 보며 하는 말이,

"우리가 만일 저러한 의심을 받을 지경이면 우리들은 상전에게 매인
몸이라 침모 마누라님같이 어디로 가지도 못하고 어찌 될꾸."

"마님 솜씨에 살려 두실라구. 방망이로 쳐죽이실걸."

그렇게 생각하는 김 승지 집 종들은 침모 팔자가 좋은 양으로 알건마
는 침모의 마음에는 인간에 나같이 팔자가 사납고 근심 많은 사람은 다
시 없거니 생각하며 그 친정으로 가는데, 걸음이 걸리지 아니한다.

그 친정에는 앞 못 보는 늙은 어머니 하나뿐이라, 삼순 구식*하는 것
일지라도 바라는 곳은 딸 하나뿐이라. 그 어머니를 보러 가는데 돈 한
푼 없이 옷 보퉁이 들린 아이 하나만 데리고 들어가려 하니, 그 어머니
가 딸을 보면 무엇이나 가지고 올까 바라고 있을 일을 생각하니 기가
막히더라.

그러하나 아니 갈 수는 없는지라, 계동 막바지 오막살이 초가집으로
들어가니, 그 집은 배 부장 집인데 배 부장은 침모의 부친이라. 삼 년
전에 죽고 배 부장의 마누라만 있는데 몹쓸 병으로 수 년 전부터 앞을
못 보는 사람이 되었더라.

그 날 밤에 침모 모녀는 이야기와 눈물로 밤을 새우다가 다 밝은 후
에 잠이 들었는데, 해가 떠서 높이 오르도록 모르고 자더라.

만호 천문*은 낱낱이 열리고 구뢰 장안에 사람이 물 끓듯 하는데, 그
중에 계동 배 부장 집은 대문도 아니 열고 적적한 빛이라. 웬 사람이 배
부장 집 대문을 두드리며 소리를 지르니, 침모가 자다가 일어나서 대문

---

* 낙루(落淚) 눈물을 떨어뜨림.
* 삼순 구식(三旬九食) 한 달에 아홉 번만 밥을 먹음. 순은 10일.
* 만호 천문(萬戶千門) 여러 많은 집의 문.

을 열고 보니 김 승지 집 종 점순이라.

침모를 따라 들어오더니 생시치미를 딱 떼고 하는 말이,

"춘천서 올라오신 마마님은 어느 방에 계십니까? 어서 좀 보고 싶어서 구경 왔소."

하면서 침모의 눈치만 보니, 침모가 김 승지 부인에게 애매한 소리를 가지각색으로 들을 때는 속이 아프고 쓰리면서 감히 대답 한 마디 못하고 와서 골이 잔뜩 났던 터이라. 점순이의 얼굴을 보고 아무 소리 없이 앉았더니 소갈머리 없는 점순의 마음에는 춘천집을 감추어 두고 있다가 저를 보고 당황하여 그리하는 줄로만 알고 가장 약은 체하고,

점순 "왜 사람을 그리 몹시 보시오? 나는 벌써 다 알아요. 우리 같은 사람은 암만 알더라도 관계치 아니하오. 춘천마마님을 여기서 뵈어도 우리 댁 마님께 그런 말씀은 아니 할 터이오. 우리는 평생에 말전주라고는 아니 하여 보았소. 내가 여기 있는 줄을 우리 댁 마님이 알기나 아시나. 아셨다가는 큰일나게……."

침모 "무엇이 어찌하고 어찌하여? 참 잘 만났네, 김 승지 댁 마님 같으신 이는 자네 같은 하인이 있어야지. 내가 춘천마마를 감추어 두고 김 승지 영감이 오시거든 뚜쟁이 노릇이나 하여 먹겠네……. 어떤 병신 같은 년이 자네 댁 영감 같은 털집 두둑한 양반을 만나서 단 뚜쟁이 노릇만 하여 먹겠나? 그 영감이 오시거든 영감의 한편 무릎은 내가 차지하여 올라앉고, 다른 한편 무릎은 춘천마마가 차지하여 올라앉아서 셋붙이 개피떡같이 붙어 있을 터일세. 내가 자네 목소리를 듣고 춘천마마를 숨겼네. 숨겼다 하니 자네를 겁내서 숨긴 줄 아나? 일부러 보러 오는 것이 미워서 숨겼네. 어서 가서 그대로 마님께 여쭙게. 김 승지의 부인쯤 되면 우리 같은 상년은 생으로 회를 쳐서 먹어도 관계치 아니할 줄 알았던가? 자네 댁 마님이 이런 소리를 들으시면 교군 타고 내 집에 와서 별 야단 칠 줄 아네. 요새같이 법률 밝은

세상에 내가 잘못한 일만 없으면 아무것도 겁나는 것 없네. 김 승지 댁 숙부인도 말고 하늘에서 내려온 천상 부인이라도 남의 집에 와서 야단만 쳐 보라게. 나는 순포막*에 가서 우리 집에 미친 여편네 왔으니 끌어 내어 달라고 망신 좀 시켜 보겠네. 미닫이 살 하나만 분질러 보라 하게. 재판하여 손해를 받겠네."

침모는 점순이 온 것을 다행히 여겨 참았던 말을 낱낱이 하고 있는데, 나이 많고 고생 많이 하고 속이 썩을 대로 썩은 침모의 어머니는 폐맹*된 눈을 멀뚱멀뚱하고 딸의 목소리 나는 곳으로 고개를 들고 가만히 앉았다가 하는 말이,

"이애, 그만두어라. 다 제 팔자니라. 네가 김 승지 댁에 가서 침모 노릇 하지 아니하였으면 그런 소리 저런 소리 다 듣지 아니하였을 것이다. 굶어 죽더라도 다시는 남의 집 침모 노릇은 말아라. 요새 같은 개화 세상에는 사족 부녀라도 과부 되면 간다더라. 우리 같은 상사람이 수절이 다 무엇이냐. 어디를 가든지 어여쁘다 얌전하다 그렇게 칭찬 듣는 네 인물을 가지고 서방감 없을까 염려하겠느냐? 이애, 대신의 첩일지라도 너만한 사람이 몇이나 되겠느냐. 요새는 첩 두려고 첩감 구하는 사람이 많다더라. 어디든지 가서 고생이나 아니 할 곳으로 남의 첩이나 되어 가거라."

침모 "나는 쪽박을 들고 빌어먹을지언정 남의 첩 노릇은 하고 싶지 아니하오. 남의 첩이 되었다가 춘천집 신세 같을 지경이면 죽는 것이 편하지……. 그러나 춘천집은 어디 가서 있누. 참 불쌍한 사람이지……."

하면서 돌아다보니 점순은 간단 말도 없이 살짝 나가고 없는데, 침모 모녀가 춘천집 이야기를 하고 있더라.

---

* 순포막(巡捕幕) 순찰하면서 조사하는 조그마한 집.
* 폐맹(廢盲) 눈이 멀어 장님이 됨.

제 6 장

가까운 이웃집에서 불쌍하다 하는 침모의 이야기 소리는 지척이 천리라. 계동 박 참봉 집에 있는 춘천집의 귀에 들리지 아니하나, 멀찍한 전동 김 승지 집에서 풍파가 일어나서 소요하던 모양은 춘천집의 눈에 선하게 보이는 듯이 생각이 난다.

춘천집이 박 참봉 집에 오던 날 저녁부터 김 승지 오기만 기다리는데, 박 참봉 집 문 밖에서 사람의 목소리만 나도 김 승지가 오거니 반겨하고, 개가 짖어도 김 승지가 오거니 기다리다가, 종로에서 밤 열두 시 종 치는 소리가 뎅뎅 나더니 장안이 적적하고 김 승지는 소식 없다.

박 참봉 집 건넌방에는 춘천집이 혼자 있어서 근심 중에 잠 못 들어 있고, 사랑방에는 주인 박 참봉이 남의 내외 싸움에 팔자 없는 시빗덩이를 맡았나 보다 생각하다가 잠이 들지 아니하였는데, 그 윗목에는 강 동지가 어디 가서 술을 그렇게 먹었던지, 아무 걱정 없는 사람같이 잠이 들어서 반자가 울리도록 코를 고는데, 건넌방과 사랑방이 지척이라. 춘천집 귀에 강 동지 코 고는 소리만 들리니 춘천집이 한숨을 쉬며 혼자말로,

"우리 아버지는 잘도 주무신다. 내 설움이 이런 줄 아시면 오늘 밤에 저렇게 시름없이 잠드실 수 없으렷다. 서울 와서 이럴 줄 알았으면 신연강 깊은 물에 풍덩 빠져 죽을걸, 원수 같은 목숨이 붙어 있어서 이 밤에 이 근심을 하는구나. 시앗 싸움이니 강새암이니 귀로 듣기는 들었으나 내 몸이 그런 일 당할 줄이야 꿈이나 꾸었을까. 세상에 시앗 싸움이 다 그러한가? 우리 안마누라만 그러한가? 남의 첩 되는 사람은 사람마다 이 광경을 당하나? 이 광경을 당하는 사람은 세상에 나 하나뿐인가? 춘천 솔개 동네서 동구 밖에를 나가 보지 못하고 자라나던 이내 몸이, 오늘 서울 와서 이것을 당하니 자다가 벼락을 맞

아도 분수가 있지, 에그 기막혀라. 내가 오늘 교군 타고 김 승지 집에 들어갈 때에 철없고 미련한 이내 마음에는 김 승지 집 개만 보아도 반가운 마음뿐이라. 그 마음 가진 이내 몸이 그 중문간에 교군을 내려놓고 앉았다가 안대청이 떠나가도록 야단치는 안마누라 목소리에 가슴이 덜컥 내려앉고 정신이 아득하여지면서 이 몸이 죽지도 말고 살지도 말고 아무 형체 없이 살짝 녹아져서 빈 교군만 남았으면 좋을 듯한 생각뿐이라. 내 생각 그러한 줄을 어느 사람이 알았으랴. 그 광경을 다 보고 다 들은 우리 아버지도 내 설움을 조금도 모르시고서 저렇게 잠들어 주무시니 하느님이나 아실까. 아버지 말씀을 들으면 일생 좋은 일만 있을 것 같더니 이렇게 좋은 일을 지어 주셨구나. 오늘 저녁에는 김 승지 영감이 정녕 오신다더니 소식도 없으니, 영감이 아버지를 속였는지 아버지가 나를 속였는지……. 오냐 그만두어라. 오거나 말거나……. 나같이 팔자 사나운 년이 영감이 오기로 무슨 시원한 일이 있겠느냐. 하늘같이 믿고 있던 우리 아버지도 나를 속이거든 남남끼리 만난 남편을 믿을쏘냐. 부모도 믿을 수가 없고 남편도 쓸데없는 이 세상에 누구를 바라고 살아 있으리오? 차라리 죽어져서 이 설움을 잊었으면 내 신상에 편하리라. 보고지고 보고지고, 우리 어머니를 보고지고. 어머니가 나를 보내면서 울며 하는 말이, 어미 생각 하지 말고 잘 가거라 하시더니, 그 말 한 지가 며칠이 못 되어서 길순이 죽었단 말을 들으시면 오죽 설워하실까. 어머니를 생각하면 죽기도 어려우나 내 신세를 생각하면 살아 있을수록 고생이라. 무정하다, 김 승지는 전생에 무슨 원수를 짓고 만났던고. 산같이 중한 언약을 맺고 물같이 깊은 정이 들었다가 이별한 지 반 년 만에 내가 그 집 중문까지 갔다가, 영감이 교군을 스치고 지나가는 신 소리와 헛기침하는 소리만 내 귀에 들렸으니, 그 소리 한 마디가 영결이 되었단 말인가? 오냐, 그럴 것 없다. 영감을 미워하고 원망을 하더니, 이 몸이 죽기로 결심하니 밉던 마음도 없어지고 원망하던 마음도 풀어진다. 영감이 내게 무정하여 그러한 것도 아니요, 마누라 투기에 겁내서 그러한 것이라. 나는 안마누라가 어떠한지 겪어 보지 못한 사람이라. 이럴 줄을 모르고 영감에게 허신*을 하였으려니와, 영감도 본마누라의 성품을 모르고 첩을 얻었던가? 어찌 만났든지 만난 것은 연분이요 이별은 팔자라. 연분이 부족하고 팔자가 기박하여 이 지경이 되었으니 하릴없는 일이로다. 차라리 영감이 내게 무정하였더면 나도 잊었을는지. 서로 생각하며 만나지 못하는 그 마음은 일반이라. 이 몸은 황천으로 가더라도 영감의 정표는 내 몸에 가지고 가노라."

하면서 만삭한 배를 어루만지더니, 복중에 있는 아이가 무슨 말이나 알아듣는 듯이 배를 굽어보며 하는 말이,

"너는 형체가 생겼다가 세상 구경도 못 하고 북망산으로 가는구나. 오냐 잘 간다. 인간에 와서 보면 근심은 많고 좋은 일은 드무니라. 내가 너를 낳아 놓고 나 혼자 죽으면, 어미 없는 어린것이 무슨 고생을 할는지 알 수 있느냐? 우리 아버지는 나 죽는 것을 모르시고 코 골고 주무신다. 너의 아버지는 너 죽는 것을 모르시고 본마누라 주먹 안에서 사지를 꼼짝 못 하고 계신가 보다. 나도 믿을 곳 없는 사람이요, 너도 믿을 곳 없는 아이라. 믿을 곳 없는 인생들이 무엇 하려고 살아 있겠느냐? 가자 가자, 우리는 우리 갈 곳으로 어서 가자……"

하면서 눈물이 가득한 눈으로 정신 없이 등잔불을 보는데 눈앞에 오색 무지개가 선다. 본래 약한 마음이라 칼로 목 찔러 죽지 못하고 아픈 줄 모르게 죽을 작정으로 물에나 빠져 죽으려고 우물을 찾아 나가더라.

그 집이 기어들고 기어나는 오막살이 초가집이라. 안방, 건넌방, 아랫방이 솥발같이 나란히 있는데, 그 아랫방을 박 참봉이 사랑으로 쓰고

* 허신(許身) 몸을 허락함.

그 외에는 중문도 없고 대문만 있는 집이라. 아무리 발씨가 선 사람이라도 문 찾아 나가기는 어려울 것이 없는지라. 춘천집이 대문간에 가서 빗장을 여느라고 신고를 한다.

사람이 쫓아오는 듯하여 가슴이 두근두근하며 겁이 나서 빗장을 붙들고 숨도 크게 못 쉬고 대문에 붙어 섰다.

한참씩 있다가 조금씩 빼어 보는데, 제풀에 놀라서 그치다가 빗장이 덜컥 열리는데 전신이 벌벌 떨려서 가만히 섰다.

사랑방에서 박 참봉이 기침을 하면서 소리를 지른다.

"거 누구냐?"

춘천집이 깜짝 놀라서 문을 왈칵 열고 문 밖으로 나가는데, 원래 박 참봉은 벌거벗고 잠자던 사람이라. 옷 입고 불 켜고 거레하고 나오는 동안에 춘천집은 문 밖으로 살짝 나서서 계동 큰길로 내려가는데, 길가 왼손편에 벌 우물 있는 것은 못 보았던지 한숨에 계동 병문까지 내려가서 잿골 네거리를 향하여 가다가 계동궁 담 밑에 있는 우물을 보았더라.

새벽달은 넘어가고 한길이 적적한데, 춘천집은 우물가에 서서 하늘을 쳐다보며 하는 말이,

"하느님 하느님, 인간에 길순이 있는 줄을 아십니까? 길순이 있는 줄을 아시면 길순의 죽는 것도 아실 터이지……. 전생에 무슨 죄를 짓고 생겨나서 이생에 이 설움을 지니고 저승으로 가는지……. 미련한 인간이라 제가 제 죄를 모를 터이나 길순의 마음에는 길순이가 아무 죄도 없습니다. 어지신 하느님이 인간 만사를 굽어보시고 짐작이 계시련마는, 어찌하여 길순이를 이 지경에 이르게 하시는지……. 이 몸이 죽은 후에 송장이 이 우물물에서 썩을는지, 누가 끌어 내서 무주공산*에 버릴는지 모르거니와, 혹은 춘천 솔개로 훌훌 날아가서 이

* 무주공산(無主空山) 인가도 인기척도 없는 쓸쓸한 산.

밤으로 우리 어머니 베개 옆에 가서 어머니 꿈에나 보이고자……. 어머니 생전에는 꿈에 가서 보일 것이요, 어머니 사후에는 혼을 만나 뵈오리라. 그러나 사람이 죽어지면 그만이라. 혼이 있는 것인지 없는 것인지, 혼이 있어서 만나 보기로 반가운 줄을 알는지 모르는지, 살아서 다시 못 보는 것만 한이로다. 오냐, 한이 있어 죽는 년이 또 무슨 한탄을 하겠느냐. 이 설움 저 설움, 이 생각 저 생각 다 잊어버리고 갈 곳으로 가는 것이 제일이라."

하더니 치마를 걷어쳐 쥐고 우물돌 위로 올라가는데, 본래 춘천집이 계집아이로 있을 때에는 조그마한 물방구리 이고 다니면서 물도 길어 보았는데 솔개 동네 우물가에는 사면으로 뗏장을 놓아서 짚신 신은 발로 디디기 좋게 만든 우물이라. 그러한 우물에 발씨가 익은 사람이라. 그날 밤에는 신을 신고 판자쪽 같은 돌 위로 올라가다가 입동머리 새벽 기운에 이슬이 어려 서리가 되었던지라, 촌놈이 장판 방에서 미끄러지듯 춘천집이 돌 위에서 미끄러져 가로 떨어지며,

"에그머니!"

소리를 지르고 꼼짝 못 한다.

아홉 달 된 태중이라, 동태가 되었던지 뱃속에는 홍두깨를 버티어 놓은 듯하고 사지를 꿈적거릴 수 없는데, 큰길에서 신 소리가 저벅저벅 나더니 시꺼먼 옷 입은 사람이 앞에 와서 우뚝 서면서 한두 마디 말을 묻다가 대답이 없거늘, 검은 옷 입은 사람이 호각을 부니 그 사람은 잿골 네거리 순포막의 순검이라.

제 7 장

사람은 쇠천 한 푼짜리가 못 되더라도 조선서 지체 좋고 벼슬하고 세

도 출입이나 하고 대문만 큼직하면 그 집에 사람이 들락날락하는지라. 전동 김 승지 집 큰사랑방에 식전 출입으로 온 사람도 사오 인 있었는데, 주인 영감이 아낙에서 주무시고 아직 아니 나오셨단 말을 듣고 주인 못 보고 가는 사람들뿐이라. 그 중에 탕건 쓰고 키 자그마하고 얼굴에 손티 조금 있고 나이 사십여 세쯤 된 사람은 큰사랑방으로 들어가더니, 해가 열 시 반이나 되도록 아니 가고 있더라.

주인 김 승지는 어젯밤에 그 부인에게 손이 발이 되도록 빌고 생전에 다시는 첩을 두면 개자식이니 쇠아들이니 맹세를 짓고 그 마누라의 눈에 어찌 그리 잘 보였던지 그 부인과 김 승지가 언제 싸웠더냐 싶게 정이 새로이 드는 듯하더니, 김 승지 맹세가 거짓말 맹세가 아니라 중무소주*한 마음에 참말로 한 맹세일러라.

밤이 새는 줄을 모르고 둘이 주책없는 이야기만 하다가 새벽녘에 잠이 들었는데, 부인은 본래 부지런한 사람이라. 식전에 일어나서 계집종에게 지휘할 일을 지휘하는데, 김 승지가 잠이 깨어서 일어나려 하니,

부인 "여보, 어느 새 일어나서 무엇 하시오. 어제는 잠도 잘 못 주무셨으니 더 주무시오. 감기 드시리다. 몸조심하시오."

하면서 김 승지의 새 옷을 내어 뜨듯한 아랫목 요 밑에 묻어 놓는데, 김 승지는 잠은 깨었으나 일어나지 아니하고 드러누워서 담배를 먹으면서 마누라를 보고 싱긋 웃으니 부인은 까닭없이 따라 웃었더라.

그 때 김 승지 마음에는 마누라 없이는 참 못 견디겠다 하는 생각뿐이라.

해가 낮이나 되어서 사랑에 나가니, 계동 박 참봉이 와서 앉았더라. 김 승지가 어젯밤에 그 부인을 대하여 다시는 첩 두지 아니한다고 맹세할 때에는 춘천집을 내려보낼 작정으로 한 맹세인데, 사랑에 나와서 박

---

* 중무소주(中無所主) 마음 속에 줏대나 주장한 바가 없음.

참봉을 보더니 별안간에 춘천집 생각이 다시 난다.

　　김 승지 "어, 식전에 일찍이 나섰소그려. 내가 어젯밤에 댁으로 좀 가려 하였더니 몸이 아파서 못 갔소."

　　박 참봉 "허허, 영감 정신 없으시구려. 지금이 식전이오니까? 내가 오기는 식전에 왔습니다마는 지금은 낮이올시다. 허허허……."

　　김 승지 "오늘이 그렇게 늦었나? 나는 밤에 대단히 앓았어……. 오늘 못 일어날 듯싶더니 억지로 행기*를 하니 좀 낫군."

하면서 얼굴이 불그레하여지더니 목소리를 나지막하게 하여 하는 말이,

　　"여보, 어제 댁에 사람 하나 보냈지요? 좀 잘 맡아 주시오. 그리하고 무엇이든지 강 동지와 상의하여 돈 드는 것만 내게 말하시오."

　　박 참봉이 김 승지의 얼굴만 물끄러미 보며 말을 듣고 앉았더니 창밖의 남산을 건너다보며 허희 탄식*하며,

　　"나는 영감을 뵈올 낯이 없소. 나를 믿고 영감 별실을 내 집으로 보내셨는데 부탁 들은 본의가 없이 되었으니 어떻다 말씀할 길이 없습니다."

　　김 승지가 박 참봉의 말을 귀로 들었는지 코로 맡았는지 딴소리만 한다.

　　김 승지 "아니, 그렇게 말할 것 무엇 있소. 내 첩이 댁에 가 있어서 무엇이든지 박 참봉에게 폐를 끼쳐서야 쓰겠소? 그러나 박 참봉은 한 집안 같으니 말이지, 춘천집이 댁에 가서 있는 것을 우리 마누라가 알면 좀 좋지 아니하기도 쉬우니 하인들 귀에도 들리는 것이 부질없소. 우리 마누라가 듣기로 내야 어떠할 것 무엇 있소? 박 참봉이 우리 마누라에게 미움을 받을까 염려하여 하는 말이오."

　　박 참봉 "그런 말씀은 바쁘지 아니한 말씀이오. 큰일난 일이 있습니

＊ 행기(行氣)　기운을 씀.
＊ 허희 탄식　한숨을 지으면서 크게 탄식함.

다. 영감 별실이 지금 한성 병원에 가서 있습니다."

김 승지 "왜, 졸지에 무슨 병이 났소?"

박 참봉이 본래 찬찬한 사람이라. 춘천집이 우물에 빠져 죽으려다가 우물돌 위에서 미끄러져 넘어져 동태 되어 꼼짝을 못 하는데, 잿골 네거리 지서 순검이 구하여 자기 집에 기별하던 말과, 자기가 한성 병원으로 데리고 가던 말을 낱낱이 하니, 김 승지는 그 말을 듣고 어찌 하면 좋을지 모르는 모양이라.

김 승지 "여보, 춘천집에게 당한 일에 돈 드는 것만 내게 말하고, 어떻게 하든지 박 참봉이 잘 조처만 하여 주시오."

박 참봉 "네, 그러면 아무 염려 말고 계시오. 내가 다 조처하리다."

박 참봉이 그 길로 다시 한성 병원으로 가서 춘천집을 보니, 베개는 눈물에 젖었는데 춘천집이 눈을 감고 누웠더라. 머리에서부터 발끝까지 백로같이 흰 복색을 한 일본 간호부가 서투른 조선말로 춘천집을 부른다.

"여보, 손님이 오셨소."

춘천집이 눈을 떠서 보니 어제 계동서 처음으로 보던 박 참봉이라. 생소한 박 참봉을 보고 김 승지 생각이 나서 눈물이 새로이 비 오듯 하며 아무 말도 없는지라.

박 참봉 "지금은 좀 어떠시오?"

춘천집 "세상에 살아 있다가 고생 더 하란 팔자라, 죽으려 하다가 죽지도 못하고 몸에 아무 탈도 없는 모양인가 보이다."

박 참봉 "새벽에는 동태가 된 모양이더니 지금은 어떠하시오?"

춘천집 "무슨 약인지 먹고 지금은 진정이 됩니다."

박 참봉 "며칠이든지 병원에서 조리를 잘 하고 계시면 그 동안에 집을 구하여 편히 계실 배치를 하여 드릴 터이니 아무 염려 말고 계시오. 내가 오늘 아침에 전동 가서 김 승지 영감을 만나 뵈었소. 그 영감이 하도 애를 쓰시니 보기에 민망합니다."

춘천집 "영감이 내 생각을 그렇게 하시는 것 같으면 내가 이 지경에 이를 리가 있습니까?"

하면서 눈물이 가득한 눈에 기쁜 빛을 띠는 것 같더라.

박 참봉이 어젯밤까지는 춘천집이 내 집으로 온 것을 두통으로 여기던 마음이, 오늘 한성 병원에 와서 춘천집의 모양을 보더니 측은한 마음이 한량없이 생겨서 김 승지의 부탁대로 춘천집을 위하여 매사를 힘써 주선할 마음이라.

박 참봉 "아무 심려 말고 계시면 범사가 다 잘 될 터이니 어서 조리만 잘 하시오."

박 참봉이 춘천집을 위로시킬 말이 무궁무진하나, 사면이 다 겸연쩍은 마음이 있어서 간단한 말로 위로를 시키고 일어서 나가니, 그 때 춘천집 마음에는 강 동지가 왔다 가더라도 그렇듯 섭섭한 마음이 있었을는지 박 참봉 애쓰는 것이 고맙고 미안한 생각뿐이러라.

제 8 장

춘천집이 어제는 죽을 마음뿐이더니, 오늘은 박 참봉의 말을 듣고 철천의 한 되는 마음이 풀어지며 혼자말로,

"나도 살았다가 무슨 좋은 일이 있으려나. 죽기 싫은 마음은 사람마다 있는 것이라. 낸들 죽기가 좋아서 죽으려 한 것은 아니라. 김 승지 영감에게 정을 두고 먹은 마음대로 될 수가 없는 고로 한을 이기지 못하여 죽으려 한 것이라. 오냐, 죽지 말고 참아 보자. 천리*가 있으면 죄 없는 길순이가 만삭한 배를 끌고 우물 귀신 되려는 것을 하느

---

* 천리(天理) 하늘의 바른 이치.

님이 굽어보고 도와 주지 아니할 이치가 없을 것이라. 우리 영감이 나를 딴 집 배치를 하여 주고 사흘에 한 번씩만 와서 볼 것 같으면 나는 더 바랄 것도 없고 한 될 일도 없을 터이야. 박 참봉은 나를 언제 보았다고 그렇게 고맙게 구누? 말 한 마디를 하여도 내 속이 시원하도록 하니, 어찌 하면 남의 사정을 그렇게 자세히 아누. 처음 보아도 반갑고 정숙한 마음이 나서 내 속에 있는 말을 다 하고 싶으나, 박 참봉이 나를 이상히 여길까 염려되어 속에 있는 말은 다 못 하였으나 우리 영감의 일이나 좀 자세히 물어 보았더면 좋았을걸……. 박 참봉이 왜 남자가 되었던고? 누구든지 여편네가 내게 그렇게 정답게 구는 사람이 있어서 평생을 한 집안에서 좀 지내 보았으면……."

그렇게 생각하는 춘천집은 아직 박 참봉 집에 있어도 불편한 마음이 별로 없을 듯하나, 박 참봉은 하루바삐 집을 구하여 춘천집을 보내려 하는 것이 곡절이 있더라.

박씨가 김 승지의 부탁을 허술히 여기는 것도 아니요, 춘천집이 싫어서 하루바삐 배송을 내려 하는 것이 아니라, 이 소문이 김 승지의 부인의 귀에 들어가면 박 참봉이 다시는 김 승지 집 문 안에 발 그림자도 들여놓을 수가 없는 사정이요, 또 김 승지의 부인에게 무슨 망신을 당할는지, 무슨 욕을 먹을는지 조심되는 마음이 적지 아니한지라. 남녀가 유별하니 재상의 집 부녀가 남의 집 남자에게 욕할 수도 없고 망신시킬 수도 없을 듯하건마는 남의 일에 경계되는 일이 있더라.

김 승지를 따라서 춘천 책방 갔던 최 감찰이라 하는 사람은 춘천 있을 때에 춘천집 혼인 중매 들었다고 김 승지의 부인이 만만한 최 감찰만 욕을 하던 차에, 최 감찰이 사랑에 왔단 말을 듣고 열이 나서 야단을 치며 하는 말이, 그 못된 뚜쟁이놈이 왜 내 집에 왔단 말이냐? 영감이 돈냥이나 있고 남에게 잘 속는 양반이라, 최 감찰이 남의 재물이나 다 속여 빼앗아 먹고 남을 망하여 놓고 싶다더냐? 그 망할 놈 내 집에 다시는 오지 마라 하여라, 하는 서슬에 집안이 발끈 뒤집히며 안팎이 수군 수군하는 소리를 최 감찰이 듣고 다시는 김 승지 집에 발길을 들여놓지 아니한 일도 있는데, 박 참봉이 만일 그 지경을 당하고 김 승지 집에를 못 가면 박 참봉에게는 아쉰 일도 많이 있을 터이라.

박 참봉은 어디든지 인심도 얻고 사면이 다 좋도록 하자는 마음으로 아무쪼록 소문 없이 일 주선을 하자는 작정이라. 한성 병원에서 나서서 계동으로 가는 동안에 그 생각만 하며 자기 집으로 들어가는데, 강 동 지가 대문 밖에 혼자 나섰다가 박 참봉을 보고 반겨서 하는 말이,

"나리는 혼자 다니며 애를 쓰시는구려. 그러하나 내 딸은 어떻게 되 었습니까?"

박 참봉 "애쓴다 할 것 무엇 있나. 자네 따님은 한성 병원에 가 있는 데, 아무 탈 없는 모양이니 염려 말고 보고 싶거든 가서 보고 오게."

강 동지 "아무 탈 없을 것 같으면 가서 볼 것도 없습니다."

강 동지는 그 딸을 가서 보고 싶으나 그 딸이 자수*하려는 마음이 다 강 동지를 원망하는 마음에서 생긴 줄을 아는 고로 춘천집이 쾌히 안심 되기 전에는 가서 보지 아니할 작정이라. 박 참봉이 그 눈치를 알고,

"그렇지, 아무 탈 없는데 가 볼 것 무엇 있나. 내가 어떻게 주선하든 지 집 구처를 속히 할 터이니, 자네 따님은 이 집으로 다시 올 것 없 이 며칠간 병원에 있다가 바로 집을 들게 할 것이니 그리 알고 있게."

하면서 옆을 돌아보니 김 승지 집 종 점순이 와서 옆에 섰는지라. 박 참 봉이 하던 말을 뚝 그치고 강 동지를 데리고 사랑방으로 들어가는데, 점순이가 안마당으로 들어가니, 박 참봉이 그 마누라가 점순에게 속을 뽑힐까 염려하여 점순의 뒤를 따라 들어가며 실없는 말을 시작한다.

박 참봉 "너 어찌하여 여기 왔느냐?"

＊ 자수(自水) 자기 스스로 물에 빠져 죽음.

점순 "댁에는 못 올 데이오니까?"

박 참봉 "너 언제 내 집에 와 보았느냐?"

점순 "전에는 못 왔습니다마는 이제는 자주자주 오겠습니다."

박 참봉 "오냐, 기특하다. 이 담에는 낮에 오지 말고 밤에 오너라. 기다리고 있으마."

점순 "에그, 망측하여라. 누가 나리 뵈러 옵니까? 마마님 뵈러 오지요."

박 참봉 "나는 마마님은커녕 별성*님도 없다. 이렇게 늙은 놈에게 또 마마님이니 별성님이니 그런 것이 있어서 어찌하게."

점순 "누가 나리 댁 마마님 뵈러 왔습니까? 우리 댁 마마님 뵈러 왔지."

박 참봉 "이애, 너의 댁 영감께서 첩 두셨단 소문이 있으니 참말이냐?"

점순 "영감마님 심부름하러 온 점순이를 병신으로 아시네. 어서 마마님 뵙고 가겠습니다. 어느 방에 계십니까?"

박 참봉의 부인은 눈치꾸러기라, 그 남편의 말하는 눈치를 보고 점순을 대하여 솜씨 있게 생시치미를 떼니, 여우 같은 점순은 집 구경 한다 하며 염치없이 이 방 저 방을 들여다보다가 주인마님 외에 여편네라고는 아무도 없는 것을 보고 하릴없이 돌아가더라.

박 참봉이 그 날로 각처 집주릅을 불러서 어떻게 집을 급히 구하였던지, 불과 사오 일이 못 되어 집을 구하였더라.

욕심덩어리로 생긴 강 동지는 경기 까투리 같은 박 참봉의 꾐에 넘어가 그 욕심을 조금도 못 채우고 겨우 서울 오던 부비만 얻어 가지고 춘천으로 내려갔으나, 춘천집이 김 승지와 의좋게 산다 하는 소문만 들을

---

* 별성(別星) 천연두를 앓게 한다는 여자 귀신.

지경이면 그 날로 다시 서울 와서 김 승지에게 등을 댈 작정인데, 강 동지가 춘천으로 내려가면서 그 딸더러 간다는 말도 아니 하고 내려갔더라. 춘천집이 그 부친이 서울 있을 때는 야속하니 마니 하였더니, 그 부친이 떠났다 하는 말을 듣고 마음이 더욱 산란하고 꿈자리만 사납더라.

제 9 장

남대문 밖 도동 남관왕묘 동편에 강 소사 가라 문패 붙은 집이 있는데, 안방에는 젊은 여편네 하나뿐이요, 행랑방에는 더부살이 내외뿐이라. 아무도 오는 사람도 없이 쓸쓸한 기운만 있더라.

동짓달 초하룻날 강 소사가 해산을 한 후에 한 식구가 늘더니 어린아이 우는 소리에 사람이 사는 듯싶더라.

산모가 아들을 낳고 기뻐하나 그 기쁜 마음 날 때마다 아이 아버지를 생각한다. 그 아이 아버지가 죽고 없느냐 할 지경이면 죽어 영 이별을 한 것도 아니요, 천 리 타향에 생이별을 하였느냐 할 지경이면 그러한 이별도 아니요, 지척에 있으면서 그리고 못 보는 터이라.

그러면 그 산모가 남편에게 소박을 맞은 사람인가……. 아니, 소박데기도 아니라. 물같이 깊은 정이 서로 들어서, 이 몸이 죽어 썩더라도 정은 천만 년이 되도록 썩지도 않고 변치도 아니할 듯한 마음이 있다. 그렇게 서로 생각하면서 서로 보지 못하는 그 사람은 누구런가? 그 동네 사람들은 강 소사 집으로 알 뿐이요, 전동 김 승지의 첩 춘천집인 줄은 아직 모르더라.

춘천집이 그 집 든 후에 김 승지가 청천에 구름 지나듯이 이삼 차 다녀갔으나, 춘천집 마음에는 차라리 춘천 있어서 그리고 못 보던 때만 못하게 여기더라.

동지섣달 긴긴 밤에 우는 아이를 가로안고 젖이 아니 나는 젖꼭지를 물리고 어르고 달래더라.

"아가 아가, 우지 말고 젖 먹어라. 세월이 어서 가고 네가 얼른 자라 어미 손을 떠나서 네 손으로 밥 떠먹고 네 발로 걸어다닐 만하면 나는 죽어도 눈을 감고 죽겠다마는, 핏덩어리 너를 두고 죽으면 네게는 적악*이라. 이 밤이 이렇게 기니 너 자라나는 것을 기다리자 하면 내 근심 내 고생이 한량이 있겠느냐? 젖이나 넉넉하면 네 주럽*이 덜할 터이나, 젖조차 주저로우니 이 고생을 어찌 한단 말이냐? 내가 먹기 싫은 미역국 흰밥을 억지로 먹는 것은 내 배를 채우고 내가 살려고 먹는 것이 아니라, 국밥이나 잘 먹으면 젖이나 흔할 줄 알았더니, 흔하라는 젖은 흔치 못하고 흔한 것은 눈물뿐이로구나. 아가 아가, 울지 말고 잠이나 자려무나."

이리 고쳐 안고 이 젖꼭지를 물려 보고, 저리 고쳐 안고 저 젖꼭지를 물려 본다. 어린아이는 달랠수록 보채고 우는데 춘천집은 점점 몸이 고단한 생각이 나더니 어린 자식도 귀치 아니하고 성가신 마음이 생기더라.

"에그, 이 애물의 것, 왜 생겨나서 내 고생을 이렇게 시키느냐? 안아도 울고 뉘어도 울고 젖을 물려도 우니 어찌 하란 말이냐? 울거나 말거나 나는 모르겠다."

하면서 어린아이를 아랫목 요 위에 뉘어 놓으니, 어린아이는 자지러지게 우는데, 춘천집은 그 어린아이를 다시 아니 볼 것같이 돌아다보지 아니하고, 윗목에 놓인 등잔불을 정신 없이 보고 앉았더라.

창 밖에 불던 바람이 머리맡 쌍창을 후려치면서 문풍지 떠는 소리에 귀가 소요하더니 방 안에 찬 기운이 도는데, 춘천집이 고슴도치처럼 옹

---

* **적악**(積惡) 많은 죄악을 쌓음.
* **주럽** 피곤하여 고단한 증세.

그리고 앉았다가 하는 말이,

"에그, 이런 방에서도 겨울에 사람이 사나? 오냐, 겁나는 것 없다. 살 년의 팔자가 이러하겠느냐. 내가 김 승지의 첩 되던 날이 죽을 날 받아 놓은 것이요, 서울로 오던 날이 죽으러 오던 날이라. 하늘이 정하여 주신 팔자요, 귀신이 인도한 길이라. 하루 한시라도 갈 길을 아니 가고 이 세상에 있는 고로 하늘이 미워하고 귀신이 시기하여 죽기보다 더한 고생을 지워 주는 것이라. 고생도 진저리가 나거니와 하늘이 명하신 팔자를 어기려 하면 되겠느냐?"

하면서 우는 아이를 물끄러미 보다가 가슴이 칼로 에는 듯하고 눈물이 비 오듯 하더니 어린아이를 살살 만지며,

"아가 아가, 네 어미는 죽으러 간다. 나는 적마누라* 투기에 이 지경 되었거니와, 너의 적모가 너조차 미워할 것이야 무엇 있겠느냐. 내가 죽고 없으면 너의 아버지가 너를 데려다가 유모 두고 기를 것이라. 젖없고 돈 없고 돌아보는 사람 없는 내 손에 있을 때보다 나을 것이다. 오냐, 잘 있거라, 나는 간다."

춘천집이 모진 마음을 먹고 전기 철도에 가서 치여 죽을 작정으로 경성 창고 회사 앞에 나가서 전기 철도에 가만히 엎드려서 전차 오기만 기다리는데, 용산에서 오는 큰길로 둘둘 굴러 오는 바퀴 소리에 춘천집이 눈을 딱 감고 이를 악물고 폭 엎드렸는데, 천둥 같은 소리가 점점 가까워지더니 무엇인지 춘천집 몸에 부딪쳤더라.

춘천집 치마에 웬 사람이 발을 걸고 넘어지면서 별안간에 에그머니 소리가 나더니, 어떠한 젊은 여편네가 공중에서 집어던져지는 듯이 길 가운데에 떨어진다. 죽으려 하던 춘천집은 과히 다치지도 아니하였는데, 뜻밖의 사람이 둘이나 다쳤더라.

---

* 적마누라 본마누라.

용산서 서울로 들어오는 인력거꾼이 길에서 초롱*을 태우고 깜깜한 밤에 가장 발씨 익은 체하고 어두운 길에서 달음박질하다가 발에 무엇인지 툭 걸리면서 인력거꾼이 넘어지는 서슬에 인력거 탔던 여편네가 어떻게 몹시 떨어졌던지 꼼짝을 못 하고 길에 엎드렸더라.

　춘천집이 죽으려 하던 마음은 어디로 가고 인력거에서 떨어진 여편네에게 불안하고 가엾은 마음이 생겨서 그 여편네를 일으키며 위로하나, 원래 몹시 다친 사람이라 운신을 못 하는 모양이러라.

　인력거꾼이 툭툭 털고 일어나서 절뚝절뚝하면서 중얼중얼하는 소리는, 길가에 드러누웠던 춘천집을 욕하는 소리라. 춘천집이 꾀꼬리 같은 목소리로 인력거꾼에게 미안하다 하는 말을 하는데, 그 인력거꾼이 처음에는 길가에 누웠던 사람에게 싸움을 하려 대들 듯하더니, 춘천집의 모양과 목소리를 듣고 아픈 것도 잊었던지 차차 말이 곱게 나오더라.

　춘천집 "여보 인력거꾼, 인력거 타고 가시던 아씨는 어디 계신 아씨요?"

　인력거꾼 "……."

　춘천집 "내 집은 여기서 지척이니 그 아씨를 내 집으로 모시고 갑시다. 용산서 여기까지 온 삯은 내가 후히 주리다."

　인력거에서 떨어지던 여편네가 그 때 정신이 나서 하는 말이, '나를 일으켜서 인력거 위에 태워만 주면 내 집까지 가겠소.' 하나, 인력거꾼이 발을 삐어 걸음을 걸을 수가 없다 하면서 멀리는 아니 가려 하는 고로, 그 여편네가 춘천집을 따라갔더라. 춘천집이 그 여편네를 데려다가 아랫목에 뉘고 더부살이를 깨워서 불을 덥게 때라 하면서 애를 쓰는데, 그 여편네가 춘천집이 애쓰는 모양을 보고 어찌 불안하던지 몸을 다쳐서 아프던 생각도 없는 것 같더라.

---

* 초롱　불이 꺼지지 않도록 만든 등.

온양 온천에 옴쟁이 모이듯이 춘천집의 안방에서는 두 설움이 같이 만났으나, 서로 제 설움은 감추고 말을 하지 아니하고 서로 남의 사정을 알고자 하는 눈치더라.

그 이튿날 식전에 무슨 바람이 불었던지 김 승지가 작은돌을 데리고 춘천집을 보러 나왔는데, 춘천집이 김 승지를 못 볼 때에는 눈이 빠지도록 기다리더니, 김 승지 들어오는 것을 보고 성이 잔뜩 나서 고개를 외로 두르고 앉았더라.

김 승지 "이애 춘천집아, 왜 돌아앉았느냐? 산후에 별 탈이나 없었느냐? 벌써 삼칠일이 되었나? 에그, 삼칠일도 더 되었네. 오늘이 그믐날이지. 어디 어린아이 좀 보자."

춘천집은 아무 소리도 없이 아랫목 벽을 향하여 앉았는데, 김 승지는 어릿광대같이 혼자 엉너리*만 치다가 아랫목에 사람이 드러누운 것을 보고 또 하는 말이,

"이애, 저기 드러누운 사람은 누구냐? 손님 오셨느냐? 내가 못 들어올 것을 들어왔나 보구나."

춘천집 "네, 손님 오셨소. 핑계 좋은 김에 어서 도로 가시오. 그렇게 오시기 어려운 길은 차라리 오시지 말고 서로 잊고 지내는 것이 좋겠소."

김 승지가 춘천집의 마음이 좋도록 말을 좀 잘할 작정이나 말이 얼른 아니 나와서 우두커니 섰는데, 아랫목에서 이불자락으로 눈썹 밑까지 가리고 이마만 내놓고 누웠던 여편네가 얼굴을 내놓더니 김 승지를 쳐다본다.

김 승지가 언뜻 보더니 입을 딱 벌리면서,

"아 이것 누군가. 침모가 여기를 어찌 알고 왔나. 이것 참 별일일세그려."

＊엉너리 남의 환심을 사기 위하여 어벌쩡하게 서두르는 짓.

침모 "나는 이 집이 뉘 집인 줄도 모르고 왔더니 지금 영감을 뵙고 영감 댁인 줄 알았습니다."

김 승지 "응, 그럴 터이지. 내가 여기 집 장만한 줄을 누가 안다구. 집안에서도 아무도 모르네. 저 작은돌이만 알지. 자녤지라도 누구더러 내가 여기 집 장만하였단 말 말게."

침모 "그러하시겠습니다. 이런 말이 나서 마님 귀에 들어가면 영감은 큰일나실 일이올시다. 영감께서 벼슬을 다니면서 정부를 그렇게 두려워하시고 대황제 폐하께 그렇게 조심을 하시면……."

말끝을 맺지 아니하고 김 승지의 얼굴을 물끄러미 보는데, 춘천집이 홱 돌아앉으며,

"여보 영감, 영감을 다시 못 뵈올 줄 알았더니 또 뵈옵소그려. 오늘 참 잘 나오셨소. 오신 김에 부탁할 일이 있소. 오늘 영감 들어가실 때에 저 어린아이를 데리고 가시오. 여기 두었다가는 오늘이든지 내일이든지 나만 없으면……."

하던 말끝을 마치지 못하고 머리를 돌이켜 어린아이를 보면서 구슬 같은 눈물을 치마 앞에 떨어뜨린다.

침모 "영감……, 영감께서 어련히 생각하고 계시겠습니까마는 어떻게 하실 작정이오니까? 내가 그처럼 말할 것은 아니올시다마는 남의 일 같지 않소그려. 어젯밤 일을 알고 나오셨는지요?"

김 승지 "왜 어젯밤에 무슨 일 있었나?"

침모 "글쎄올시다. 나도 자세히는 모르겠습니다마는, 어젯밤에 내가 용산 갔다가 오는 길에 인력거를 탔더니, 인력거꾼이 등불 없는 인력거를 끌고 어두운 밤에 달음박질을 하다가 무엇에 걸려 넘어지는 서슬에 내가 인력거 위에서 낙상을 하여 이 모양이오."

김 승지 "응, 낙상을 하여, 과히 다치지나 아니하였나?"

침모 "내가 낙상한 것이 끔찍한 일로 말씀하는 것이 아니오. 어떠한

사람이 허리를 전기 철도에 걸치고 엎드려서 전차 오기를 기다리던 모양이니, 그렇게 불쌍한 사람이 있는 줄을 아시오?"

김 승지 "응, 그것이 누구란 말인가?"

침모는 다시 말없이 있고, 춘천집은 모기 소리같이 운다. 침모가 춘천집 우는 것을 보더니 소리 없이 따라 운다.

김 승지가 춘천집 울음소리를 듣다가 가슴이 빡작지근하여서 눈물이 떨어진다. 잠들었던 철없는 어린아이가 어찌하여 깨었던지 아이까지 운다. 강 소사 집 안방에는 아이 어른 없이 눈물로 서로 대하였는데, 의논은 그치지 아니하고 해는 낮이 되었더라.

제 10 장

장안 한복판 종로 종각에서 오정 열두 시 치는 소리가 땅땅 나면서 장안 성중에 쇠푼이나 있고 자명종깨나 걸어 놓은 큼직한 집에 들어 있는 사람들은 오정 소리를 듣고 일시에 눈이 자명종으로 간다.

이것이 웬일인구, 벌써 오정이 되었는데 영감이 왜 이 때까지 아니 오시누 하면서 점순을 부르는 사람은 전동 김 승지 집 부인이라.

"이애 점순아, 영감께서 작은돌이를 데리고 어디로 가신지 아느냐?"

점순 "쇤네가 알 수 있습니까?"

부인 "그것 참 이상한 일이로구나. 오늘 식전 일곱 시 사십 분에 떠나는 기차에 임 공사가 일본 간다고 영감께서 작별 인사인지 무엇인지 하러 가신다더니, 벌써 열두 시가 되도록 아니 오시니 나를 속이고 다른 데로 가셨나 보다. 이애 점순아, 네가 침모의 집에 갔을 때에 정녕 춘천집이 없더냐? 그년이 계동으로 갔다는데 침모 집에도 없고, 또 박 참봉 집에도 없으니 어디로 갔단 말이냐. 요년, 너도 아마 나를 속이지······."

점순 "에그, 별 말씀을 다 하십니다. 아무렇기로 쇤네가 마님을 속이겠습니까?"

부인 "오 그렇지, 네가 만일 나를 속였다가는 너를 쳐죽여 없앨 터이다. 내가 다른 년을 심부름시키지 아니하고 너를 시키는 것은 믿고 시키는데 너조차 거짓말을 하면 쓰겠느냐?"

점순 "마님께 말씀이지, 작은돌이는 마마님 계신 곳을 아는 모양 같으나, 말을 아니 하니 쇤네도 그 뒤만 살피고 있습니다."

부인 "이애, 그렇단 말이냐? 그러면 네가 어떻게 하든지 작은돌의 속만 뽑아서 내게만 말하여라. 그것만 알려 주면 네 치마도 하여 주고 저고리도 하여 주마. 치마 저고리뿐이겠냐? 내 옷가지를 다라도 너를 주마."

요악한 점순이가 옷 하여 준다 하는 말에 욕심이 불같이 나서 거짓말일지라도 안다 하고 싶으나, 터무니없는 거짓말 할 수는 없고 일심 전력이 작은돌의 속 뽑을 경영뿐이라.

점순이 마님을 부르면서 무슨 말을 하려 하다가, 안중문간에서 김 승지의 기침 소리가 나더니 안방으로 들어오자, 점순이는 하던 말을 뚝 그치더니 방문 밖으로 나간다. 부인이 김 승지의 얼굴을 어찌 몹시 쳐다보았던지 김 승지가 제풀에 당황한 기색이 있어서 누가 묻지도 아니하는 말을 횡설수설한다.

김 승지 "오늘은 불의 출행*이야. 공연히 남에게 끌려서 이리저리 한참을 쏘댔거든. 여럿이 모인 곳에 가면 그런 일 성가시어······. 여보 마누라, 나는 이 때까지 아침밥도 아니 먹었소. 이애 점순아, 네 어디 가지 말고 내 밥상 이리 가져오너라. 어 추워······. 이 방 뜨뜻한가?"

---

* 불의 출행(不宜出行) 그 날의 운수가 먼 길 떠나기에 마땅치 아니함.

하더니 어깨를 으쓱으쓱하면서 진저리를 치고 아랫목으로 들어오는데 썩 몹시 추운 모양이라.

　　부인 "왜 그렇게 추우시단 말이오? 그런 고로 첩이 아내만 못하다는
　　　　것이지요. 춘천집 방에 가서 몸을 얼려 가지고 오시더니, 내 방에 와
　　　　서 몸을 녹이시는구려. 어서 이 아랫목으로 들어오시오."

하면서 성도 아니 내고 기색이 천연한지라. 김 승지가 그 첩의 집에 간 것을 그 부인이 소문을 듣고 그렇게 말하는 줄로 알고 역적모의하다가 발각된 놈의 마음과 같이 깜짝 놀라던 차에, 그 부인이 천연히 말하는 것을 듣고 일변 안심도 되고 의심도 난다.

　　벙긋벙긋 웃으면서 마누라의 얼굴을 물끄러미 보며, 무슨 말이 나올 듯 나올 듯하고 아니 나온다.

　　부인 "여보 영감, 내가 영감 소원을 풀어 드릴 터이니 내 말대로 하시
　　　　겠소?"

　　김 승지 "응, 무슨 말……? 내가 무엇을 마누라 말대로 아니 하는 것
　　　　이 있소?"

　　부인 "그러하실 터이면 춘천집을 불러들여다가 저 건넌방에 둡시다.
　　　　두 집 배치를 하면 돈만 더 들고 영감이 다니시기도 불편하니, 오늘
　　　　부터 한집에 있게 합시다. 기왕 둔 첩을 어찌 할 수 있소? 제가 마다
　　　　고 가면 붙들 것은 없지마는, 아니 가고 싶으면 억지로 내쫓을 수야
　　　　있소? 그러나 춘천집을 불러오더라도 영감께서 너무 혹하셔서 몸을
　　　　과히 상하시면 딱한 일이야……. 설마 영감도 생각이 있으실 터이
　　　　지……. 그러실 리는 없겠지요……?"

　　김 승지가 솔깃한 마음에 가장 말솜씨나 있는 듯이 도리어 그 부인의 속을 뽑으려 든다.

　　김 승지 "좀 어려울걸……. 한집 안에서 견딜 사람이 따로 있지, 마누
　　　　라 성품에 될 수가 있나?"

부인 "춘천집이 춘천서 올라오던 날 내가 야단을 좀 쳤더니 그것을 보고 하시는 말씀인가 보구려. 첩을 두실 터이거든 나더러 둔다는 말씀을 하고 두셨으면 내가 무슨 말을 할 리가 있소. 남자가 첩 두기가 예사이지. 영감은 내게 의논도 없이 첩을 두시고, 춘천집을 불러올 때에도 나더러 그런 말이나 하셨소? 부지불각*에 그런 일을 보면 누가 좋다 할 사람이 있겠소?"

김 승지 "그것은 그리하여. 그것은 내가 잘못하였지. 마누라가 열이 날 만한걸……. 여보, 지나간 일이야 말하여 쓸데 있소? 앞일이나 의논합시다. 춘천집을 불러들이면 한집 안에서 아무 소리 없이 살겠소?"

부인이 생시치미를 떼고 말을 하다가 원래 화산에 불 일어나듯 하는 성품이라, 기가 버썩 나서 낯이 벌개지며 왜가리 소리 같은 목소리를 버럭 지르면서,

"여보, 다시 첩 두면 무엇이라고 맹세하셨소? 남부끄럽지 아니하시오? 이애 점순아, 저 건넌방 치우고 불 덥게 때거라. 오늘부터 마마님 오신단다. 에그, 망측하여라. 계집이 다 무엇인고? 계집을 감추어 두고 맹세를 그렇게 하여……. 병문에 있는 막벌이꾼도 할 만한 맹세를 하지, 영절스럽게* 그런 맹세를 지어……. 내가 잠자코 있으니 아무것도 모르는 줄 알고……. 벌써부터 다 알고 있어. 작은돌이란 놈, 그놈 쳐죽여 놓을 놈, 그놈이 내 눈앞에 다시 보였다가는……."

하면서 분명한 토죄*도 아니 하고 작은돌을 벼르니, 김 승지가 어찌 당황하던지 그 부인을 쳐다보고,

"아니야……. 무엇을……. 남의 말을 자세히 듣지도 아니 하고, 그리

---

* 부지불각(不知不覺) 자신도 모르는 결.
* 영절스럽게 말로는 그럴 듯하게.
* 토죄(討罪) 저지른 죄목을 들어 엄하게 꾸짖음.

해서 쓰나. 아 글쎄 내 말 좀 자세히 듣고 말을 하여야지. 춘천집을 누가 참 불러온다나. 또 춘천집이 어디 가 있는지 내가 알기나 아나?"

하면서 얼었던 몸에 땀이 나도록 애를 쓰고 손이 발이 되도록 빌더라.

제 11 장

점순이가 행랑으로 나가더니 방문을 펄쩍 열며,

"여보, 순돌 아버지, 이를 어찌 한단 말이오? 큰일났소그려. 마님께서 순돌 아버지를 죽일 놈 살릴 놈 하며 벼르시니 웬일이오?"

작은돌 "춥다, 문 닫아라. 들어오려거든 들어오고 나가려거든 나가지, 왜 문은 열고 서서 말을 하여."

점순 "에그, 남의 말은 아니 듣고 딴소리만 하네."

작은돌 "듣기 싫어, 말은 무슨 말……."

점순 "나는 모르겠소. 마님께서는 순돌 아버지를 쳐죽인다 내쫓는다 하시는데, 어찌하면 저렇게 겁이 없누."

작은돌 "영감은 마님을 겁을 내서 벌벌 떠셔도, 작은돌이는 겁커녕 눈도 끔적거리지 아니한다. 누가 김 승지 댁 종 노릇 아니 하면 죽는다더냐?"

점순이가 문을 톡 닫고 아랫목으로 들어오더니 아랫목 불목에 잠들어 누운 어린 자식 포대기 밑으로 두 손을 쏙 집어 넣더니 생긋생긋 웃으면서,

점순 "여보 여보, 순돌 아버지."

작은돌 "보기 싫다. 여우같이 요것이 다 무엇이야."

점순 "남더러 공연히 욕만 하네."

작은돌 "욕이 주먹보다 낫지 아니한가?"

점순 "걸핏하면 주먹만 내세우네. 아무 죄도 없는 사람을 설마 쳐죽일라구."

작은돌 "설마가 다 무엇이냐? 너도 마님같이 강짜만 하여 보아라. 한 주먹에 쳐죽일 터이다."

점순 "강짜는 어떠한 빌어먹을 년이 강짜를 하고 있어? 나는 순돌 아버지가 다른 계집에게 미쳐 날뛰는 것을 보면 나는 다른 서방 얻어 가지, 밤낮 게걸게걸하고 있을 망할 년 있나!"

작은돌 "이애, 이것 참 속 시원한 소리를 하는구나. 하느님이 사람 내실 때에, 사람은 다 마찬가지지 남녀가 다를 것이 무엇 있단 말이냐? 네가 행실이 그르면 내가 너를 버리고, 내가 두 계집을 두거든 네가 나를 버리는 일이 옳은 일이다. 두 서방이니 두 계집이니 그까짓 소리도 할 것 없지. 두 내외가 의만 좋으면 평생을 같이 살려니와, 의가 좋지 못하면 하루바삐 갈라서는 것이 제일 편한 일이라. 계집 둘 두는 놈도 망할 놈이요, 시앗 보고 강짜하고 있는 년도 망할 년이라. 요새는 개화 세상인 줄 몰랐느냐?"

점순 "여보, 요란스럽소. 말 함부로 하지 마오. 그러나 춘천마마 댁이 어디요? 나도 가서 구경 좀 하겠소."

하더니 눈웃음치며 작은돌의 어깨 밑으로 머리를 바싹 디민다.

계집에게 속지 아니한다고 큰소리를 탕탕하던 작은돌이가 점순에게 속을 뽑혀서 정신 보퉁이를 송두리째 내놓았더라.

점순이가 경사나 난 듯이 아낙으로 살짝 들어가다가 안마루에 김 승지의 신이 놓인 것을 보고 아니 들어가고 도로 돌쳐 나간다. 마침 대문간에 박 참봉이 들어오다가 점순이를 보자, 박 참봉은 점순이가 춘천집의 뒤를 밟으러 와서 이 방문 열어 보고 저 방문 열어 보고, 요리 기웃 조리 기웃 하던 그 모양이 생각이 난다.

점순이는 작은돌에게 당장 들은 말이 있는 고로, 박 참봉의 주선으로 춘천집이 남대문 밖에 집을 사서 들었단 말을 낱낱이 알았는지라 박 참봉도 점순이를 유심히 보고 점순이도 박 참봉을 유심히 본다.

박 참봉 "영감 계시냐?"

하면서 사랑으로 들어가는데, 점순이가 안으로 돌쳐 들어가더니 안방 미닫이 밖에 서서,

점순 "사랑에 손님 오셨습니다."

김 승지 "오냐, 게 있거라."

하더니 나갈 생각도 아니하더니,

점순 "계동 박 참봉 나리 오셨습니다."

김 승지가 박 참봉 왔다는 말을 듣더니 벌떡 일어나 나가더라. 점순이가 안방으로 톡 튀어들어오더니 부인의 앞으로 살짝 와 앉으며,

점순 "마님……. 마님께서 암만 그리하시면 쓸 데 있습니까? 사람마다 마님만 속이려 드니 아무리 하면 아니 속을 수 있습니까?"

부인 "무엇을……. 점순아, 점순아, 무엇을 그리하느냐. 어서 말 좀 하여라. 춘천집이 어디 있는지 알았느냐?"

점순 "계동 박 참봉 나리가 남대문 밖에 집 사 주었답니다. 오늘도 영감께서 마마 댁에 가셨는데, 침모도 거기 있답니다."

부인이 눈이 뚱그레지더니 점순의 앞으로 버썩버썩 다가앉으면서,

부인 "이애, 내 말이 맞았구나. 저것을 어찌 한단 말이냐? 영감께서 침모와 춘천집을 한 집에 두고 호강을 하신단 말이냐. 에그, 어떻게 하면 그년들을 쳐죽여서 한 구덩이에 집어 넣을꾸……."

점순이가 그 말을 듣고 상긋이 웃으면서,

"마님……."

부르더니 다시 말이 없이 또 눈웃음을 친다.

부인 "응, 무엇을 그러느냐. 무슨 할 말이 있느냐?"

점순 "말씀하면 쓸 데 있습니까? 마님께서는 마음이 착하시기만 하셨지 모진 마음이야 조금인들 있습니까?"

부인 "에그, 네가 내 마음을 아는구나. 내가 말뿐이지, 실상 먹은 마음은 없는 사람이다. 그러나 그 소리는 다 그만두고 아까 하던 말이나 하자. 글쎄, 저년들을 어찌 하면 좋단 말이냐?"

점순 "무엇을 그렇게 걱정하실 일이 있습니까?"

부인 "에그, 요 방정맞은 년, 그것이 다 무슨 소리냐? 그래 그년들이 내게 걱정이 되지 아니한단 말이냐. 요년, 너도 그 따위 소리를 하려거든 내 눈앞에 보이지 말아라."

점순 "에그, 마님께서는 말씀을 어떻게 들으시고 하시는 말씀인지 모르겠네. 쇤네가 설마 마님께 해로운 말씀이야 하겠습니까? 마님께서 쇤네 말을 자세히 들으시지 아니하니 어디 말씀을 할 수가 있습니까?"

부인 "오냐, 네가 횡설수설하는 소리 없이 춘천집과 침모를 어떻게 조처할 말만 하려무나. 내 자세히 듣지 아니할 리가 있겠느냐? 그래, 무슨 말이냐. 어서 좀 하여라."

점순이가 가장 제가 젠 체하고 말을 얼른 하지 아니하더니, 본래 잘 웃는 눈웃음을 한 번 다시 웃으면서,

"마님, 마님께선 쇤네 말을 들으시겠습니까?"

부인 "요년아, 무슨 말이든지 얼른 하려무나. 내게 유익한 말이면 무슨 말은 아니 듣겠느냐?"

점순 "마님께서 저렇게 심려하실 것 무엇 있습니까? 마마님이든지 침모든지 다 죽고 없으면 마님께서 걱정이 없으실 터이지요."

부인 "이애, 그를 다 이를 말이냐? 그러나 그년들이 새파랗게 젊은 년들인데 죽기는 언제 죽는단 말이냐? 그년들이 도리어 내 약과를 먹으려 드는 년들이다. 약과뿐이라더냐, 내 눈만 꺼지면 그년들이 이

집 기둥뿌리를 빼 놓을 년들이다."

점순 "그렇기로 첩을 두면 집이 망하느니 흥하느니 하는 것이 다 그 까닭이 아니오이까?"

부인 "아무렴, 그렇기를 다 이르겠느냐? 화가 나는 일이 있을 때에도 네 말을 들으면 속이 좀 시원하다. 그러나 저년들을 어찌 하면 좋단 말이냐? 지금으로 내가 교군을 타고 그년의 집에 가서 방망이로 춘천집과 침모년의 대강이를 깨뜨려 놓고 싶다. 박 참봉인가 무엇인가 그 망할 놈은 왜 남의 집에 다니면서 남의 집을 망하여 놓으려 한다더냐? 그 망할 놈 다신 내 집에 오지 마라 하여라. 이애 점순아……."

하면서 하던 말을 다시 하고 묻던 말을 또 묻는데, 속에서 열이 길길이 오르는 마음에 벌써 큰 야단이 났을 터이나, 점순의 입에서 부인의 마음에 드는 소리만 나오는 고로 그 말 들을 동안은 괴괴하였거니와, 그 말만 뚝 그칠 지경이면 부인의 야단이 시작될 모양이라.

서창에 지는 해가 눈이 부시도록 비추었는데, 창 밖에 지나가는 그림자는 날아드는 저녁 까치라. 서창에 마주 앉아 꼬리를 들었다 놓았다 하며 주둥이를 딱딱 벌리면서 깟깟, 깟깟깟 짖거늘, 구기* 잘하기로는 장안 여편네 중 제일 가는 전동 김 승지의 부인이 시앗이니 무엇이니 하고 지향을 못 하는 중에 저녁 까치 소리를 듣고 근심이 버썩 늘었더라.

부인 "에그, 조 방정맞은 저녁 까치는 왜 남의 창 밖에 와서 짖누? 조 년의 저녁 까치가 짖으면 그 해에 고약한 일이 생기더라. 내가 처음에 시앗 보았다는 소문을 듣던 날도 똑 요만 때에 까치 한 마리가 저기 앉아서 짖더니 춘천집인가 무엇인가 그 못된 년이 생겼지. 이애 점순아, 어서 나가서 조 까치 좀 쫓아 다구. 에그 요년아, 무엇을 그리 꿈적거리고 있느냐. 너는 한 번 앉았다가 일어나려면 왜 몸이 그리 무

---

*구기(拘忌) 좋지 않게 여겨 피하거나 꺼림.

거우냐? 또 자식 배었느냐? 에그 고년, 뒷문으로 나갔으면 쉬울 터인데 왜 앞문으로 돌아 나가누? 조 까치 자꾸 짖는다. 그만두어라, 내가 쫓으마. 수어······."

소리를 지르면서 서창 미닫이를 드윽 열어젖뜨리니 까치가 펄쩍 날아 공중에 높이 떠서 남산을 향하고 살같이 날아가더니 연소정 산비탈로 내려간다.

부인은 까치만 보고 섰다가 까치는 아니 보이는데, 정신 없이 먼 산을 보고 섰다. 안방 지게문으로 나가던 점순이는 안마당 안부엌으로 휘돌아서 안뒤꼍으로 나가다가 나는 까치 지는 곳을 보더니,

점순 "에그, 고 까치는 이상도 하지. 이 댁에를 다녀서 춘천마마님 댁으로 가나 베······. 마님 마님, 저 까치 날아가는 곳이 마마님 있는 도동이올시다."

부인 "압다, 그년 사는 동네 근처만 바라보아도 사람이 열이 나서 못 살겠구나. 어찌 하면 그 동네가 오늘 밤 내로 땅이 쑥 두려빠져서 없어질꼬?"

점순 "에그, 마님께서 허구한 세월에 저렇게 속을 썩이시고 어떻게 견디시나."

하면서 고개를 살짝 숙이더니 치마끈을 들어다가 눈물도 아니 나는 눈을 이리 씻고 저리 씻고, 이 눈도 비비고 저 눈도 비벼서 두 눈이 발개지도록 비비더니, 가장 눈물이나 났던 체하고 고개를 반짝 들어 부인을 쳐다보며 앞으로 바싹 들어오더니,

"마님······, 쇤네는 오늘 밤일지라도 물에나 빠져 죽든지 달아나든지 하지, 하루라도 이 댁에 있고 싶지 아니합니다."

부인 "요 쳐죽여 놓을 년, 고것은 다 무슨 소리냐? 내가 네게 심하게 굴어서 살 수가 없단 말이냐? 요년, 네가 어디로 달아나······? 오냐, 네 재주껏 달아나 보아라. 하늘로 올라가지는 못할 터이니, 어디로

가면 못 붙들겠느냐? 붙들려만 보아라. 대매*에 쳐죽일 터이다."

점순 "누가 마님이 싫어서 죽고 싶다 하는 말씀이오니까? 아낙에 들어왔다가 마님께서 저렇게 근심하시는 것을 보니 쇤네는 아무 경황이 없습니다. 오늘 밤일지라도 춘천마마님이 죽고 없으면 쇤네는 냉수만 먹고 살아도 살이 찌겠습니다. 마님께서 쇤네 말씀대로만 하시면 아무 걱정이 없으실 터이지마는……."

하면서 먼 산으로 고개를 돌이키니,

부인 "이애, 무슨 말이냐? 어디 좀 들어 보자. 춥다, 거기 서서 그리하지 말고 방으로 들어와서 말 좀 자세히 하여라."

점순이가 팔짱을 끼고 흔들거리고 안방으로 들어오더니, 안방 아랫간 윗목에 쪼그리고 앉아서 부인의 얼굴을 말끄러미 쳐다본다.

부인 "이애, 점순아, 나는 그만 죽고 싶은 마음만 나니 어찌하면 좋단 말이냐?"

점순 "마님께서 그런 말씀을 하시면 쇤네는 아무 경황 없습니다. 에그머니, 그 원수의 춘천마마님 하나 때문에 온 집안이 이렇게 난가될 줄을 누가 알았을까?"

부인 "아니꼽다. 그까짓 년을 마마님이니 별성님이니 내 앞에서는 그런 소리 마라. 네나 그년이나 상년은 마찬가지지. 이후에는 마마님이라고 말고 춘천집이라고 하든지, 강 동지 딸년이라고 하든지 그렇게 말하여라."

점순 "영감마님을 뵈온들 쇤네 도리에 그렇게 말씀할 수야 있습니까?…… 마님……, 마님 소원을 풀어 드릴 터이니 마님께서 춘천마마의 일을 쇤네에게 맡기시겠습니까?"

부인 "오냐, 좋을 도리가 있으면 맡기다뿐이겠느냐? 나는 쪽박을 차

---

*대매 단 한 번 때리는 매.

더라도 시앗만 없이 살았으면 좋겠다."

점순 "그런들 재물 없이야 어찌 삽니까?"

부인 "재물이 다 무엇이란 말이냐? 나는 재물도 성가시다. 영감께서 돈만 없어 보아라. 어떤 빌어먹을 년이 영감께 오겠느냐? 영감이 인물이 남보다 잘나셨느냐, 말을 남보다 잘하시느냐? 어떤 년이 무엇을 보고 영감께 와……. 돈 하나 바라고 오지……. 선대감 살아 계셨을 때는 재물도 참 많더니라마는, 선대감 돌아가신 후에 영감께서 계집에게 죄 디밀고 무엇 있는 줄 아느냐? 내포서 올라오는 추숫섬하고, 황해도 연안서 오는 추수 외에 무엇 있다더냐? 내가 잠자코만 있으면 며칠 못 되어서 춘천집에게로 죄 디밀고 무엇 남을 줄 아느냐? 그 원수의 침모년도 영감의 돈 냄새를 맡고 달라붙은 것이다. 영감은 그 나머지 재물을 죄 까불려야 다시는 계집에게 눈을 뜨지 아니하실 터이다. 세상 사람이 다 재물이 좋다 하더라도 나는 좋은 줄 모르겠다."

점순 "마님께서는 이 때까지 고생을 모르고 지내신 고로 그런 말씀을 하시지, 사람이 재물 없이 어떻게 삽니까?"

부인 "그런 말 마라. 세상에 고생치고 시앗 두고 근심하는 고생 같은 고생이 또 어디 있겠느냐? 나는 시앗만 없으면 돈 한 푼 없더라도 아무 근심 없겠다. 내 손으로 바느질품을 팔아 먹더라도 영감과 나와 단 두 식구야 어떻게 못 살겠느냐? 내가 자식이 있느냐 어디 마음 붙일 데가 있느냐, 영감 한 분뿐이지."

점순 "그럴 터이면 마님께서 돈을 많이 쓰시면 춘천마마님과 침모를 죽일 도리가 있습니다."

하면서 부인의 귀에 소곤소곤하는 대로 부인이 고개를 끄덕거리며 입이 떡 벌어졌더라.

제 12 장

지혜 많은 제갈공명을 얻고 물을 얻은 고기같이 좋아하던 한소열*도 있었으나 그것은 사기상의 지나간 옛일이라.

지금 우리 나라 장안 돌 구멍 안의 전동 김 승지의 부인은 꾀 많은 점순의 말을 듣고 좋아서 미칠 듯한 모양이, 고기가 물 얻은 것보다 더하더라. 점순이는 상전에게 긴할수록 더욱 긴한 체하고 하던 말을 두세 번 거푸 한다.

부인 "오냐 오냐. 돈은 얼마가 들든지 너 하라는 대로만 할 터이니, 부디 낭패 없이 잘만 하여라. 에그, 고년 신통한 년이지. 키는 조그마한 년이 의사는 방통이 같구나. 춥다, 내 덧저고리 입고 다녀오너라. 나는 오늘부터 영감을 뵙더라도 아무 소리 말고 가만히 있으마."

점순이 부인의 명을 듣고 황금 사만을 출입하던 진평*의 수단 같은 경영을 품고 남대문 밖으로 나가더라.

해는 져서 점점 어스름 밤이 되어 가는데, 도동 춘천집 행랑에 든 더부살이 계집이 대문을 걸러 나왔다가 어떠한 젊은 계집이 문 밖에 와서 알던 집 들어오듯이 쑥 들어오는 것을 보고 문을 아니 닫고 섰으니, 그 계집이 살짝 돌아다보며,

"여보, 이 댁이 전동 김 승지 영감의 별실 되시는 춘천마마님 댁이지요?"

하더니 안으로 들어가다가 어린아이 우는 소리를 듣고 깜짝 놀라는 모양으로 행랑 사람을 다시 돌아다보며,

---

* 한소열(漢昭烈) 중국 삼국 시대 때 촉나라를 세운 유비.(161~223)
* 진평(陳平) 중국 한나라 유방의 장수.

유비

"여보, 이 댁에 어린아이 소리가 나니 아기는 뉘 아기요?"

더부살이 "이 댁 마마님이 이 달 초승에 아들 애기 낳았소."

그 계집이 다시는 묻는 말 없이 안으로 들어가니,

더부살이 "어디서 오셨소?"

점순 "영감 댁에서 심부름 온 사람이오."

하면서 안방으로 들어가는데, 그 때 침모가 춘천집을 대하여 김 승지 부인의 흉을 보던 끝인데, 그 말끝에 점순의 말이 나서 고년이 여우 같으니 무엇 같으니 하며 정신 없이 말을 하다가 점순이 목소리를 듣고 깜짝 놀라면서,

침모 "에그머니, 조년이 여기를 어찌 알고 오나? 내가 공교롭게 여기 왔다가 고년의 눈에 띄면 또 무슨 몹쓸 소리를 들을지……."

춘천집 "그것이 누구란 말이오?"

침모 "지금 말하던 점순이오."

하던 차에 점순이는 벌써 마루 위에 올라와서 방문을 여니, 침모는 망 단한 기색이 있고, 춘천집은 어린아이를 안고 거들떠보지도 아니하고 가만히 앉았더라.

점순 "저는 큰댁 하인 점순이올시다. 벌써부터 마마님께 와서 뵈옵자 하면서도 바빠서 못 와 뵈었습니다. 에그, 침모 마누라님도 여기 와 서 계시군……."

침모 "내가 여기 있는 줄을 몰랐던가?"

점순 "알 수가 있습니까?"

하면서 춘천집 앞으로 바싹 다가앉더니,

"에그, 애기도 탐스럽게 생겼지……. 마마님 닮았군. 그러나 방이 이 렇게 추워서, 마마님도 추우시려니와 애기가 오죽 춥겠습니까? 아마 나무가 귀한 모양인가 보이다. 부리시는 하인도 없습니까? 제가 나 가서 불이나 좀 때고 들어오겠습니다."

하면서 벌떡 일어서는데, 침모는 다친 몸을 억지로 일어나 앉은 터이라. 드러눕고 싶으나 점순이 가기만 기다리며 담배만 먹고 앉았고, 춘천집은 젖꼭지 문 어린아이 얼굴만 내려다보고 입을 봉한 듯이 앉았더라. 안마당에서 사람의 소리가 나더니 더부살이 계집과 작은돌이가 들어오면서 떠드는데,

"이 짐은 안마루 끝에 부려 놓아라. 저 나무 바리는 바깥마당에 부려
놓아라."

하는 소리를 듣고 점순이가 마루로 나가면서,

점순 "왜 인제 왔소?"

작은돌 "인제가 다 무엇이야? 좀 빨리 왔나? 짐꾼 데리고 오다가 나
무 사느라고 지체되고……."

하면서 짐을 끄르는데, 점순이가 다시 방으로 돌쳐 들어오더니 팔짱을 끼고 윗목에 서서 춘천집을 건너다보며,

점순 "마마님, 저것을 어디 들여놓으면 좋겠습니까?"

춘천집 "저것은 무엇이란 말인가?"

하면서 거들떠보지도 아니한다.

점순 "물목을 적은 것은 없습니다만 쇤네가 말씀으로 여쭙겠습니다."

하더니 무엇무엇을 주워섬기는데, 처음에는 점순이가 제 말을 하려면 제라고 하더니 새로이 말 공대가 늘어서 '쇤네'라고 하니, 춘천집은 불길한 생각이 드는 중에 뜻밖에 큰집에서 보냈다는 물종이 값을 칠 지경이면 엽전으로 여러 백 냥어치가 될지라.

천하를 다 내 것으로 삼고 독재 전제하던 만승 천자*도 무엇을 주면 좋아하는 그러한 세상에 동지섣달 추운 방 속에서 발발 떨고 두 무릎이 어깨까지 올라가도록 쪼그리고 앉았던 춘천집이 먹을 것, 입을 것, 쓸

---

* 만승 천자(萬乘天子) 병거 1만 대를 동원할 수 있는 큰 나라의 임금. 중국의 천자를 가리킴.

것, 땔 것을 하품이 나도록 받아 가지고 숫보기 여편네 마음이라 흡족한 생각이 들어 간다.

춘천집 "그것은 누가 보내셨단 말인가?"

하면서 얼굴에 좋아하는 빛을 띠었더라.

침모 "자네 댁 마님이 보내시던가?"

점순 "……."

침모 "그것 참 이상한 일일세그려. 자네 댁 마님이 돌아가시려고 환장하셨나 베."

점순 "글쎄 말이지요. 마음이 변하기로 우리 댁 마님같이 변할 사람이 누가 있겠소? 침모 마누라님 가신 후에도 장후회를 하시고, 댁 마마님이 춘천서 올라오시던 날도 그렇게 몹시 야단을 치시더니 지금까지 후회를 하시니 어찌하면 그렇게 변하시는지……."

침모가 그 소리를 듣더니 반신반의하여 이상한 마음이 들어서 아무 말 없이 점순의 얼굴을 쳐다보고 있다.

점순 "그러나 마님께서 지금도 영감 앞에서는 후회하시는 기색도 아니 보이시니 그것은 웬일인지……. 마님 말씀에는 영감께서 무슨 일이든지 마님을 속이신다고 거기에 화를 내시는 모양인데, 마마님이 시골서 올라오시기 전에 영감께서 마마님 오신다고 마님께 말씀 한 마디만 하여 두셨더면 마님께서 그렇게 대단히 하실 리가 없어요. 부지불각에 교군이 들어오는 것을 보시고 그렇게 하셨지요. 그 마님이 성품이 날 때는 오죽 대단하십니까? 침모 마누라님도 아시니 말씀이지요. 지금도 영감께서 무슨 일이든지 마님께 먼저 의논하시면 마님이 그렇게 박절히 아니 하세요. 마님이 마음 내키실 때는 활수하고 좀 좋으신 마음이오니까. 침모 마누라님은 겪어 보셨지요."

하면서 요악을 부리는데, 춘천집과 침모의 마음은 봄바람에 눈 녹듯이 풀어지는데, 점순이는 벌써 그 눈치를 알고 다시 침모를 보며,

점순 "침모 마누라님은 언제부터 이리 오셨습니까? 노마누라님은 계동 댁에 혼자 계십니까?"

그 말끝에 침모는 대답을 아니 하고 있는데, 점순이가 지게문을 열고 짐 풀어 들여놓는 작은돌이를 내다보며,

"여보 순돌 아버지, 내일 일찍이 종로 가서 나무 한 바리 크고 좋은 것으로 사서 계동 침모 마누라님 댁에 갖다 드리시오. 아까 우리 댁 마님께서 말씀하십디다."

하더니 다시 문을 닫고 쪼그리고 앉으면서 혼자말로,

"에그, 참, 그 마누라님이야 아드님 없고 재물 없고 나인 많으시고 아무도 없으니 말이지. 앞도 못 보시는 터에……. 침모 마누라님같이 효성 있는 따님이 없었던들……. 에그, 참."

하면서 말끝을 마치지 아니하고 눈물을 씻는지 수건으로 눈을 홈착홈 착 씻는 모양이라. 춘천집은 의구히 젖 먹는 어린아이만 들여다보며 앉았고, 침모는 머리맡 미닫이 창살만 정신 없이 보고 앉았다가 점순의 말에 오장이 저는 듯하며 눈물이 떨어진다. 사람이 제 설움이 과하면 조그마한 일이 있어도 남을 원망하는 일도 있지마는, 제 설움이 과할 때에 원망하던 곳도 원망할 마음이 풀어지는 일도 있는지라. 침모가 김 승지 집을 원망하던 마음이 풀어지고, 제 팔자와 저의 어머니 신세가 가련한 생각만 나서 눈물을 씻고 점순이를 건너다보며,

"세상에 누가 우리 어머니 신세 같은 사람이 또 있겠나. 김 승지 댁에서 나무는 왜 사서 보내신단 말인가? 마음 쓰시는 것만 하여도 받으니나 진배없네. 내일 나무 사거든 그 나무를 마마님께나 갖다가 드리게."

하면서 점순이를 보고 신세타령이 나오는데 언제부터 점순과 그렇게 정이 들었던지 친동생이나 본 듯이 평생에 지낸 일과 평생 먹었던 마음까지 낱낱이 말하는데, 쓰러져 죽어 가는 듯한 목소리로 하는 말이 굽

이굽이 처량한 일이 많은지라. 그 말을 다 마치지 못하고 소리 없이 눈물만 떨어지는데 옆의 사람이 차마 볼 수가 없더라. 춘천집은 제 설움은 생각지 아니하고 침모를 불쌍히 여겨서 어떻게 하면 저러한 사람을 잘 도와 줄꼬 하는 마음이 생기면서 또한 눈물이 떨어진다.

점순은 눈물은 아니 나나 같이 슬퍼하는 입내를 내느라고 꼬깃꼬깃하게 도리 뭉친 서양 손수건을 손에 쥐고, 팔꿈치는 쪼그리고 앉은 무릎 위에 올려놓고, 손수건 든 손이 밤벌레같이 살찐 볼때기를 버티고, 얼굴은 사람 없는 벽을 향하여 앉았는데 방 안이 다시 적적하였더라.

침모의 치마 앞에는 소상 반죽*에 가을비 떨어지듯 눈물이 떨어지는데, 그 눈물에 화답하는 춘천집의 눈에서 눈물이 마주 떨어지다가 어디가 못 떨어져서 잠든 어린아이 눈 위에 떨어지니, 춘천집이 치맛자락으로 어린아이 눈을 씻기는데 그 아이가 잠을 깨어 젖꼭지를 물었던 고개를 내두르며 우니, 점순이가 홱 돌아앉으며 춘천집 앞으로 다가앉더니,

"애기를 이리 줍시오. 쇤네가 젖을 좀 먹여 보겠습니다. 쇤네 자식은 암죽으로 키우더라도 내일부터는 쇤네가 댁에 와서 마마님 애기를 젖 먹이고 있겠습니다. 마마님 댁 행랑에 든 사람은 우리 댁 행랑으로 보내고 쇤네는 이 행랑으로 오겠습니다. 작은돌이는 영감 모시고 다니는 터이니 올 수 없으나 쇤네 혼자 와서 조석 진지나 지어 드리고 애기 젖이나 먹이고 있겠습니다."

춘천집 "……."

점순 "그러한 걱정은 맙시오. 쇤네의 자식은 마님께서 재미로 거두어 주신답니다. 마님께서 자녀간에 아무것도 없으신 고로 어린아이를 보면 귀애하신답니다."

하면서 어린아이를 받아 안고 젖을 먹이는데 춘천집이 잠시 동안에 점

---

* 소상 반죽(瀟湘斑竹) 중국 샤오상 강가에 있는 얼룩무늬가 있는 대나무.

순과 어찌 그리 정답게 되었던지 점순이가 그 행랑으로 아니 올까 염려를 하고 있더라.

제 13 장

열 길 물 속은 알아도 한 길 사람의 속은 모르는 것이라. 점순이 입에는 꿀을 발랐으나 가슴에는 칼을 품은 사람이라. 나이 어리고 세상도 겪지 못하여 본 춘천집은 점순에게 어떻게 홀렸던지 점순의 말이면 팥으로 메주를 만든다 하여도 곧이듣게 되었더라. 그 날 밤에 점순이가 전동 김 승지 집에 돌아가니, 부인이 혼자 앉아서 점순이 오기만 기다리고 있더라.

점순 "마님, 쉰네는 도동 갔다 왔습니다."

부인 "오, 어서 이야기 좀 하여라. 대체 그년의 인물딱지가 어떠하더냐?"

점순 "인물은 어찌 그리 어여쁜지요. 사람도 매우 얌전해요. 성품도 대단히 순한 모양입디다."

부인 "요 배라먹을 년, 주제넘기도 분수가 있지. 네가 춘천집의 얼굴은 보았으니 알려니와, 잠깐 보고 성품이 어떠한지 어찌 그리 자세히 아니? 그만두어라, 듣기 싫다. 누가 너더러 그런 소리 하라더냐? 너도 벌써 영감처럼 춘천집에게 홀렸나 보구나. 무엇 먹을 것이나 주며 살살 꾀더냐?"

하면서 얼굴이 벌개지고 열이 버썩 난 모양이라. 점순이가 그 부인 앞에서 자라날 때에 대강이를 자로 얻어맞느라고 마치 돌같이 굳었고, 마음은 하루에 열두 번씩 핀잔과 꾸지람 듣기에 졸업을 해서 여간 꾸지람은 들어도 들은 듯싶지 아니한 점순이라. 점순이 눈을 깜작깜작하고 앉

았다가 부인의 골을 좀 돋우려고,

점순 "마님, 춘천마마님은 아들 애기를 낳았는데 어찌나 탐스러운지요."

부인이 기를 버럭 내더니 소리를 지르면서,

"요년, 네 눈에는 그년의 집에 있는 것은 무엇이든지 좋게만 보이더냐? 꼴보기 싫다, 내 눈앞에 보이지 말고 네 방으로 나가거라. 나가라 하면 얼른 나갈 일이지 왜 거기 앉았느냐?"

점순이가 문을 열고 나가더니 마루 끝에 가서 팔짱을 끼고 쪼그리고 앉았거늘, 부인이 한 손으로 촛불을 가리며 미닫이 유리로 내다보다가 미닫이를 열어젖히면서,

"요년, 보기 싫다. 왜 똑 마주 보이는 거기 가서 앉았느냐?"

점순이가 행랑으로 나가는데, 마침 김 승지가 안중문으로 들어오거늘, 점순이가 다시 돌쳐서서 안뒤꼍으로 살짝 들어가더니 무슨 말을 엿들으려고 안방 뒷문 밖에 숨어 섰더라.

김 승지는 안방으로 들어가다가 그 부인이 좋지 못한 기색으로 외면하고 앉은 것을 보고 또 무슨 성가신 소리나 할까 염려하여 주책없는 말을 횡설수설한다.

김 승지 "여보 마누라, 내가 무슨 의논을 좀 할 일이 있소. 이런 일은 나 혼자 처결할 수는 없는 일이야. 아마 마누라가 이제 생산은 못 하지……. 불가불 양자를 하여야 할 터인데, 마땅한 곳이 없거든……."

하면서 혼자말로 엉벙하고 앉았는데, 부인은 아무 대답이 없더라.

김 승지 "여보 마누라, 경필이 둘째 아들을 데려다가 키우면 어떠하겠소? 그 아이가 마누라의 마음에는 아니 들지……."

부인이 고개를 획 두르면서,

"언제 내 눈에 드는 것을 고르느라고 이 때까지 양자를 아니 하였소? 영감이 딴 욕심이 있어서 양자를 아니 하였지……."

김 승지 "내가 딴 욕심은 무슨 딴 욕심……?"

부인 "인제는 영감의 욕심 채우게 되었으니 양자는 하여 무엇 하시려오? 그렇게 탐스럽게 잘생긴 춘천집의 속에서 낳은 자식을 두고 양자가 다 무엇이야. 자식 없는 나 같은 년만 팔자가 사나웠지. 열 살이 되도록 콧물을 줄줄 흘리고 다니는 경필의 둘째 아들은 데려다가 무엇 하게. 나는 자식 없이 이대로 있을 터이야."

하면서 눈물이 비죽비죽 나니, 김 승지는 또 부인을 불쌍하게 여기는 마음이 있더라.

춘천집을 보면 춘천집이 불쌍하고, 부인을 보면 부인이 불쌍하다. 하루 이틀, 한 달 두 달이나 지내고 마음이 변하면 여사이나, 김 승지는 그 날 낮 후까지 도동 첩의 집에 갔을 때에 춘천집의 고생하는 모양과 춘천집의 설운 사정 하는 소리를 들을 때에는 오장이 슬슬 녹는 듯이 춘천집 불쌍한 마음이 들면서 작정한 일이 있었더라.

무슨 작정인고? 춘천집의 고생하는 모양이 어찌 그리 불쌍하던지, 이후에는 마누라의 야단은 고사하고 옥황상제의 벼락이 내리더라도 춘천집 하나는 고생도 아니 하고 자기를 괴고 지내도록 하여 주자 하는 마음이 있었는데, 하루가 지나지 못한 그 날 밤에 그 부인이 자식 없는 신세를 말하면서 눈물을 흘리는 것을 보고 또 어찌 그리 불쌍하던지, 첩인지 무엇인지 다 귀치 아니한 생각이 든다. 그러나 두 가지 일이 마음에 걸리는 것이 있더라.

아까 박 참봉이 왔을 때에 세간 궤를 열고 백 석 추수 논문서를 내주면서 하는 말이, 이것을 가지고 도동으로 가서 춘천집을 주고 아무쪼록 춘천집이 마음 붙이도록 안심을 시키고 오라 하였는데, 아차 좀 천천히 하였더면 좋을 뻔하였다 하는 마음도 있고, 또 춘천집이 자식까지 낳은 터이라 버리기도 난처한 마음이 들어 간다.

김 승지 "여보 마누라, 그런 말은 뉘게 들었소……?"

다른 날 같으면 부인의 성품에 소리를 버럭버럭 지르며 말을 하였을 터인데, 그 날은 무슨 까닭으로 그리 조용하였던지 비죽비죽 울면서 목소리도 크게 아니 하고 김 승지를 돌아다보며,

"여보, 사람을 그렇게도 속이기요, 참 야속하오."

김 승지 "할 말 없소. 내가 생각이 잘못 들어서 그렇게 되었소."

부인 "영감께서는 꽃 같은 젊은 계집을 두고 옥동자 같은 아들을 낳고 혼자 호강을 하고 재미를 보실 터이로구려. 나는 나이 사십이나 되어 쪼그라진 것을 영감이 돌아다보시기나 할 터이오. 내가 자식이나 있으면 자식에게나 마음을 붙여 살 터이나 자식 없는 이년의 팔자는 어찌 될 것인고. 죽어 후생에는 나도 남자나 되었으면……. 말으시오, 말으시오, 그리들 말으시오. 영감은 열세 살, 나는 열네 살에 결발 부부 되었으니, 머리가 파뿌리 되도록 마음이 변치 않고 살다가 죽은 후에 송장은 한 구덩이로 들어가고 혼은 합독 사당*에 의지하여 아들, 손자, 증손, 고손의 대까지 제사를 받아 먹어도 같이 앉아 받아 먹을 줄 알았더니, 이 몸이 죽기 전에 영감을 춘천집에게 뺏겼소그려. 영감은 돌아가신 후에 춘천집이 낳은 자식에게 따뜻한 제사를 받아잡수시겠소그려. 에그 설운지고, 이년의 신세는 어찌 될 것인고. 죽어서는 무자귀* 될 것이요, 살아서는 소박데기 되겠구나. 무자귀 되는 것은 누구를 한하리까마는 소박데기 되는 것은 영감이 무정하여 그러하지. 영감이 춘천 군수 도임길 떠나시던 날 내가 세수하고 거울을 보고 앉았는데, 영감이 담뱃대를 거꾸로 잡고 연기가 모락모락 나는 담배 물부리를 내 앞이마로 쑥 들이밀면서 하시는 말이, 이 것 보게, 벌써 센 털이 났네 하시기로, 내 말이 영감이 걱정이 되실 것 무엇 있소. 젊은 첩이나 두시구려 하는 내 말은 진정으로 나온 말

---

*합독 사당 부부의 신주를 한 곳에 두는 사당.
*무자귀(無子鬼) 자식을 두지 못한 사람이 죽어서 된다는 귀신.

은 아니오마는, 그 때 영감이 무엇이라고 말씀하셨소. 영감의 말씀이, 늙으면 마누라 혼자 늙소? 젊을 때는 같이 젊고, 늙을 때는 같이 늙고, 고생을 하여도 같이 하고, 호강을 하여도 같이 하지, 내가 설마 마누라가 늙었다고 젊은 계집을 두고 마누라를 고생이야 시키겠소, 하시던 말이 어제 같고 지금 같소. 지금 영감의 몸은 여기 앉았으나, 영감의 마음은 도동 춘천집에 가서 계시겠소그려. 속 빈 쇠부처같이 등신만 여기 계시면 쓸 데 있소. 가고 싶고 가고 싶은 도동을 못 가시고, 보고 싶고 보고 싶은 춘천집을 못 보시면 투기하는 아내만 미운 생각이 들 터이오그려. 한 번 밉고 두 번 미우면 세 번, 네 번째는 원수같이 될 터이오그려. 원수가 되기 전에 나는 나 혼자 살다가 죽을 터이니, 영감께서는 춘천집이나 데리고 잘 살으시오. 여보, 복 받으리다……. 에그, 내 팔자 이리 될 줄 꿈이나 꾸었을까……."

하면서 앉은 채로 폭 고꾸라지더니 엉엉 울다가 흑흑 느끼다가 나중에는 아무 소리가 없더라. 김 승지가 그 부인이 설운 사정 말할 때에 무안도 하고 불쌍도 하고 후회도 나던 차에 그 부인이 엎드려 울다가 아무 소리 없는 것을 보더니 눈이 휘둥그레지며 겁이 펄쩍 나서 불러도 보고 손으로 흔들어도 보고 두 손으로 어깨를 안고 일으켜도 보는데, 심술에 잔뜩 질린 부인은 정신이 멀쩡하면서 눈을 감고 이를 까악 물고 사지를 쭉 뻗어 놀리지 아니하고 있으니, 김 승지가 픽픽 울면서,

"마누라 마누라, 여보, 정신 좀 차리오. 글쎄, 왜 이리 하오. 내가 마누라에게 적악을 하여 마누라가 그로 인병 치사할 지경이면 내가 혼자 살아 있어서 무슨 복을 받겠소. 여보 눈 좀 떠 보오."

한참 그리 할 즈음에 점순이가 뛰어들어오더니, 에그, 이것이 웬일인가 하면서 온 집안 사람을 다 불러서 계집 하인들은 방으로 들어오고 사나이 하인들은 안마당에 들어와 섰는데, 그 날 밤은 그 모양으로 온 집안에서 잠 한잠 못 자고 앉아 새는 사람, 서서 새는 사람, 갈팡질팡

다니다가 새는 사람, 그렇게 소요한 중에 부인은 여러 사람에게 미안한 마음이 조금도 없이 흉증을 부리고 그 모양으로 밤을 지냈더라.

그 이튿날 식전에 김 승지는 사랑에 나가서 잠이 들었는데, 동자아치*는 밥을 짓고 반빗아치*는 반찬을 만들고, 그 외의 사람들도 다 각기 저할 일 하느라고 나갔는데, 안방에 앉았는 사람은 유모와 점순뿐이라.

그 집 대문 안에 그 중 지각 있는 사람이 누구냐 할 지경이면 유모이라. 본래 김 승지의 부인이 삼십이 넘은 후에 아들 하나를 낳아 유모를 두었더니 그 아이가 세 살에 죽고 그 후에는 부인이 자녀간 낳지를 못한지라 유모는 그 아이 죽던 날부터 제 집으로 가려 하나 김 승지 내외가 붙드는 고로 그 때까지 있었더니, 그 날 김 승지 부인의 하는 경상을 보고 그 집안이 어찌 될지 대강 짐작이 있었더라. 유모가 점순을 보며,

"여보게, 내가 이 댁에 신세도 많이 지고 몇 해를 있어서 바라는 것은 마님께서 애기나 하나 더 낳으실까 하였더니, 마님께서 연세도 많으시고 자녀간에 낳으실지 못 낳으실지 모르는 터에 내가 이 댁에 있어 쓸 데 있나. 나는 오늘일지라도 마님께 하직하고 가겠네."

점순이가 이 말을 들으면서 눈을 깜작거리고 앉았다가 생각한즉, 유모가 그 집에 있으면 저 하는 일을 눈치챌 염려가 있는지라,

"잘 생각하셨소. 이 댁에 있어 무엇 하시겠소. 영감께서는 춘천마마께만 마음이 있으시고, 마님께서는 저렇게 심병이 되어 지내시니 이 집안 어찌 될는지 알 수가 있소?"

하는 소리에 부인이 눈을 번쩍 뜨며,

"이 집이 아니 망할 줄 아나. 내 눈으로 이 기둥뿌리도 아니 남는 것을 보아야 내 속이 시원하겠네."

하더니 다시 눈을 감고 누웠더라. 그 날 그 집 안에는 다 밤새운 사람뿐

＊ 동자아치 밥 짓는 일을 하는 계집종.
＊ 반빗아치 반찬 만드는 일을 하는 계집종.

이라 너나없이 졸음을 참지 못하여 동자와 찬비 외에는 이 구석 저 구석에 가서 잠을 자는 사람들뿐인데, 그 중에 지성으로 부인의 앞에 앉았는 것은 점순이라. 부인이 다시 눈을 번쩍 뜨더니,

"이애 점순아, 이 방에 아무도 없니?"

점순 "……."

부인 "그 원수의 년을 어떻게 하면 좋단 말이냐. 암만 하여도 분하여 못 살겠구나."

점순 "마님께서 왜 그리하십니까. 다 된 일에 무슨 걱정이 되어서 그리하십니까. 마님께서 이렇게 하시면 어제 하던 일은 헛일 됩니다."

부인 "글쎄, 어제 일이 어찌 되었느냐? 어제는 춘천집이 자식 났다 하는 소리를 듣고 내가 어찌 열이 나던지 너더러 물어 볼 말도 못 물어 보았다……."

점순 "마님께서 쇤네에게 그런 일을 아니 맡기시면 모르거니와 쇤네에게 맡기신 후에야 범연히 하겠습니까."

하면서 고개를 폭 숙이고 연지를 문 듯한 입술을 부인의 귀에 대고 소곤소곤하는 소리에 부인이 벌떡 일어나며,

"오냐, 정녕 그렇게만 될 터이면 내가 며칠이든지 참고 잠자코 있으마."

점순 "에그, 며칠이 무엇이오니까. 그러한 일을 그렇게 급히 서두르면 못씁니다. 며칠 동안이라도 일만 하려 들면 못 할 것이야 무엇 있겠습니까마는, 그렇게 급히 하면 남이 그런 눈치를 챌 것이올시다. 만일 그러한 일이 단사가 나고 보면, 마님께서야 어떠하시겠습니까마는 쇤네같이 만만한 년만 몹쓸 죽음을 할 터이올시다."

부인 "이애, 그러면 그 일이 언제쯤 된단 말이냐?"

점순 "그렇게 날 작정, 달 작정을 하실 것이 아니올시다. 하루 이틀 동안이라도 기회만 좋으면 할 것이요, 일 년 이태 동안에도 기회가

좋지 못하면 못 하는 것이올시다.”

부인 “오냐, 걱정 마라. 내 아무리 참기 어려워도 눈 끔쩍 몇 달이든지 몇 해든지 참을 터이니 네가 감쪽같이 일만 잘 하여라.”

하면서 부인은 점순에게 당부하고 점순은 부인에게 당부한다. 이 방 저 방, 이 구석 저 구석에는 사람 사람이 잠들어 코 고는 소리요, 마루에서는 찬비가 양념 다지는 도마 소리요, 부인은 점순을 데리고 수군거리는 소리뿐이라. 해가 낮이나 되더니 그 소리 저 소리가 다 그치고 부인은 일어나고 점순이는 행랑으로 나가더라.

제 14 장

인간에 새벽 되는 소식을 전하려고 부상* 삼백 척에 꼬끼오 우는 것은 듣기 좋은 수탉 우는 소리라.

그 소리 한 마디에 인간에 있는 닭이 낱낱이 따라 운다.

아시아 큰 육지에 쑥 내민 반도국이 동편으로 머리를 들고 부상을 바라보고 세상 밝은 기운을 기다리고 있는 백두산이 이리 꿈틀 저리 꿈틀 삼천 리를 내려가다가 중심에 머리를 다시 들어 삼각산 문필봉이 생겼는데, 그 밑에는 황궁 국도에 만호 장안이 되었으니, 종명 정식*하는 부귀가가 즐비하게 있는 곳이라.

흥망성쇠가 속하기는 일국에 그 산 밑이 제일이라. 전동 사는 김 승지는 조상을 잘 떼메고 운수 좋게 잘 지내던 사람이라. 김 승지 집 안뜰 아래 구앙문 위에 닭의 홰가 매였는데, 만호 장안에서 꼬끼오 소리가

＊**부상(扶桑)** 해가 뜨는 동쪽 바다 속에 있다고 하는 상상의 나무.
＊**종명 정식(鐘鳴鼎食)** 예전에 종을 쳐서 사람을 모아 솥을 벌여 놓고 밥을 먹는다는 뜻으로, 부귀한 집의 생활을 이르는 말.

나면 김 승지 집에서는 암탉이 홰를 톡톡 치며 깩깩 소리가 나니 온 집 안에서 암탉 운다고 수군거린다.

세상에 구기 잘하기로는 남에게 둘째 가지 않던 집이라, 사흘 밤을 암탉 우는 소리를 듣고 이 집이 망하느니 흥하느니 하는 공론이 부산하다.

부인이 작은돌을 불러서 우는 암탉을 잡아 없애라 하였는데, 본래 김 승지가 재미 본다고 묵은 닭 한 쌍을 두었더니 며칠 전에 시골 마름의 집에서 씨암탉으로 앙바틈하고* 맵시 좋은 암탉 한 마리를 가져왔는데, 저녁마다 닭이 오를 때면 묵은 암탉이 햇닭을 어찌 몹시 쪼던지 묵은 닭 한 쌍은 나란히 있고 햇닭은 홰 한 구석에 가서 따로 떨어져 자더라.

하룻밤에는 부인의 영을 듣고 남종여비가 초롱불을 들고 우는 닭을 찾으려고 닭의 홰 밑에 가서 기다리고 있는데, 밤중이 다 못 되어 묵은 암탉이 깩깩 운다. 부인이 미닫이를 열며,

"이애, 어느 닭이 우느냐?"

계집종들이 일제히 하는 말이,

"고 못된 묵은 닭이 웁니다. 여보 순돌 아버지, 어서 그 닭을 잡아 없애 버리시오."

부인 "이애 그것이 무슨 소리냐. 아무리 날짐승일지라도 본래 한 쌍으로 있던 묵은 암탉을 왜 없앤단 말이냐. 고 못된 햇암탉 한 마리가 들어오더니 묵은 암탉이 설워서 우나 보다. 네 그 햇암탉을 지금으로 잡아내려서 모가지를 비틀어 죽여 버려라."

작은돌이 햇닭을 잡아 죽이는데 짐승의 소릴지라도 밤중에 닭 잡는 소리같이 쌀쌀한 소리는 없다.

그 소리 한 마디에 온 집안 사람이 소름이 쪽쪽 끼치더니 그 소름이 영험이 있던지, 날마다 그 집안 모양이 변하는데, 뜻밖에 일이 많이 생

---

* 앙바틈하다 짤막하고 딱 바라지다.

기더라.

유모도 내보내고, 작은돌은 아무 죄 없이 내쫓고, 전동 집은 팔아서 오막살이 조그마한 집으로 옮기고, 세간 살림은 바싹 졸이는데, 그 획책은 다 점순에게서 나오는 것이라. 먹을 것이 없어서 군식구를 다 내보내는 것도 아니요, 돈이 귀하여 집을 팔아 졸인 것도 아니라.

집 안에 사람이 많으면 부인과 점순이가 갖은 흉계를 꾸미는 데 눈치챌 사람이 있을까 염려하여 그리하는 것이라.

가령 사람이 벅적벅적하는 일국 정부에서는 손가락 하나를 꼼짝하여도 그 소문이 전봇줄을 타고 삽시간에 천하 각국으로 건너가고, 두세 식구 사는 오막살이 가난뱅이 집에서는 그 속에서 무슨 일이 있는지 밤 쥐와 낮새가 말 전주하기 전에는 알 수 없는 일이 많은 법이라.

점순이가 서방을 떼어 버리고 자식은 남에게 맡겨 기르고, 제 몸은 춘천집에 가서 있는데, 물 쓰듯 하는 돈은 부인이 길어 댄다.

김 승지는 점순이 같은 충비*는 천지 개벽 이후에 처음 난 줄로 알고, 춘천집은 점순이가 없으면 하루라도 못 견딜 줄로 안다.

김 승지의 부인은 흉계가 생기더니 투기하던 마음을 주리 참듯 참고 있는데, 김 승지는 그 부인이 마음이나 변하여 투기를 아니 하는 줄로 알고 있으나 원래 그 부인에게 쥐여지내는 사람이라 도동을 가려면 죄수의 특사 내리듯이 그 부인에게 허락받기 전에 감히 제 마음대로 가지는 못하는 모양이러라.

침모는 본래 바느질품으로 앞 못 보는 늙은 어머니를 벌어먹이더니 전동서 나온 후에 남의 옷가지나 맡아 짓는다 하여도 추운 겨울에 식량을 이을 수가 없어서 대단히 어렵던 차에 춘천집이 산후에 몸도 성치 못한 중에, 또 춘천집이 침모에게 어찌 친절히 굴던지 그럭저럭하다가

---

* 충비(忠婢) 충성된 계집종.

춘천집에서 바느질가지나 하고 그 집에 눌러 있으니, 주머니 세간이 쌈지로 들어간 것같이 전동 김 승지 집에 있던 침모가 도동 춘천집 침모가 되었더라.

침모가 전동 있을 때는 부인의 생강짜 서슬에 어찌 조심이 되던지 부인 보는 때에는 김 승지 앞에 바로 서지도 못 하였더니, 춘천집은 부인의 성품과 어찌 그리 소양지간으로 다르던지, 김 승지가 침모를 보고 무슨 실없는 소리를 하든지 춘천집은 들은 체도 아니한다.

침모가 본래 고정한 여편네 마음이러니, 김 승지의 부인이 남더러 백판 애매한 말을 지어 내서 김 승지와 침모가 상관이나 있는 듯이 야단을 친 후에, 침모가 도동서 김 승지를 보자 어찌 분하던지 김 승지더러 푸념을 하느라고 말문이 열리더니, 그 후에는 무슨 말이든지 허물없이 함부로 나오는 모양이라.

아무 죄 없이 애매한 말 듣던 일로 분한 생각이 들었더니 그 애매한 말이 중매가 되었던지 김 승지가 그 말을 들척거리며 실없는 말을 시작하더니 연분이 참 잘생겼더라. 못나고 빙충맞은 위인이 계집이라면 사족을 못 쓰는 김 승지라.

춘천집이 홀연히 병이 들어, 여러 날 정신 없는 중으로 지내는데, 그때는 김 승지가 그 부인에게 수유*나 얻었던지 춘천집의 병을 보러 밤낮없이 오더니 침모와 새 정이 생겼더라.

온 집이 다 몰라도 눈치 빠른 점순이는 벌써 알고 침모에게 긴하게 보이려고 눈치로 아는 체하고 일을 쓸어 덮는 체하고 별 요악을 다 부리니, 침모가 본래 고약한 사람은 아니나 제 신세에 관계되는 일이 있는 고로 자연히 점순과 창자를 맞대고 지내는데, 춘천집은 점점 고단한 사람이 되었더라.

---

* 수유(受由) 말미. 휴가.

제 15 장

걱정 없고 근심 없고 자지도 아니하고 쉬지도 아니하고 밤낮 가는 것으로만 일삼는 것은 세월이라.

김 승지의 부인과 점순이는 좋은 기회를 기다리느라고 하루를 삼추같이 기다리고 있으나 아직 좋은 기회를 못 얻어서 조증*이 나서 못 견디는데, 경륜한 지가 일 년이 되었더라.

춘천집의 어린아이는 돌 잡힌 지 한 달 만에 어찌 그리 숙성하던지 아장아장 걸으면서 엄마 엄마 부르는 것을 보면 부얼부얼하고 탐스럽게 생긴 모양은 아무가 보든지 귀애할 만하고, 원수의 자식이 그러하더라도 밉게 볼 수는 없겠더라.

그 때는 김 승지의 집이 삼청동으로 이사한 후라. 점순이가 그 아이를 업고 김 승지 집에 왔는데, 부인이 그 어린아이를 보더니 소스라쳐 놀라면서,

"이애 점순아, 네 등에 업힌 아이가 누구냐? 그것이 춘천집의 자식이냐? 에그, 그년의 자식을 생으로 부등부등 뜯어 먹었으면 좋겠다. 네 그년의 자식을 이리 데리고 오너라. 모가지나 비틀어 죽여 버리자."

점순 "에그머니, 큰일날 말씀을 하십니다. 그렇게 쉽게 죽이려면 쇤네가 벌써 죽였게요. 조금만 더 참으십시오. 오래지 아니하면 좋은 도리가 있습니다."

부인 "이애, 날마다 조금조금하는데, 조금이 언제란 말이냐? 내가 늙어 죽은 후를 기다리라느냐?"

점순 "마님께서 답답하실 만한 일이올시다마는 참으시는 김에 눈 끔쩍 며칠만 더 참으시오."

---

* 조증(躁症) 일을 급히 서두는 병증.

부인이 이를 악물고 모질음*을 쓰며 어린아이를 부른다.

부인 "이 원수의 년의 자식, 이리 오너라."

하며 손을 탁탁 치니 어린아이는 벙글벙글 웃으며 두 팔을 쑥 내미니, 부인이 어린아이의 팔을 와락 잡아당기거늘 점순이가 깜짝 놀라서,

"에그 마님, 그리 맙시오."

하면서 어린아이를 두루쳐 업고 휜들휜들 흔들면서,

"이애, 오늘은 네가 내 덕에 살았지. 이후에 내 손에 죽더라도 원통할 것 없느니라. 너는 죽을 때에 너의 어머니와 한 날 한 시에 죽어라, 해해해."

웃으면서 뾰족한 턱이 어깨에 닿도록 고개를 둘러서 어린아이를 보는 눈동자가, 한편으로 어찌 몰렸던지 본래 암상스러운 눈이 더욱 사람을 굿힐 듯하다.

천진이 뚝뚝 듣는 어린아이는 점순의 등에 업혀서 허덕허덕하면서 고사리 같은 손으로 점순의 얼굴을 후비는데, 점순이가 소리를 바락 지르면서,

"아프다, 요것 누구를 할퀴느냐? 하루바삐 뒈지고 싶으냐?"

하면서 철없는 아이더러 포달스럽고 악독한 말을 하는데, 김 승지가 안마당에 들어서도록 모르고 부인이 듣고 좋아할 소리만 한다. 김 승지는 징 아니 박은 발막* 신은 발이라 발자취 소리가 그리 대단할 것도 없고, 그 중에 점순이가 부인의 앞에서 양양 자득*하여 하는 제 말소리에 김 승지가 옆에 와 서도록 모르고 있더라. 부인이 민망하여 점순이에게 눈짓을 하면서,

"에그, 요 방정맞은 년! 어린아이더러 그것은 다 무슨 소리냐?"

---

* 모질음   어떠한 고통을 견뎌 내려고 모질게 쓰는 힘. '모질음을 쓰다' 는 '모질게 힘을 쓰다' 라는 뜻임.
* 발막   지난날 잘사는 집의 노인 신던 마른신의 하나.
* 양양 자득(揚揚自得)   뜻을 이루어 뽐냄.

아무도 없으면 부인의 입에서 그러한 소리가 나올 리가 만무할 터이라, 영리하고 민첩한 점순이는 벌써 눈치를 채고 선뜻 하는 말이,

점순 "어린아이는 험한 소리를 들어야 잘 자란답니다. 저의 어머니가 듣지 아니하는 때는 쇤네가 날마다 업고 그러한 소리만 한답니다. 외밭, 가지밭에도 더러운 거름을 주어야 잘 자라고 잘 열린답니다. 아가, 네가 내게 그러한 험한 소리를 들었기에 이렇게 숙성하게 잘 자랐지. 둥둥둥둥 둥개라."

하면서 아이 업은 뒷짐진 손으로 아이를 들까불며 부라질을 하고 서서 김 승지 선 것을 곁눈으로는 보아도 바로 쳐다보지 아니하고 천연하더라. 잔꾀 많은 점순이가 말 휘갑을 어떻게 잘 쳤던지 김 승지는 아무 의심 없이 들을 뿐이라.

점순이가 어린아이를 업고 도동으로 나가니 춘천집이 안방 지게문을 열고 나오며,

"거북아, 어디를 갔더냐. 어미도 보고 싶지 아니하더냐. 나는 오늘 웬일인지 가슴이 울렁울렁하고 마음이 좋지 못하여 네가 어디 가서 무슨 탈이 났는가 염려하였다. 이리 오너라, 좀 안아 보자."

하며 손을 툭툭 치니 어린아이가 벙글벙글 웃으면서 점순의 등에 업힌 채로 용솟음을 하여 뛰며 좋아한다.

점순이 성이 나서 얼굴이 발개지면서,

"탈이 무슨 탈이오니까, 아기를 누가 어찌 합니까?"

춘천집 "아닐세. 자네가 업고 나간 것을 염려하는 것이 아니라 한길에 사람은 물 끓듯 하는데 전차도 다니고 말 타고 다니는 사람도 있으니 어른도 위태하데."

점순 "쇤네가 혼자 다닐 때는 아무 걱정이 없이 다녀도 아기를 업고 나가면 어찌 조심을 하던지, 개미 한 마리만 보아도 피하여 다닌답니다. 서방 떼어 버리고 제 자식은 남에게 맡기고 댁에 와서 이렇게 있

는 것이 무슨 까닭이오니까. 댁 아기 하나를 위하여 그리하지요."
하는 말이 공치사하는 눈치가 있으니, 춘천집이 점순에게 불안한 마음
이 있어서 안으려고 손쳐 부르던 어린아이를 다시 부르지도 아니하고,
　"에그, 나는 무심히 한 말인데 그렇게 이상하게 들을 일이 아닌
　걸……."
하면서 우두커니 섰는 모양은 누가 보든지 성품 곱고 안존한 태도가 보
이더라.

　제 16 장

　그 날 밤에 점순이가 어린아이를 안고 건넌방으로 건너가니 침모가
김 승지의 버선을 짓고 앉았더라.
　점순 "마누라님 하시는 일이 무엇이오니까?"
　침모 "영감 버선일세."
　점순 "우리 댁 영감께서는 다니실 곳이 많으니 버선을 많이 깁지요."
　침모 "어디를 그리 다니시나?"
　점순 "마님께 가시지요. 마마님께 가시지요. 침모 마누라님께 오시지
요. 남은 버선 한 켤레 떨어질 동안에 우리 댁 영감께서는 세 켤레가
떨어질 것이 아니오니까?"
　침모가 손짓을 하며,
　"요란스러워, 마마님 들으시리."
　점순 "마누라님이 마마님을 그리 무서워하실 것이 무엇 있습니까. 마
마님이나 마누라님이나 무엇 다를 것 있습니까. 춘천마마가 좀 먼저
들어왔다고 마누라님이 그리 겁을 내십니까?"
　침모 "겁은 아니 나도 내가 큰소리 할 것이야 무엇 있나. 영감이 아무

리 나를 귀애하시더라도 나를 첩이라 이름지어 둔 터는 아니요, 마마님은 처음부터 영감의 첩으로 정하여 두신 터가 아닌가. 에그, 춘천 마마는 지정닺네,* 저러한 아들까지 낳고…….”

하면서 기색이 좋지 못한 모양인데, 본래 고생 많이 하고 설움 많은 사람이라 춘천집을 부러워하는 모양이러라.

점순이가 그 기색을 알고 침모를 쳐다보며 상긋이 웃으니, 침모는 말을 하다가 부끄러운 기색이 있더라.

점순 “여보, 침모 마누라님……. 저렇게 얌전하신 터에 어째 바늘귀만 꿰고 세월을 보내시오?”

침모 “나같이 팔자 사나운 년이 이것도 아니 하면 굶어 죽지 아니하나.”

점순 “그 말씀 말으시오. 지금이라도 침모 마누라님이 하시기에 있지요.”

침모 “무슨 좋을 도리가 있나?”

점순 “좋을 도리가 있으면 그대로 하시겠소?”

침모 “내가 이제는 고생이라면 진저리가 나네. 고생을 면할 도리가 있으면 아무것이라도 하겠네.”

점순이가 귀가 번쩍 띄어서 바싹 다가앉으면서 나직나직하던 목소리를 가장 엿듣는 사람이나 있는 듯이 침모 귀에 대고 가만히 하는 말이,

“나도 침모님 덕 좀 봅시다그려.”

하면서 상긋이 웃으니,

침모 “내가 자네게 덕을 보여 줄 힘이 있는 사람인가? 만일 덕을 보여 줄 수만 있으면 하다 뿐이겠나.”

점순 “아니오, 내가 침모님 잘될 도리를 바라는 말이지, 내가 잘될 도

---

* 지정닺다 기반을 튼튼히 다졌다는 뜻.

리를 바라는 말은 아니오. 지금이라도 내 말만 들으시면 침모 마누라 님은 아무 걱정이 없이 일평생을 잘 살으실 것이오."

침모가 바느질하던 것을 놓고 담배를 담으면서,

"저 잘될 것 마다는 사람이 누가 있겠나. 나도 긴긴 밤에 바늘을 들고 앉았으면 별 생각이 다 나는 때가 많이 있네."

점순 "지금 춘천마마만 없으면 침모 마누라님이 호강을 하실 것이올 시다."

침모 "춘천마마가 없을 까닭이 있나……."

점순 "죽으면 없어지는 것이 아니오니까?"

침모 "맑은 사람이 죽기는 언제 죽는단 말인가?"

점순 "죽으면 죽는 것이지요."

침모가 그 소리를 듣고 가슴이 덜컥 내려앉으며 몸이 벌벌 떨리는데, 한참을 아무 소리 없이 앉았더라.

점순이가 내친 걸음이라, 말을 냈다가 만일 침모가 듣지 아니하면 큰 일이 날 듯하여 첩첩한 말로 이리 꾀고 저리 꾀고 어떻게 꾀었던지 침 모의 마음이 솔깃하게 들어간다.

흉계를 꾸미느라고 둘이 대강이를 맞대고 수군거리는데, 점순의 무 릎 위에 안겨 잠들었던 어린아이가 깨어 우니 점순이가 우는 아이를 말 끄러미 들여다보며,

"이애, 네가 내 무릎 위에서 잠도 많이 잤느니라. 일 년을 잤으면 무 던하지. 오냐, 실컷 울어라, 오늘뿐이다."

하면서 젖꼭지를 물리니 침모가 그 소리를 듣고 다시 소름이 끼친다.

침모 "여보게 밤 들었네. 그만 가서 자게. 이 방에 너무 오래 있으면 마마님이 수상하게 알리."

점순이가 상그레 웃으면서,

"저렇게 무서워하던 마마님이 없으면 오죽 시원하실라구. 나를 상 줄

만하지마는……. 침모 마누라님, 그렇지요……? 에그, 침모 마누라님이 무엇이야, 내일부터는 마마님이라고 하지……. 버릇없다고 꾸중 말으시오."

하면서 양양 자득한 기색으로 일어나더니 다시 돌쳐서서 침모를 보며,

"여보, 부디 내일 밤 열한 시로……."

침모는 딴생각을 하다가, 점순의 말에 고개만 끄덕거리고 점순이 행랑으로 나간 후에 침모는 혼자 누워 이 생각 저 생각 온갖 생각이 나기 시작하더니, 눈이 반반하고 몸에 번열증*이 나서 이리 둥긋 저리 둥긋 하다가 정신이 혼혼하여 잠이 들려 말려 하는 중에, 건너편 남관왕묘에서 천둥 같은 호령 소리가 나더니 별안간에 꼭뒤가 세 뼘씩이나 되는 사람이 춘천집 마당으로 그득 들어서서 일변으로 침모를 잡아 내리더니 솔개가 병아리 차고 가듯 집어다가 관왕묘* 마당 한가운데에 엎질러 놓고, 대궐 같은 높은 집에서 웬 장수 하나가 내려다보며 호령이 서리 같다.

"요년, 너같이 요악한 년을 세상에 살려 둘 수가 없다."

하더니 긴 칼을 쑥 빼어 들고 한 걸음에 내려와서 소리를 버럭 지르면서 침모의 목을 댕겅 베는 서슬에 침모가 소리를 지르고 잠을 깨니 꿈이라. 어찌 무서운 생각이 들던지 이불 속으로 고개를 옴츠리고 누웠다가, 무서운 마음을 진정하여 일어나서 불을 켜고 앉았다가, 창살이 밝아 오는 것을 보고 아끼던 옷가지만 보에 간단하게 싸서 들고 아무 소리 없이 나가다가 다시 생각한즉, 새벽녘에 보퉁이를 들고 길에 나가기도 남보기에 수상한 일이요, 춘천집이 깨어 보더라도 이상하게 알 것이요, 점순은 내가 김 승지 영감께 무슨 말이나 하러 간 줄로 의심을 할 듯하여 다시 방에 들어가 앉았다가, 안방에서 춘천집이 깨어 기침하는

---

* 번열증(煩熱症) 몸에 열이 나고 가슴 속이 답답하며 괴로운 증세.
* 관왕묘(關王廟) 중국 삼국 시대 촉나라의 명장인 관우를 제사지내는 사당.

소리를 듣고 불을 톡 끄더니 보퉁이를 감추고 옷 입은 채로 이불을 쓰고 드러누웠더라.

해가 무럭무럭 올라오는 대로 이불 속에서 꿈적거리던 사람들이 툭툭 털고 일어나는데, 아무 생각 없이 잠만 자던 춘천집도 일어나고, 늦게 누워 곤하게 자던 점순도 단잠을 억지로 깨어나고, 잠자는 시늉하고 누웠던 침모도 일어났다.

침모가 제 집으로 가서 그 어머니와 의논을 하고 싶으나, 점순이 의심을 할 듯하여 어찌하면 좋을지 생각을 정치 못한다.

미닫이를 열고 앉았다가 점순을 보고 눈짓을 하니 점순이 고갯짓만 살짝 하더니, 먼저 안방으로 들어가서 춘천집을 보고 아침 반찬 걱정을 부산히 하다가 돌쳐 나오는 길에, 건넌방으로 들어가면서 짐짓 목소리를 크게 하여 말을 하다가 고개를 살짝 숙이며 가만히 하는 말이,

"무슨 할 말 있소?"

침모 "여보게, 나는 꿈도 하 몹시 꾸어서 심병이 되네."

하면서 꿈 이야기를 하니 점순이가 상긋 웃으며,

"마누라님 마음이 약하신 고로 그런 꿈을 꾸셨소. 어젯밤에 하던 말이 마음에 겁이 나셨던가 보구려. 걱정 말으시오. 사람을 죽이고 버력*을 입으려면 낙동 장신 이경하*는 날마다 버력만 입다 말았게요…… 마누라님 마음에는 우리가 그런 일을 하면 무슨 버력이나 입을 듯하지요. 흉즉 대길이랍니다. 그런 꿈은 좋은 꿈이오."

침모 "자네 말을 들으니 내 마음이 좀 진정이 되네. 그러면 오늘 밤이 되기 전에 내 짐이나 좀 치우겠네."

점순 "그까짓 짐은 치워 무엇 하시려오? 짐을 치우면 수상하니 치우지 말으시오. 무엇이든지 다 장만하여 드릴 터이니 염려 말으시오."

---

* 버력 하늘이나 신령이 사람의 죄악을 징계하느라 내린다는 벌.
* 이경하(李景夏) 조선 후기의 무신(1811~1891).

침모가 일변 안심도 되고 일변 조심도 되나, 점순에게 매인 것같이 점순이 하라는 대로만 듣고 있다가, 해가 낮이 된 후에 점순이가 어디로 가는 것을 보고 혼자 지향없이 대문간에 나섰다가 관왕묘 집을 보고 무서운 마음이 생겨서 다시 제 방으로 들어가더니 치마를 쓰고 나가면서 춘천집더러 어디 간다는 말도 아니 하고 계동으로 향하여 가더라.

제 17 장

"어머니."

부르면서 머리에 썼던 치마를 벗어 들고 마루 위로 선뜻 올라서서 방문을 펄쩍 여는 것은 침모라.

"네 목소리 반갑구나. 까치가 영물이다. 오늘 아침에 반기더니……."

하면서 먼 눈을 멀뚱멀뚱하며 턱을 번쩍 들어 문소리 나는 곳으로 귀를 두르는데, 얼굴이 사람 없는 윗목 벽을 향하는 것은 앞 못 보는 노파라. 침모가 그 어머니 모양을 물끄름 보다가,

"어머니, 내가 그 동안에 벙어리가 되었던들 어머니가 나를 만나더라도 딸이 왔는지 누가 왔는지 모르실 터이오그려."

하면서 어미 모르는 눈물을 씻더라.

노파 "이애, 그 말 마라. 판수된 어미는 살았으니 만나 본다마는 눈 밝던 너의 아버지는 눈을 아주 감고 북망산에 누웠으니 네가 벙어리도 되지 말고 앵무새가 되어서 너의 아버지 묘에 가서 지저귀더라도 빈 산 쇠한 풀에 적막한 혼이 들을는지 못 들을는지……. 그를 생각하여 보아라. 그러나 낸들 늙고 병든 사람이 네 목소리를 며칠이나 들겠느냐."

침모가 그 어머니 말을 듣고 가슴이 저는 듯하여 아무 소리 없이 가만히 앉았다가, 옥 같은 손으로 솜채같이 엉성한 뼈만 남은 노파의 손을 만져 보더니,

"에그, 방에 앉으신 어머니 손이 한데 있던 내 손보다 더 차구려."
하면서 방바닥을 만져 보다가 깜짝 놀라며,

"에그, 이 방 보게. 아랫목 불목이라고, 냉감도 아니 가시었소그려."

노파 "네가 바늘 끝으로 벌어서 나무를 사 보낸 것을 나 혼자 어찌 방을 덥게 하고 있겠느냐?"

침모 "어머니가 고생하시는 생각을 하면 내가 사람을 쳐죽이고 도둑질이라도 하여다가 어머니 고생을 면하게 할 도리가 있으면 하고 싶소."

노파 "이애, 그러한 생각 말아라. 제가 잘 되려고 사람을 어찌 죽인단 말이냐. 그런 생각만 하여도 버력을 입을 것이다."

침모 "낙동 장신 이경하는 어진 도 닦으려는 예수교인을 십이만 명이나 죽였다는데, 어찌하여 그런 악독한 사람에게 버력이 없었으니 웬일이오."

노파 "이애, 네 말이 이상한 말이로구나. 제가 잘 될 경륜으로 사람 죽이고 당장에 버력을 입어서 만리 타국 감옥소에서 열두 해 징역하고 있는 고영근의 말은 못 듣고, 사십 년 전에 지나간 일을 말하는 것이 이상하구나. 이경하는 제가 사람을 죽였다더냐? 나라 법이 사람을 죽였지. 나라에서 무죄하고 착한 사람을 많이 죽이면 그 나라가 망하는 법이요, 사람이 간악한 꾀로 사람을 죽이면 그 사람이 버력을 입나니라. 왜 무슨 일 있느냐? 누가 너를 꾀더냐?"
하며 고개를 번쩍 들어 딸의 앞으로 두르고 눈을 멀뚱멀뚱하며 딸의 대답을 기다리는 것은 나이 많고 지각 있는 노파라. 침모가 한참 동안을 대답없이 가만히 앉았으니,

노파 "이애, 참 벙어리 되었나 보구나. 무슨 생각을 하고 앉았느냐? 오냐, 내가 너를 믿는다. 너같이 곱고 약한 마음에 무슨 큰일 내지 아니할 줄은 짐작한다마는, 부처님 말씀에 백 세나 된 어미가 팔십이나 된 자식을 항상 염려한다 하였으니, 부모 된 마음이 본래 그러한 것이니라. 네가 앞 못 보는 늙은 어미의 고생하는 것을 민망히 여겨서 사람이라도 쳐죽이고 도둑질이라도 하고 싶다 하니, 그런 효성은 없나니만 못하니라. 옛이야기도 못 들었느냐. 정인홍*이라 하는 사람이 팔십이 되도록 명망이 대단하더니 그 부인이 굶어 까무러친 것을 보고 가난에 마음이 상하여 그 날로 이이첨에게 붙었다가 필경에는 국모를 폐하던 모주*가 되어 흉악한 죄명을 쓰고 죽을 때에 탄식하는 말이, 배고픈 것을 좀 참았더면…… 하던 그런 일도 있었으니, 가난에 적성하면 사람의 마음이 변하기 쉬우니라."

노파가 하던 말을 그치고 눈을 멀뚱멀뚱하여 무슨 생각을 하는 모양 같더니 다시 침모의 앞으로 고개를 두르며,

"이애, 그것 참 웬일이냐. 네가 도동 가서 있은 후로 내게로 무엇을 더럭더럭 보내니 네가 그 집 것을 몰래 훔쳐 내나 보구나."

침모 "에그, 망측하여라. 나는 죽으면 죽었지 남의 집에 있어서 쌀 퍼내고 장 퍼내고 반찬거리 도둑질하여 내지는 못하겠소. 팔자가 사나워서 남의 집에 가서 바느질품을 팔지언정 티검불 하나일지라도 남의 눈은 못 속여 보았소. 에그, 나는 언제나 어머니를 모시고 집에 있어서 조석 걱정이나 아니 하여 볼까?"

하면서 고개를 수그리더니 노파의 무릎 위에 폭 엎드려서 울며,

"어머니, 내가 하마터면 큰일을 저지를 뻔하였소."

노파 "응, 큰일이라니, 들어앉은 여편네가 큰일이 무슨 큰일이란 말

* 정인홍(鄭仁弘) 조선조 제15대 광해군 때의 문신.(1535~1623)
* 모주(謀主) 일을 주장하여 꾀하는 사람.

이냐?"

침모가 다시 머리를 들더니, 점순이가 꾀던 말을 낱낱이 한다. 노파는 본래 진중한 사람이라 별로 놀라는 기색도 없이 가만히 앉았다가 천연히 하는 말이,

"이애, 그것 참 이상한 일 아니냐. 점순이가 돈은 어디서 나서 그리 잘 쓴단 말이냐. 춘천집을 죽이면 제게 무슨 좋은 일이 있어서 죽이려고 한단 말이냐. 춘천집을 죽이고 제가 김 승지의 첩이 될 것 같으면 죽일 마음이 생기기도 고이치 않은 일이나, 춘천집을 죽인 후에 너더러 김 승지의 첩이 되라고 그 흉악한 꾀를 내는 것은 대단히 의심나는 말이다. 네 생각하여 보아라, 그렇지 아니하냐?"

침모 "에그, 나는 무심히 지냈더니 어머니 말을 듣고 생각하니 이상한 일이오."

노파 "네가 고년에게 속았다. 전년 겨울에 춘천집이 처음 서울 왔을 때에 김 승지의 부인이 야단을 치고 애매한 너까지 걸어서 못할 소리 없이 하며 기를 버럭버럭 쓰던 사람이, 홀지에 변하여 투기 없이 잠자코 있다 하는 일도 이상한 일이 아니냐. 점순이가 우리 집에 와서 춘천집을 누가 감춘 듯이 우리 속을 뽑으려 하던 일도 제 마음으로 온 것은 아닐 듯하다. 그 후에 춘천집이 도동에 집을 장만하여 있는 것을 보고 점순이가 도동 가서 있는 것도 이상치 아니하냐. 남의 애매한 말을 하면 죄가 된다더라마는, 네게 당한 일이야 말 아니 할 수가 있느냐. 네가 김 승지와 아무 까닭 없을 때도 김 승지의 부인이, 너를 잡아 삼키려고 날뛰던 여편네가, 지금은 네가 김 승지와 상관까지 있는 줄 적실히 안 후에야 오죽 미워하겠느냐. 춘천집을 미워하는 마음이나 너를 미워하는 마음이나 다를 것 무엇 있겠느냐. 네 생각에는 네가 김 승지와 상관 있는 것을 부인이 모를 듯하나, 점순이가 아는 일을 부인이 모를 리가 없느니라. 점순이가 돈을 물 쓰듯 한다 하

니 그 돈이 사람 죽일 돈이다. 만일 오늘 밤에 네가 점순의 꾀에 빠져서 춘천집 모자를 죽였던들, 고 요악한 점순이가 그 죄를 네게 밀고 저만 살짝 빠졌을 것이다. 누가 듣든지 김 승지와 상관 있는 네가 강샘으로 춘천집을 죽였다 할 것 아니냐. 점순이가 돈을 물쓰듯 하는 년이, 저는 배포가 다 있을 것이다."

침모 "나는 입 없다구 나 혼자 몹쓸 년 되고 말아. 살인한 죄로 내가 죽으면 점순이도 죽지."

노파 "이애, 그 말 마라. 사람의 꾀는 한량이 없는 것이니라. 네가 만일 춘천집 죽인 죄로 법사에 잡혀가서 앞뒤로 땅땅 맞고 공초할 지경이면 너는 점순의 꾐에 빠졌다고 점순이를 업고 들어가는 말뿐일 것이요, 점순이는 백판 모르는 것같이 잡아뗄 터이니, 점순이는 꾀 많고 말 잘하는 중에, 또 돈 많고 세력 있는 김 승지의 부인이 뒤로 주선하여 주면 점순이는 벗어나고, 너같이 말도 잘 못하고 꾀도 없고 아무도 도와 줄 사람 없는 너만 죽을 것이 아니냐. 그렇지 아니하고 김 승지의 부인과 점순이와 너와 세 손뼉이 맞아서 못생긴 김 승지를 휘둘러서 집안에서 쉬쉬 하고, 춘천집 죽은 것을 감쪽같이 수쇄*하고 아무 탈 없게 되더라도, 춘천집 죽은 후에는 네 한 몸이야 또 어느 때 무슨 죽음을 할지 알 것이냐. 별소리 말고 가만히 있거라. 그런 것이 다 부인과 점순이가 정녕 손맞은 일인가 보다. 이애, 네 말을 좀 자세 들어 보자. 점순이가 그렇게 너를 꼬일 때에 네 마음이 솔깃하게 들어가더냐. 그래 날더러 묻지도 아니하고 점순이 하라는 대로 하려 들었더냐. 네 마음이 그렇게 들었을 것 같으면 마른 하늘에 벼락을 맞아 죽어도 싸니라. 오냐, 이 길로 도로 가서 오늘 밤 내로 춘천집 모자를 죽이고 김 승지의 첩 노릇을 하여 보아라. 네가 얼마나 잘

* 수쇄(收刷) 거두어 처리함.

되나 보자."

침모가 그 소리를 듣고 다시 머리를 수그려서 그 어머니 무릎 위에 폭 엎드리며,

"에그머니, 이를 어찌하나, 내가 어머니 뵈올 낯이 없소. 마른 하늘에 벼락을 맞아 죽어 싼 일이오. 어머니 말을 못 들었더면 점순의 꾐에 빠졌을 것이오. 어젯밤에 단단 상약을 하고 꿈자리가 하도 사납기로 겁이 나서 어머니께 물어 보러 왔소. 그러나 서산에 떨어지는 해와 같은 늙은 어머니가 이런 고생을 하는 것을 보니 생각이 졸지에 변하는구려. 흉한 꿈도 잊어버리고 겁나던 마음도 없어지고 불 같은 욕심이 새로 생겨서, 어머니더러 그런 이야기도 하지 말고 이 길로 도로 가서 점순이 하라는 대로 하려 들었소. 에그, 내가 죄를 받겠네. 어머니, 나는 이 길로 삼청동 가서 김 승지 영감더러 그런 말을 하겠소."

노파 "아서라, 그리도 마라. 김 승지가 그런 말을 듣고 일 조처를 잘할 사람 같으면 말을 하다 뿐이겠느냐마는, 정녕 그렇지 못할 것 같다. 그 말을 내고 보면 흉악한 부인과 고 악독한 점순의 솜씨에 네게만 밀고 별일이 많이 생길 것이다. 세상에 허다한 사람에 남의 잘잘 못이야 다 말할 것 없이 네 말이나 하자. 네가 시집을 가고 싶으면 막벌이꾼이라도 사람만 착실한 홀아비를 구하여 시집을 가는 것이 편하다 하던 사람이, 어떻게 마음이 변하여 계집이 둘씩이나 되는 김 승지와 상관이 있는 것은 네 행실이 그르니라. 만일 네 입으로 무슨 말이 나고 보면 네 추졸만 드러나고 그런 몹쓸 일은 네가 뒤집어쓸 만도 하니라."

침모 "그러면 내가 다시는 아무 데도 가지 말고 집에 있겠소."

노파 "그러하더라도 탈은 났다. 춘천집에는 아무도 없고 너와 점순이만 있던 집인데, 오늘 밤에 점순이가 혼자 춘천집을 죽이고 네게로 밀면 남이 듣더라도 네가 춘천집을 죽이고 도망한 것 같지 아니하

냐."

침모가 기가 막혀서 울며 하는 말이,

"그러면 나는 이리 하여도 탈이요, 저리 하여도 탈이구려. 나는 불측한 마음을 먹었던 사람이니 죽어도 한가할 것이 없소마는 나 죽은 후에 어머니 신세가 어찌 되나."

노파 "오냐, 내 걱정은 마라. 내가 호강을 한들 며칠 하며 고생을 한들 며칠 하겠느냐마는 너는 전정이 아직 먼 사람이 그렇게 지각 없는 것을 보니 내가 죽더라도 마음을 못 놓겠다. 네가 마음을 고쳐서 다시는 그러한 불량한 마음을 먹지 아니할 것 같으면 이번 일을 잘 조처할 도리를 일러 줄 터이니 울지 말고 일어나서 자세히 들어라."

침모가 모기 소리 같은 울음을 뚝 그치고 머리를 들더니, 응석하는 어린아이같이 눈물에 젖은 뺨으로 그 어머니 어깨에 기대면서,

"이후에는 내가 발 한 번을 떼어 놓더라도 어머니더러 물어 보고 떼어 놓을 터이니 염려 말으시오."

노파 "물어 본다는 말은 좋은 일이다마는 어미 죽은 후에는 누구더러 물어 볼 터이냐. 평생에 마음만 옳게 가지면 죽어도 옳은 죽음을 하느니라. 오냐 애쓰지 말고, 네 이 길로 김 승지 집에 가서 김 승지 내외더러 내가 가르치는 대로 말하고, 그 길로 도동 가서 내가 이르는 대로 하고, 어둡기 전에 집으로 도로 오너라."

침모 "그리하면 춘천집도 살겠소?"

노파 "춘천집을 살리려 하면 네가 음해를 받을 터이니 어찌할 수 없다."

침모가 일시에 점순의 꾐에 빠져서 춘천집을 죽이자 하는 말에 솔깃한 마음이 들었으나 본래 악심이 없는 계집이라, 춘천집까지 살리고 싶은 마음이 간절하여 가만히 앉아서 무슨 생각을 하는 모양이라.

노파 "이애, 해 다 간다. 네가 삼청동을 갔다가 도동까지 가자 하면

저물겠다. 인력거꾼 둘만 얻어서 앞에서 끌고 뒤에서 밀어서 빨리만 가면 값을 많이 주마 하고 속히 다녀오너라."

침모가 당황한 마음이 나서 선뜻 일어나서 그 길로 삼청동 김 승지 집으로 향하여 가는데, 인력거를 타고 앉아서 서쪽으로 기운 해를 쳐다보며 인력거꾼의 다리를 바지랑대같이 길게 이어서 속히 가고 싶은 마음뿐이라.

돈을 많이 준다 하면 사람의 없던 기운이 절로 나는 법이라. 인력거꾼이 두세 칸 동안이나 앞선 사람을 보더라도 어 —— 소리를 지르면서 얼굴을 에는 듯한 찬바람에 등골에 땀이 나도록 달음박질을 하더니 삽시간에 김 승지 집 대문 앞에 가서 내려놓더라.

침모가 안마당으로 들어가며 혼자말로,

"이 댁에서 이사하셨다는 말만 들었더니 이렇게 구석진 데 와서 살으시나."

하면서 마루 위로 올라서니, 그 때 김 승지 내외가 안방에 있다가 침모의 목소리를 듣더니, 김 승지는 눈이 휘둥그레지고 부인은 얼굴빛이 변하도록 놀란다. 놀라기는 같이 놀랐으나 놀라는 기색을 서로 감추더라.

처시하* 되는 김 승지는 상관 있는 침모 오는 목소리를 듣고 눈이 휘둥그레지기도 고이치 않지마는, 전반 볼기를 때려 보지는 아니하였으나 전반 볼기를 능히 때릴 만한 기를 가지고 있는 부인은 무엇이 겁이 나서 얼굴빛이 변하도록 놀랐던가?

낮 전에 점순이가 와서 하는 말이, 오늘은 침모를 꾀어서 춘천집을 죽이겠다 하는 소리를 듣고 흥에 띄어서 각골 수령이 이방을 부르듯이 반빗아치 계월이더러 사랑에 가서 영감 여쭈어라 하여 김 승지를 불러

---

* 처시하(妻侍下) 무서운 아내를 모시고 있다는 뜻.

들여서 투기 않던 자랑을 하고 있던 차에, 침모의 목소리를 듣고 부인의 생각에, 침모가 정녕 김 승지에게 고자질을 하러 온 줄로 알았더라.

그렇지 아니하였더면 꾀꼬리 황모 되려고, 암만 투기를 참았던 터이라도 침모를 면대하여 보면 열이 나서 어떻게 날뛰었을지 모를 일이라.

침모가 문을 버썩 열다가 김 승지를 보고 숫기 좋게 하는 말이,

"에그, 영감하고 나하고는 연분도 좋습니다. 나 올 줄을 어찌 알고 안방에서 기다리고 앉으셨습니까."

겁이 펄쩍 나던 김 승지의 마음에는 침모의 하는 말이 민망하기가 측량없으나, 못생긴 사람도 떡국이 농간을 하면 남의 말대답은 넙죽넙죽 하는 법이라,

"글쎄 말일세. 자네가 나를 저렇게 탐을 냈을 줄 알았더면 벌써 집어 썼을 걸……. 절통한 일일세."

하면서 지향없이 무릎을 툭 치면서 마누라의 얼굴 한 번 쳐다보고 다시 침모의 얼굴을 쳐다본다.

부인이 다른 때 같으면 그 남편이 침모와 그런 농담을 하는 것을 눈 꽁댕이로도 보고 싶지 아니하였을 터이나, 도둑이 발이 저리다고, 그 때 발이 저린 일이 있어서 도리어 침모의 마음을 좋게 할 작정으로 웃으며,

"자네 참 오래간만에 만나 보겠네그려. 사람이 어찌하면 그렇게 무정하단 말인가. 내가 좀 잘못하였기로 그렇게 끊는단 말인가. 어서 이리 들어오게."

하면서 뜻밖에 엉너릿손이 어찌 대단하던지 겁에 띄어서 둥그레졌던 김 승지의 눈이 실눈이 되며 간경에 바람 든 놈같이 겉으로 싱긋싱긋 웃는다.

부인 "여보게, 자네가 참 무정한 사람일세. 영감께서는 자네를 보고 저렇게 좋아하시는데 자네는 영감을 뵈오러 한 번도 아니 온단 말인

가?"

침모 "내가 영감을 뵈오러 아니 오더라도 영감께서는 날 보러 도동으로 장 오신답니다."

김 승지 "어, 여편네들이란 것은 큰일날 것이로구, 어떻게들 말을 하던지 생사람을 병신을 만드네. 누가 들으면 내가 똑 침모와 참 상관이나 있는 줄로 알겠네, 허허허."

침모 "그렇게 감추실 것도 없습니다. 나도 오늘까지 감추고 지냈습니다마는, 연분도 한정이 있는지 나는 영감과 연분이 오늘뿐이올시다."

그 말 한 마디에 김 승지의 눈이 다시 둥그레지고 부인의 얼굴빛이 다시 변하면서 가슴이 두근두근하여 지향을 못 하는 모양이라.

부인이 그 날 밤에는 춘천집이 정녕 죽을 줄만 알고 대방을 잔뜩 하고 있던 차에 침모가 오는 것을 보고 의심을 잔뜩 하고 있는 중인데, 침모의 말에 영감과 연분이 오늘뿐이라 하는 소리를 듣고 이 다음에 무슨 말이 나올지 몰라서, 침모의 얼굴 한 번 쳐다보고 김 승지의 얼굴 한 번 쳐다보는 부인의 눈이 갔다 왔다 한다.

침모는 그 눈치를 알고 부인을 미워하던 마음에 부인이 애를 쓰는 모양이 재미가 있어서 의심이 더욱 나도록 말을 할 듯하며 말을 아니 하고 김 승지의 앞으로 살짝 다가앉는다. 부인의 가슴에는 더욱 두 방망이질을 한다. 김 승지는 침모가 자기 턱밑으로 얌체없이 다가오는 것을 보니, 침모 간 뒤에는 그 부인에게 무슨 곤경을 당할는지 민망한 마음에 배기지를 못하여 왼편으로 기대고 있던 안석을 바른편으로 옮겨 놓고 기대니, 탕건이 부인의 어깨에 달락 말락 하더라.

부인 "이애 계월아, 침모가 오죽 춥겠느냐. 네 국수 좀 사다가 장국 한 그릇만 따뜻하게 말아 오너라."

침모 "오늘은 댁에서 국수를 아니 먹더라도 국수 먹을 복이 터졌습니다."

부인 "다른 데서 먹는 것이 쓸데 있나, 내게서 먹어야지."

침모 "잠깐 말씀하고 가려 하였더니 너무 오래 앉았습니다. 오늘은 내가 시집을 가는 날이올시다."

하더니 김 승지를 돌아다보며,

"영감, 그렇게 감추실 것 무엇 있습니까. 나는 지금 보면 다시는 못 볼 사람이올시다. 내가 오늘 우리 집에 갔더니 웬 손님이 와 앉았는데 언제부터 말이 되었던지 우리 어머니가 사윗감으로 정하였다고 나를 권하는데, 낸들 영감을 잊을 길이 있겠습니까마는 영감께서는 마님도 계시고 춘천마마도 있는데, 내가 또 있고 보면 영감께서는 걱정이 아니 됩니까. 나도 새파랗게 젊은 년이 혼자 살 수도 없는 터이요, 우리 어머니는 앞 못 보는 육십 노인이 나 하나만 믿고 있는 터에 내가 하루바삐 서방이나 얻어서, 우리 어머니를 데려다가 삼순 구식을 하더라도 한 집에서 지내는 것이 내 도리가 아니오니까. 오늘이 혼인이라, 집에서들 기다리고 있는 터이니 오래 앉았을 수 없습니다.

마님, 안녕히 계시오. 영감······."

하면서 눈물이 흐르는 것은 인정 있는 계집의 마음이라. 선뜻 일어서서 뒤도 돌아보지 않고 나가더라. 대문 밖에 나서면서,

　　침모 "인력거꾼, 어디 갔나?"

하는 소리에 건너편 막걸리 집에서 툭 튀어나오는 인력거꾼이 총전요를 펴들고 침모의 무릎 위에 턱 둘러 휩싸면서,

　　"댁으로 모시오리까?"

　　침모 "남대문 밖에 좀 다녀가겠네······."

　　인력거꾼이 어느 동네냐 묻지도 아니하고 서산에 떨어지는 해를 쫓아가서 붙들 듯이 살같이 달아나더라.

제 18 장

　　침모가 계동서 김 승지 집으로 향하여 갈 때는 조심도 되고 겁도 나고 아무 기운 없이 심려 중에 싸여 갔더니, 김 승지 집을 다녀 나올 때는 마음이 쾌하고 기운이 난다. 높직하게 올라앉아서 서슬 있게 가는 바람에 여편네 마음일지라도 소진*이 육국을 합종이나 하러 가는 듯이 호기로운 마음이 생기더라.

　　'입으로 옮기지나 아니하나.'

　　마음으로 혼자말이라.

　　'김 승지의 마누라인가 무엇인가 그 흉한 년이 어디서 생겼누. 그런 흉악한 년이 있을 줄 누가 알아. 투기한다 투기한다 하기로 그런 년의 투기가 어디 있어. 춘천집 모자를 죽이고 나까지 죽이려고 그년이

─────────────
＊ 소진(蘇秦)　중국 전국 시대 때의 모사.

그런 흉계를 꾸며……. 양반은 말고 태상 노군*의 부인일지라도 그 따위 짓을 하고 제가 제 명에 죽기를 바라……? 점순이란 년은 어디서 그 따위 년이 생겨서 그 흉악한 년의 종이 되었누. 에그, 아슬아슬하여라. 내가 고년에게 속던 생각을 하면 소름이 끼치지. 어찌하면 고렇게 앙큼하고 담대한고. 우리 어머니가 아니더면 그 몹쓸 년의 꾐에 빠져서 무슨 지경에 갔을꼬.'

한참 그런 생각을 할 때에 인력거가 남문 밖 정거장을 썩 지나면서 창고 회사 벽돌집이 눈에 선뜻 보이는데, 그 앞으로 올라오는 전차 하나가 천둥 같은 소리를 내며 남문을 향하고 번개같이 지나가는 것을 보고 다시 혼자말로,

'에그, 그 회사집 앞으로 전차 지나가는 것을 보니 생각나는 일이 있구나. 춘천집이 죽으려고 엎드렸던 곳이 저 회사집 앞 철도로구나. 저러한 전차에 치였더면 두 토막, 세 토막이 났을 뻔하였지. 그 날 내가 용산 가기도 이상한 일이요, 밤중에 오기도 이상한 일이요, 인력거꾼이 걸려 넘어지기도 이상한 일이요, 내가 인력거에서 떨어져서 사지를 꼼짝 못하게 되어 떠실려서 춘천집에로 들어가기도 이상한 일이지. 춘천집이 오죽 설워서 어린 자식을 두고 자수를 하려 들었을까. 그렇게 불쌍한 사람을 김 승지의 마누라와 점순이가 기어이 죽이려 드니 그런 몹쓸 년들이 또 어디 있어. 나도 몹쓸 년이지. 아무리 점순이가 꼬이기로 그 소리를 솔깃하게 들어. 나는 우리 어머니 심덕으로 내가 몹쓸 곳에 빠지게 된 것을 면할 터이나, 춘천집은 어찌 될 것인고.'

하면서 정신 없이 앉았는데, 인력거꾼은 어디로 가는지 묻지도 아니하고 도동으로 들어가는 길을 지내 놓고 창고 회사집 앞으로 정신 없이

---

* 태상 노군(太上老君) 도교에서 노자를 일컫는 말.

달아나다가 앞에서 마주 오는 인력거와 어찌 몹시 부딪혔던지, 인력거 탔던 사람들은 박랑사* 철퇴 소리에 놀란 진시황같이 혼이 나서 서로 내다보더라.

좌우 길가에는 걸어가는 행인들이요, 길 가운데는 말바리, 쇠바리, 인력거들이라. 사람을 피하여 가는 인력거의 바퀴 끼운 도래쇠가 마주 부딪치니 사람은 다치지 아니하였으나 인력거꾼들은 인력거나 상하였을까 염려하여 인력거를 멈추고 앞뒤로 돌아다니면서 인력거를 살펴본다.

침모가 놀란 마음을 진정하여 살펴보니 전년 겨울에 인력거 위에서 떨어지던 곳이요, 춘천집이 죽으려고 엎드렸던 철도가라. 침모가 지난 일 생각이 나서 고개를 냅들고 정신 없이 길바닥을 보고 있는데, 마주치던 인력거 위에서 내다보는 사람은 나이 삼십이 될락말락한 남자이라. 의관이 깨끗하고 외모도 영특하게 생겼으나, 언뜻 보아도 상티가 뚝뚝 떨어지는 천격의 사람이라.

점잖은 사람 같으면 사람이 다쳤느냐 묻든지, 인력거가 상하였느냐 묻든지 그러한 말뿐일 터인데, 침모의 얼굴을 보고 춘향의 옥중에 점치러 들어가는 장님의 마음같이 춘심이 탕양하여 구레나룻을 썩썩 쓰다듬으며, 내 목소리를 들어 보아라, 내 얼굴을 쳐다보아라 하는 듯이 헛기침을 연해 하며 막걸리 집에서 먹어난 오입쟁이 말투로 되지 않게 지껄인다.

말똥구리가 말똥을 굴려가도 구경이라고 서서 보는 조선 사람의 성질이라, 오고가는 행인들이 앞뒤로 모여들어 구경하고 섰는데, 침모가 창피한 마음이 있어서 인력거꾼을 재촉한다.

"인력거꾼, 해 다 가는구. 어서 가지. 그러나 길 잘못 들었어."

---

* 박랑사(博浪沙) 중국 전국 시대 때 한의 장량이 진시황을 저격한 곳. 미수에 그쳤음.

인력거꾼 "……."

침모 "나 갈 데는 남관왕묘 옆이야. 관왕묘 옆에 강 소사 집이라고 문패 붙은 집이 있지. 그리로 가세."

옆에 인력거 탔던 남자가 그 소리를 듣더니 마주 인력거꾼을 재촉한다.

"여보게 인력거꾼, 나도 그리로 가네. 어서 가세."

침모가 그 소리를 듣고 민망하기가 측량없으나 날 따라오지 말라 할 수 없는 터이라. 두 인력거가 도동으로 돌쳐 들어가는데, 큰길에서는 급히 갔거니와 도동 들어가는 길은 언덕이라 올라가는 동안이 한참이 되는데, 남은 무심히 보건마는 침모는 제풀에 수통한 마음뿐이라.

침모의 인력거꾼은 춘천집 대문 앞에서 내리고, 뒤에 오던 인력거는 관왕묘 앞에서 내리는데, 침모는 뒤도 돌아보지 아니하고 춘천집으로 들어가더라.

춘천집이 침모의 목소리를 듣고 상그레 웃으면서 안방문을 열고 나오는데, 돋아 오는 달같이 탐스럽게 생긴 얼굴에 인정이 뚝뚝 듣는 듯하다.

"여보 어디 갔습더니까. 내가 박대를 하였더니 노해서 간단 말도 아니 하고 댁으로 가신 줄로 알았소그려. 응, 이제 알겠구. 어디 반가운 사람이 있어서 찾아다니시나 보구려. 내가 용케 알지, 하하하."

하며 반겨 나오는 모양을 보고 침모가 삽시간에 별 생각이 다 들어간다.

'나도 몹쓸 년이지. 아무리 점순이가 꼬이기로 저렇게 인정 있는 사람을 해칠 마음을 두었던가?'

싶은 마음이 생기면서 불쌍한 생각이 어찌 몹시 들던지 점순의 흉계를 일러 주고 싶은 마음이 버썩 들어가나 그 어머니에게 들은 말이 있는 고로 차마 말을 못 하고 김 승지 집에서 하던 말과 같이 꾸미는 말로 대답한다.

"참 반가운 사람을 보러 갔다 오는 길인데……. 누구에게 들으셨나 보구려. 그러나 나는 올라갈 겨를이 없소. 오늘은 내가 참 시집을 가는 날이오."

춘천집 "에그머니, 나는 농담으로 한 말이 맞혔나베. 에그, 섭섭하여라. 그래 오늘부터 우리 집에는 아니 계실 터이오그려. 영감 얻어 가시는 것도 좋지마는 좀 올라오시지도 못한단 말이오?"

침모 "내가 인제 가면 언제 또 올지 말지 한 사람이니, 일 년이나 이웃에서 보던 사람들을 작별이나 좀 하고 오겠소."

하면서 밖으로 나가더니 젖은 담배 한 대 피울 동안이 못 되어 침모가 도로 들어오는데, 앞뒷집 노파가 두서넛이나 따라 들어오며,

"저 마누라님이 오늘부터 이 댁에 아니 계실 터이라지요?"

하며 춘천집을 보고 말하는 사람도 있고,

"인제 가시면 이 댁에는 다시 아니 오시오?"

하며 침모를 보고 말하는 사람도 있고,

"저 마누라님은 오늘부터 영감 얻어 가신다는데 순돌 어머니는 영감도 아니 얻고 일생 혼자만 있소?"

하며 점순이를 보고 말하는 사람도 있더라.

아이들은 무엇을 보러 들어오는지 하나둘이 들어오기 시작하더니, 손바닥만한 안마당이 툭 터지도록 들어오는데, 점순은 벙어리 냉가슴 앓듯 하고 있다가 만만한 아이들에게 독살풀이를 한다.

점순 "무슨 구경 났느냐. 무엇 하러 남의 집에 이렇게 들어오느냐. 누가 시집을 가느니 기급을 하느니 하는 소리를 듣고 국수 갈고랑이나 있을 줄 알고 이렇게 들어오느냐. 보기 싫다, 다 가거라."

하며 포달을 부리는데, 다른 사람들은 무심히 보나 침모는 점순의 오장을 들여다보는 듯이 알면서 또한 남더러 말 못할 일이라 물끄름 보고 서서 심중으로 혼자말이라.

'조년이 나를 미워서 부리는 포달이로구나. 인물이 조만치 얌전히 생긴 년이 마음은 어찌 그리 영독*한고. 아마 조년의 악심은 조 눈깔과 목소리에 다 들었는 것이야. 누가 시집을 가느니 기급을 하느니 하며 빗대 놓고 날더러 욕을 하나 보다마는, 오냐 욕은 깨소금으로 안다. 너 같은 몹쓸 년의 꾐에 빠지지 아니한 것만 다행하다. 내가 오늘부터 이 집에 아니 있는 줄은 온 동네가 다 알 터이다. 네가 아무리 흉계를 꾸미더라도 춘천집을 죽이고 그 죄를 내게 뒤집어씌울 수는 없을걸……. 요 몹쓸 년, 네가 나는 어떻게 죽이려 들었더냐, 춘천집을 죽이고 내게 밀려 들었더냐. 춘천집을 죽이는 김에 나까지 죽이려 들었더냐. 하나씩 차례로 치워 버리려 들었더냐.'

그러한 생각을 하며 점순이를 정신 없이 건너다보다가, 점순이가 할긋 돌아다보는 서슬에 침모가 깜짝 놀라서 고개를 폭 수그리더니 다시 고개를 들어 춘천집을 돌아다보며,

"나는 어서 가야 하겠소."

하더니 건넌방으로 들어가서 제 옷보퉁이를 들고 나오며 춘천집과 점순에게 좋은 말로 작별하고 대문 밖으로 나가서 인력거를 타는데, 춘천집이 따라 나오며 눈물을 씻으니, 침모가 마주 눈물을 씻고 작별을 하면서 옆을 돌아다보니 아이들은 참 구경이나 난 듯이 인력거 앞뒤로 늘어서서 보는데, 남관왕묘 대문 앞에서 팔짱을 끼고 슬슬 돌아다니는 사람 하나가 있는데, 그 사람은 창고 회사 앞에서 인력거를 타고 침모의 인력거를 따라오던 사람이라.

침모의 마음에는 그 남자가 침모에게 뜻이 있어서 그 근처에 와서 침모가 어떠한 사람인가 알려고 빙빙 도는 듯하여 밉고 싫은 생각이 들어서 작별하는 사람들에게 말을 간단히 대답하고 인력거꾼을 재촉하여

---

* 영독(獰毒) 사납고 독살스러움.

떠나가니, 침모의 마음은 시원하기가 한량없으나, 춘천집의 마음에는 전년 겨울에 철도에 엎드렸다가 침모의 인력거꾼이 걸려 넘어져서 침모를 만나던 생각부터, 일 년을 같이 정답게 지내던 생각이 낱낱이 나면서 새로이 슬픈 마음을 진정치 못하여 안방으로 들어가서 침침하게 어두워 가는 방에 불도 아니 켜고 혼자 앉아 눈물만 흘리더라.

제 19 장

관왕묘 앞마당에 모였던 사람들이 일시에 헤어지고 그 마당이 다시 적적한데, 그 적적한 틈을 타서 관왕묘 홍문 앞에서 빙빙 돌던 남자는 점순의 행랑방으로 서슴지 아니하고 쑥 들어간다. 점순이가 그 남자의 신을 얼른 집어 방 안으로 들여 놓고 방문을 톡 닫으며,

"여보, 거기 좀 앉아 기다리시오. 내가 아낙에 들어가서 저녁 진지 치르고 나오리다."

하더니 안으로 들어가서 저녁 밥상을 차리는데, 춘천집이 심기가 좋지 못하여 저녁밥을 아니 먹겠다 하는 소리를 듣고 다행히 여겨서 차리던 밥상을 치워 놓고 행랑으로 나가서 방문을 펄쩍 열고 들어가며,

"여보, 최 서방, 내 재주 좋지. 벌써 저녁 치르고 설거지 다 하였소. 에그, 참 설거지 하기 싫은데 우리는 있다가 장국밥이나 먹으러 나갑시다. 그러나 이 일을 어떡하면 좋단 말이오?"

최 서방 "벌써 정한 일을 인제 와서 어떻게라니……."

점순 "아니오. 오늘 아침에 우리가 의논한 일이 다 틀렸기에 말이오."

최 서방 "응, 틀리다니."

점순 "침모가 오늘 별안간 저의 집으로 갔소그려."

최 서방 "침모가 없으면 무슨 일 못 하나?"

점순 "못 할 것이야 무엇 있소."

최 서방 "그러면……."

점순 "요새같이 밝은 세상에 사람을 죽이고 흔적 없이 감추려 하면 쉬울 수가 있소? 침모는 우리 댁 영감께 귀염을 받는 사람인 고로 침모를 꾀어서 춘천마마님을 죽이면 영감 하나는 감쪽같이 속이기가 쉬울 터인데……."

최 서방 "압다, 순돌 어머니 말은 알 수가 없는 말이오그려. 김 승지 댁 마님은 침모까지 죽여 달라 하는데, 침모를 꾀어서 춘천집을 죽이고 침모는 살려 두면 그것은 언제 또 죽인단 말이오. 나 하라는 대로만 하였으면 그까짓 것들은 하룻밤 내로 다 없애 버렸을 것을, 순돌 어머니가 무엇을 한단 말이오. 그리할 것 없이 지금일지라도 춘천집 모자를 죽여 버립시다."

점순 "글쎄, 침모가 그 일을 알고 있는 터에 말이나 아니 낼는지, 그것이 조심도 되고, 또 오늘 침모가 저의 집으로 갔는데 별안간에 그런 일이 있으면 이 동네 사람이 의심이나 아니 할는지……."

최 서방 "무슨 일을 하면 하고 말면 말지, 벌써 일 년이나 두고 경영만 하다 이제 와서 그것이 다 무슨 소리오. 그렇게 일을 하여서 무엇이 되겠소. 나는 순돌 어머니만 바라고 있다가 큰 낭패하겠소. 여보 그만두오. 나는 다시 순돌 어머니 믿고 오지 아니할 터이오."

하면서 벌떡 일어서서 나가려 하니,

점순 "응, 잘 가는구. 다시 아니 올 것같이……. 어디 반한 곳이 있어서 핑계 좋게 나를 떼어 버리려고 그리하는 것이로구."

하면서 상긋상긋 웃고 앉았더라. 최가가 일어설 때에 참 가려는 마음으로 일어난 것이 아니라 점순이가 붙들고 만류할 줄 알았더니, 만류를 아니 하는 것을 보고 도로 앉기도 열없고 갈 마음도 없는 터이라, 주저주저하다가 딱 서서 하는 말이,

"글쎄, 우리가 김 승지 댁 마님 돈을 여간 없앴소. 그러나 지나간 일은 어떠하든지 이 앞일을 헐후히 하여서는 못 씁니다. 우리가 마님 소원대로 하면 마님이 우리 소원대로 어떻게 하여 준다 합더니까?"

점순 "장 들으면서 무엇을 새삼스럽게 또 물어."

최 서방 "아니, 내가 자세히 물어 볼 일이 있소."

점순 "말을 하려거든 앉아서 하구려, 온 동네가 다 들리라고 왜 서서 그리하오."

최가가 핑계 좋게 다시 주저앉으며 가슴 앞을 훔척하더니 지궐련 한 개를 집어 내서 붙여 물고 점순의 앞으로 버썩 다가앉으며,

"자, 이만하면 옆에 쥐도 못 알아듣게 말할 터이니 말 좀 자세 하오."

점순이가 본래 눈웃음을 웃으면 사람의 오장이 녹을 만치 웃는 눈웃음이라, 그 솜씨 있는 눈웃음을 상그레 웃으면서 얼굴이 복숭아꽃같이 붉어진다.

최 서방 "이애, 요새 얼굴 좋았구나. 연지분을 발랐니?"

점순 "남더러 해라는 왜 하여, 염치없이……."

최 서방 "요 염치없는 것, 네가 남이냐?"

점순 "그럼 남이지 무엇인가? 이편 계집 될 사람으로 알 것 같으면 걸핏하면 가느니 오느니 할라구. 본마누라 떼 버리고 나하고 산다는 말도 다 거짓말인 줄 알아."

최 서방 "이애, 그것은 염려 마라. 내가 간다 하니 우리 마누라에게 간다는 줄 알았더냐. 없다, 내가 여기 아니 오면 술잔 먹고 친구의 사랑에서 잘지언정 요새는 우리 집에서 자 본 적이 없다. 어제도 우리 장모를 보고 내가 그 말 다 하였다. 딸을 데려다가 보낼 곳 있거든 보내라구…… 아따 우리 장모가 그 말을 듣더니 죽겠다고 넋두리를 하는데 썩 대단하데…… 그러한데 순돌 어머니는 남의 속은 모르고 생으로 남의 애매한 말만 하니 딱한 일이야. 우리가 내외 될 언약이 있

는 후에야 범연할 리가 있나. 순돌 어머니가 일 결말을 벌써 냈으면 우리 마음대로 될 터인데, 일 년이나 되도록 일을 끌어만 가니 웬일인지."

점순 "내 마음은 더 바쁜데."

최 서방 "그래 대관절 김 승지 댁 마님이 우리 일을 어떻게 하여 준다던가?"

점순이 상긋이 웃으며 최가의 얼굴을 말끄럼 보다가,

"우리 일은 걱정 없어. 우리 댁 마님이 영감을 꾀어서 할 일은 다 하였다오."

최 서방 "꼬이기를 어떻게 꼬였으며, 할 일은 어떻게 하였단 말이냐?"

점순 "내가 거북 애기를 젖 먹였다고 그 공로로 속량*하여 주고, 최서방의 이름으로 황해도 연안 있는 전장 마름 차접까지 내어놓았다오. 그 전장은 내 손에 한 번 들어오면 내 것 되고 말걸……."

최 서방 "우리 둘의 일을 마님만 알으시는 줄 알았더니 그 영감도 알으시나. 이애, 무슨 일을 서슴다간 아무것도 아니 될 터이니 지금 내로 춘천마마를 죽여 없애세."

점순 "그러나 어떻게 죽이면 좋겠소?"

최 서방 "오늘 아침에 순돌 어머니 말이, 춘천집을 아편이나 많이 먹여 놓고 방 안에 석유나 많이 들이붓고 불이나 지르고, 어린아이는 그 속에 집어던지고 순돌 어머니는 마당에 서서 불이야 불이야 소리만 지른다더니 또 딴소리를 하여."

최가가 점순이더러 하오도 하다가 해라도 하다가 반말도 하는데, 어찌 보면 점순이를 잡것 놀리듯 하는 것 같으나 그런 것이 아니라, 점순

---

* 속량(贖良) 천한 신분의 사람을 양민으로 만들어 줌.

이를 집어삼킬 것같이 귀애하는 마음에서 나오는 것이라. 점순은 무슨 생각을 하느라고 아무 소리 없이 앉았는데, 최가는 갑갑증이 나서 점순의 앞으로 한 번 더 다가앉으며 재촉한다.

최 서방 "이애, 아편은 다 무엇이냐. 내가 안방에 들어가서 춘천집을 깩 소리도 못 하게 죽일 터이니 너는 석유 한 통만 가져다가 안방에 들어부어라. 그리하고 불을 지르면 누구든지 이 집에 불이 나서 춘천집이 타죽은 줄로 알지 누가 죽인 줄로 알겠나?"

점순은 의구히 무슨 생각을 하는지 가만히 앉았고 최가가 시각을 참지 못할 것같이 재촉을 한다.

최가가 춘천집을 그렇게 급히 죽이려는 것은 춘천집이 미워서 그리하는 것이 아니라, 춘천집 모자를 죽이면 수가 날 일이 있는 곡절이요, 점순이 대답도 얼른 아니 하고 앉았는 것은 춘천집을 죽이기가 싫어서 그리하는 것이 아니라, 오늘 밤 내로 춘천집 모자를 죽이고 집에 불지른다는 꾀를 침모가 다 아는 고로 침모의 입에서 말이 날까 염려하여 그리하는 것이다.

밤은 점점 깊어 가고 최가는 재촉을 버썩 하고 있는데, 꾀많은 점순이도 어찌하면 좋을지 생각을 정치 못하다가 무슨 좋을 도리가 있던지 최가를 쳐다보며,

"여보, 최 서방도 퍽 급한 성품이오. 무슨 재촉을 그렇게 하오."

최 서방 "급하지 아니하면……. 무슨 일이 일 년을 끌다가 오늘은 무슨 결말이 날 줄 알았더니 오늘도 또 결말이 아니 난단 말인가?"

점순 "가만 있소. 이왕 참는 김에 내년 봄에 날 따뜻할 때까지만 기다리시오. 그러면 좋을 도리가 있소. 그러나 그 때는 최 서방이 그 일을 전담하여 맡지 아니하면 일이 아니 될 터이오."

중 편

기다리는 것이 있으면 세월이 더딘 듯하나 무심 중에 지내면 꿈결 같은 것은 세월이라. 철환보다 빨리 가는 속력으로 도르래미 돌아가듯 빙빙 도는 지구는 백여 도 자전하는 동안에 적설이 길길이 쌓였던 산과 들에 비단을 깔아 놓은 듯이 푸른 풀이 우거지고, 남산 밑 도동 근처는 복사꽃 천지더라. 춘천집이 어린아이를 안고 마당으로 내려오며 점순을 부른다.

"여보게 순돌 어멈, 이렇게 따뜻한 날 방에 들어앉아 무엇 하나, 이리 나와서 저 남산 밑의 복숭아꽃이나 내다보게."

그 때 점순이는 행랑방에서 최가와 같이 대강이를 마주 대고 무슨 흉계를 꾸미느라고 정신 없이 수군거리다가, 춘천집의 목소리를 듣고 깜짝 놀라 벌떡 일어서다가 다시 고개를 폭 수그리며 최가의 귀에 대고 가만히 하는 말이,

"이 방에 가만히 앉았다가 두말 말고 나 하라는 대로만 하오."
하더니 살짝 돌아서며 문 구멍에 눈을 대고 잠깐 내다보다가 문을 열고

나가더니, 그 방문을 밖으로 걸고 허리춤 속에서 자물쇠를 꺼내서 빈방을 잠그듯이 덜컥 잠그더니 안마당으로 들어가며 춘천집 가슴에 안긴 어린아이를 보고 두 손바닥을 딱딱 치며,

"아가, 이리 오너라."

하면서 춘천집 젖가슴 앞으로 두 손을 들이미니 어린아이가 점순을 보더니 벙글벙글 웃고 두 손을 내밀어 점순에게 턱 안긴다.

춘천집 "이 애는 어미보다 자네를 더 따르니 이것은 어미 없어도 걱정 없을걸."

점순이가 어린아이를 공기 놀리듯 추스르며 어린아이의 입을 쪽쪽 맞추며,

"어머니 아니 계시면 내 젖 먹고 살자. 아가, 그렇지, 그렇지."

하며 어린아이를 들까분다. 개도 제 새끼를 귀애하는 시늉을 보이면 좋아하는 법이라. 점순이 춘천집 앞에서 어린아이를 그렇게 귀애하고, 어린아이는 점순에게 그렇게 따르는 것을 보고 춘천집의 마음에는 내가 지금 죽어도 우리 거북은 걱정 없이 잘 자랄 줄만 알고 있더라.

오고 가는 공기가 마주쳐서 빙빙 도는 회오리바람이 도동 과목밭에서 일어나더니 그 아까운 꽃가지를 사정없이 흔들어서 꽃이 문청 떨어지면서 바람에 싸여 공중으로 올라간다. 그 바람 기운이 없어지며 그 꽃이 도로 내려오는데, 허다한 너른 땅에 춘천집 안마당으로 꽃비가 내려온다. 춘천집이 공중을 쳐다보며 말 못 하는 어린아이를 부르면서 알아듣지 못할 말을 한다.

"이애 거북아, 오늘은 우리 집에 무슨 경사가 있으려나 보다, 꽃비가 오는구나."

점순이는 저더러 하는 말도 아니건마는 춘천집의 말이 떨어지며 대답을 한다.

"아직 아니 떨어질 꽃도 몹쓸 바람을 만나더니 떨어집니다그려."

하면서 춘천집을 할긋 돌아다보는데, 춘천집은 무심히 들을 뿐이라.

춘천집 "여보게 순돌 어멈, 세월같이 덧없는 것은 없는 것일세. 엊그저께 저 꽃 피기를 기다리더니 오늘 벌써 저 꽃이 낙화가 된단 말인가. 그러나 사람인들 저 꽃과 다를 것 무엇 있나. 우리가 세상에 나던 날부터 오늘까지 지낸 일을 생각하면 꿈 같은 일이 아닌가. 우리는 저 남산에 떨어지는 꽃을 보고 아쉽다 하거니와, 저 남산은 우리를 보고 무엇이라 할는지."

하면서 처량한 기색이 있더라. 점순이 춘천집의 말을 듣고 춘천집의 기색을 보더니 상긋상긋 웃으며,

"마마님, 오늘은 남산에 꽃구경이나 가십시다."

춘천집 "동무도 없이 혼자 무슨 재미로 꽃구경을 간단 말인가?"

점순 "여럿이 가면 꽃을 더 잘 봅니까. 마마님이 가시면 쇤네는 아기 업고 갈 터이니 셋이 가면 꽃구경 못 하겠습니까?"

춘천집 "그도 그러하지. 그러나 문 밖이라고 나가 본 일이 없다가 별안간 나가기도 서먹서먹하여 못 나가겠네."

점순 "그런 말씀 말으시오. 요새는 대신의 부인도 내외 없이 아무 데라도 다니신답니다."

춘천집 "글쎄 말일세. 그 부인은 내외를 아니 하면 세상에서 문명한 부인이라고 칭찬을 듣지마는, 우리같이 남의 첩 노릇이나 하고 있는 사람은 일없이 뺄뺄 나다니면 남의 말하기 좋아하는 사람들이 별명만 지을 터이니 남에게 별명 들어 무엇 하게?"

점순 "구더기 무서워서 장 못 담글라구. 내 마음만 옳고 내 행실만 그르지 아니하면 그만이지요. 남의 말을 어찌 다 가려요."

춘천집 "그는 그리하여……. 낸들 언제 내외를 하여 보았겠나. 춘천 솔개 사는 상사람의 딸로 온 동네를 뺄뺄 나다니며 자라던 사람으로 양반의 첩이 되었다고 용이나 되어 하늘에나 올라간 듯하여 하는 말

이 아닐세. 불가불 나갈 일만 있으면 어디를 못 가겠나."

봄날이 길다 하나 일없는 여편네의 받고 차는 잔말이란 것은 한없는 것이라. 말하는 동안에 지구가 참 돌아가는지 태양이 달아나는지 길마재 위에 석양이 비꼈더라.

점순이가 해를 쳐다보더니 어린아이를 춘천집에게 안기며,

"……에그, 해 다 갔습니다. 아기 좀 보아 줍시오. 쇤네는 저녁 진지를 하여야 하겠습니다."

춘천집은 어린아이를 받아 안고 안방으로 들어가고, 점순이는 바구니를 끼고 반찬 가게로 나가더라.

엉성한 바구니 속에 빨간 고기, 하얀 두부, 파란 파를 요리 조리 곁들여서 옥색 저고리에 빨간 팔배태* 받아 입은 팔꿈치에 홈쳐 끼고 흔들거리고 들어오던 점순이가, 대문간에서 뒤를 할긋할긋 돌아다보더니 허리춤 속에서 열쇠를 꺼내서 겉으로 잠갔던 행랑방 문을 덜컥 열고 쑥 들여다보며,

"최 서방 갑갑하였지요. 인심 좋은 옥사쟁이는 돈 한 푼 아니 받고 옥문만 잘 열어 주지요, 하하하."

최 서방 "그래, 어떻게 되었소?"

점순 "어떻게 되기는 무엇이 어떻게 되어. 내가 들어가서 저녁밥 지어 놓을 만하거든 아까 하던 말대로 하오."

하더니 문을 톡 닫고 안중문으로 들어간다.

춘천집은 안방에 앉았다가 별안간에 가슴이 두근두근하며 마음이 좋지 못하더니 별 생각이 다 난다.

울며불며 이별하던 어머니도 보고 싶고 야속하던 아버지도 보고 싶고, 가물에 콩나듯이 드뭇드뭇 와서 보는 김 승지도 보고 싶더라.

---

* **팔배태** 저고리 소매 밑 솔기를 따라서 겨드랑이까지 두 편으로 따로 좁게 댄 헝겊.

춘천집 "이애 거북아, 너의 아버지가 요새는 왜 한 번도 아니 오시는지 모르겠다. 거북아, 아버지 보고 싶은 눈 좀 보자."

거북이 눈을 짜긋하게 감는 시늉을 하며 재롱한다.

춘천집 "에그, 고 눈 어여쁘다. 또 너의 아버지 언제 오실까 머리 좀 긁어라."

거북이가 고개를 살살 흔들며 머리를 아니 긁는다. 춘천집이 거북이 대강이를 뚝 때리면서,

"요것, 왜 너의 아버지 언제 오실까 머리 좀 긁어라 하여도 아니 긁느냐?"

거북이가 저의 어머니를 쳐다보며 입이 비죽비죽하더니 응아 운다. 대문간에서 이리 오너라, 이리 오너라 부르는 소리가 나니 안방 부엌에 있던 점순이 안중문간으로 나가다가 더 나가지 아니하고 안방에까지 목소리가 들리도록 하는 말이라.

"에그, 죽산 서방님이 올라오셨네."

대문간에서 부르던 손이 목소리를 크게 하여 하는 말로,

"점순이가 어찌하여 여기 와서 있느냐. 아낙에 못 볼 손님 아니 계시냐. 그대로 들어가도 관계치 아니하겠느냐?"

점순 "들어오십시오."

하는 소리가 나더니 밖에 있던 손이 서슴지 아니하고 안마당으로 쑥 들어오니 점순이 앞서서 들어오는데, 그 손은 마당에서 지체를 하고 섰고 점순은 안방으로 들어오면서,

"마마님, 저 죽산 서방님이 오셨습니다."

춘천집 "죽산 서방님이 누구신가?"

점순 "에그, 죽산 서방님을 모르십니까?"

하더니, 춘천집 앞으로 바싹 다가서서 가만히 하는 말이,

"강동 나리 서자 되시는 서방님이에요."

춘천집 "강동 나리는 누구신가?"

점순 "에그, 딱하여라. 강동 나리를 모르시네. 우리 댁 영감 사촌 되시는 나리를 모르셔요. 강동 나리는 돌아가신 지 오래지요……. 저 서방님은 강동 나리 서자랍니다. 저 서방님 어머니 되시는 마마님은 그저 살아 계시지요."

춘천집 "들어옵시사 하게."

점순이 안방 문을 열고 나서면서,

"서방님, 이리 들어옵시오."

하는 소리 한 마디에 그 남자가 거드름스러운 헛기침 두 번을 하며 안방으로 들어오는데, 나이 삼십이 넘을락말락하고, 구레나룻은 뺨을 쳐도 아프지 아니할 만하고, 둥그런 눈은 심술이 뚝뚝 떨어지는 듯하고, 콧날 우뚝 서고 몸집 떡 벌어진 모양이 대체 영특*한 남자라.

서슴지 아니하고 춘천집 앞으로 썩 들어앉으며 아주머니 아주머니, 하며 인사를 하는데, 춘천집은 김 승지의 일가라고 별로 상면을 못하여 본 터이라 무엇이라고 말하면 좋을지 몰라서 그 남자의 말하는 대로 대답만 하고 있더라. 점순이는 죽산 서방님을 보고 반가워하는 모양으로 무슨 말을 할 듯 할 듯하면서도 버릇없이 먼저 말하기가 어려운 것같이 말없이 윗목에 섰더라. 그 남자가 점순이를 돌아보며 말을 묻는데, 본래 무식한 천격의 사람이라 말이 천보 비천한 본새로만 나오더라.

구레나룻 "점순이는 요새 더 어여쁘구나. 네 자식 잘 자라느냐? 아까 내가 큰댁에 갔을 때에 네가 눈에 보이지 아니하고 마님 교군 뒤에 계월이가 모시고 가기에 네가 어디 갔누 하였더니 네가 작은댁에 와서 드난을 하는구나. 전에는 큰댁 마님께서 어디를 가시든지 네가 모시고 다녔지……."

---

* 영특(獰慝) 사납고 간사함.

점순 "서방님께서 큰댁에 다녀오십니까. 마님께서 계월이를 데리고 어디로 가셔요?"

구레나룻 "마님께서 죽산 내려가셨단다."

하더니 다시 춘천집을 돌아다보며,

구레나룻 "참 내가 미처 말을 못 하였소. 아저씨께서 일전에 급한 일이 있어서 우리 집에 오시다가 길에서 병환이 들어서 우리 집에 들어오실 때부터 떠실려 들어오시더니 불과 수일에 시각 대변이오그려. 내 참 그런 급한 병은 처음 보았소. 어제 아침에는 유언을 다 하시는데, 별 말씀을 다 하십디다. 그렇기로 꼭 돌아가실 것은 아니지요마는 사람의 일을 알 수가 있소. 아저씨 말씀에 두 분 아주머니나 한 번 다시 보고 죽으면 좋겠다 하시니, 두 분 아주머니께서는 가서 뵙든지 아니 가서 뵙든지 내 도리는 내가 아니 할 수가 없어서 밤을 도와 올라왔소. 삼청동 아주머니는 본래 급하신 성정이라, 그 말을 들으시더니 당장에 두 패 교군을 질러서 떠나셨지요. 내가 배행을 하여 가는 길인데 춘천 아주머니께 이 말씀 아니 하고 갈 수 있소. 교군더러 과천 말죽거리 가서 숙소하시게 이르고 나는 이리로 들어왔소. 그래 아주머니는 어찌하실 터이오? 아저씨를 가서 뵈올 터이면 지금으로 가실 길을 차려 드릴 터이고, 아니 가실 터이면 나는 곧 가야 하겠소."

춘천집이 그 말을 듣고 천진으로 솟아나는 눈물이 쏟아지며 어찌하면 좋을지 몰라서 아무 소리 없이 앉았는데, 점순이 가장 세상에 충비는 저 하나뿐인 듯이 안타깝게 애를 쓰고 섰더라.

점순 "에그, 이를 어쩌나. 마마님께서 못 가 뵈올 터이면 쇤네가 가서 뵈옵겠습니다."

춘천집 "자네가 가서 뵈옵기로 내게 쓸 데 있나. 영감께서 보고 싶단 말씀이 없더라도 내 마음에 가서 뵙고 싶을 터인데, 영감께서 그처럼 말씀하시는 것을 아니 가서 뵈올 수 있나. 그러나 어떻게 가나."

구레나룻 "아주머니가 가실 터이면 어서 교군을 타시오. 내가 교군까지 데리고 왔소. 이애 점순아, 밖에 나가서 교군꾼더러 교군 갖다가 안마당에 들여놓으라 하여라."

춘천집 "들여놓을 것 무엇 있소. 내가 나가서 타지요. 그러나 거북이를 집에 두고 가야 좋을는지요."

구레나룻 "데리고 가시지요. 아저씨께서 제일 거북이를 보고 싶어하십디다."

춘천집이 창황 중에 저녁밥도 아니 먹고 어린아이를 데리고 교군을 타고 나가는데, 그 교군이 남관왕묘 앞 길가 남향 반찬 가게 앞을 막 지날 때에 구레나룻 난 남자가 미투리 신고 지팡이 끌고 교군 뒤에 따라가다가 급한 소리로,

"이애 교군아, 교군을 거기 좀 모셔라. 잠깐 잊은 일 있다."

하더니, 교군을 길가에 내려놓고 구레나룻 난 남자가 교군더러 저리 좀 가거라 하더니 교군 앞발을 들고 들여다보며 길가 사람들에게 들리지 아니하도록 가만히,

"여보 아주머니, 거북이 감기 들리다. 폭 잘 싸서 안으시오."

하며 어린아이를 싸주는 시늉을 하는데, 춘천집은 경황 없는 중이라 거북이를 위하여 주는 것만 고맙게 여기고 있더라. 점순이가 팔짱을 끼고 반찬 가게 앞에서 교군을 보고 우두커니 섰다가 돌아서서 반찬 가게로 아슬랑아슬랑 들어오면서 한숨을 쉬고 혀를 똑똑 찬다.

반찬 가게에는 제일 바쁜 때가 식전, 저녁이라 사람이 들락날락하는데, 가게 주인이 몸뚱이가 둘 되지 못하고 눈이 넷이 되지 못한 것만 한을 하도록 바쁜 중에 점순의 혀 차는 소리를 듣고 흘긋 쳐다보면서,

"혀는 왜 그리 차오. 무엇이 못마땅한 일 있소?"

점순 "사람이 오래 사니까 별꼬락서니를 다 보았지. 무엇이 나빠서 저까짓 짓을 하여."

주인 "무엇을 그리하오?"

점순 "무엇은 무엇이야. 저것 좀 보오."

주인 "저것이 무엇이란 말이오?"

점순 "저울 눈을 세고 서서, 한길을 내다보지도 아니하고 그리하네."

주인이 한길을 흘긋 보더니 다시 점순이를 건너다보며,

"한길에 무엇 있소. 교군 하나 놓인 것을 보라고 바쁜 사람을 조롱을 하고 있담……. 아차, 이 고기를 일껏 달아 놓았더니 몇 냥쭝인지 또 잊었구. 여보 순돌 어머니, 혀 차고 속 답답한 일 있거든 얼른 이야기 좀 하오. 명 짧은 놈도 좀 듣고 죽게……."

길가에 있던 교군은 도동 앞을 돌아 나가는데, 구레나룻 난 남자는 활갯짓을 하며 교군 뒤에 따라가고, 점순이는 반찬 가게 기둥 옆에 기대서서 가는 교군만 바라본다.

눈에 돈만 보이는 가게 주인은 정신이 딴 데가 팔려서 갈팡질팡할 뿐이나 반찬거리 사러 왔던 이웃 사람들은 점순의 말을 일삼아 듣고 섰더라.

점순 "저 교군 타고 가는 사람이 우리 댁 마마님이라오."

이웃 사람 "……."

점순 "모르겠소, 어디로 가는지? 저 교군 뒤에 따라가는 저놈은 웬놈인지 밤낮없이 와서 파묻혀 있더니 필경 저런 일이 생겼지. 내가 벌써부터 우리 댁 영감께 여쭙고 싶어도 어린애기가 불쌍하여 말을 아니 하고 있었지……."

이웃 사람 "……."

점순 "모르겠소. 아주 내빼는지, 어디 가서 행창*질이나 실컷 하다 또 들어오는지……."

하면서 아슬랑아슬랑 나가더라.

＊ 행창(行娼) 창녀 노릇을 함.

춘천집이 달아났다 하는 소문은 어찌 그리 빨리 났던지, 그 날 밤 내로 도동 바닥에 짝자그르하는데, 본래 남에게 칭찬 듣던 사람이 크게 잘못된 일이 있으면 그것을 변으로 알고 말하는 법이라.

춘천집은 도동 바닥에서 어여쁘다 칭찬하고, 인정 있다 칭찬하고, 사족 부녀라도 그보다 더 얌전할 수 없다 칭찬하고, 남의 첩 노릇 하기는 아까운 사람이라고까지 칭찬하던 사람의 입이 딱 벌어지고 혀가 홰홰 내둘리도록 변으로 듣고 그 날 밤에는 구석구석이 춘천집 공론뿐이라.

어느 집 사랑에는 젊은 소년이 한 방이 툭 터지도록 모였는데 하느니 그 소리라.

"아무의 첩이 달아났다지?"

"그것 있기도 오래 있었네. 젊은 계집을 거기다 내버려 두고 별로 들여다보지도 아니한다니 아니 달아나겠나."

하는 말은 사람이 많이 모인 사랑 공론이요, 삼월 동풍에 집집이 날아들며 지저귀는 제비같이 재미있게 지껄이는 젊은 여편네 모인 곳에는 춘천집의 공론이 여러 가지로 난다.

"춘천집이 달아났다니 남의 첩이란 것이 다 그렇지. 그런 년들이 서방의 등골이나 빼어먹고 달아나지."

하는 말은 시앗 보고 적상*한 여편네가 남의 시앗까지 미워하는 입에서 나오는 소리요,

"춘천집이 갔다지, 잘 갔지. 김 승지가 안마누라에게는 판관 사령*이라는데 무슨 재미로 김 승지를 보고 있어."

하는 말은 남의 별실 된 사람의 입에서 나오는 소리요,

"춘천집이 갔다지, 집도 내버리고 세간 그릇 하나도 아니 가지고 빈

---

* 적상(積傷) 오랜 근심으로 마음이 상함.
* 판관 사령(判官使令) 관청의 벼슬인 판관의 사령이라는 뜻인데, 아내의 말을 거역하지 못하는 남자를 조롱하는 말.

몸만 나갔다지. 에그, 어수룩한 사람도 많지. 서방 싫으면 표차롭게 갈라서서 제 것 다 찾아 가지고 저는 저대로 살 것이지, 왜 제 몸뚱이만 나가⋯⋯."

하는 말은 산전 수전 다 겪고 장삼 이사에게로 거침새없이 돌아다니던 여편네의 입에서 나오는 소리요,

"춘천마마가 달아났다지. 에그, 사람이라는 것은 믿을 수가 없는 것이지. 그 마마님이 달아날 줄 누가 알아."

하는 말은 춘천집을 숙부인, 정부인같이 높이 보았던, 춘천집 이웃에 사는 노파의 입에서 나오는 소리라.

그러한 공론 중에 춘천집을 헐어서 하는 말도 있고, 춘천집을 위하여 하는 말도 있으나, 어떻게 하는 말일는지 춘천집이 분명히 달아난 줄로만 알고 하는 말뿐이라. 그 날은 김 승지의 부인이 점순이 오기를 눈이 빠지도록 기다리고 있는 터이라. 낮전부터 기다리는 점순이가 장장 춘일에 해가 떨어지고 밤이 되도록 소식이 없으니, 혼자 속이 타고 혼자 애가 쓰여서 앉았다가 일어났다가 지향없이 마당으로 나갔다가 대문간을 기웃기웃 내다보다가, 다시 방으로 들어와 앉아서 혼자 통통 징이 나서 미친 사람같이 혼자 중얼거린다.

"점순이가 오려면 벌써 왔을 터인데 왜 아니 오누. 오늘은 춘천집을 어떻게 처치하든지 처치한다더니 소식이 없으니 웬일인구? 내가 일 년을 두고 점순이 하자는 대로만 하였는데 고년이 내 소원 풀어 준 것이 무엇인고. 아마 고년이 나를 속여서 돈만 빼앗아 간 것이야. 춘천집 하나를 죽여 없애기가 무엇이 그렇게 어려워. 내가 벌써부터 고년을 의심은 하였으나, 고년이 나를 볼 때마다 조금만 더 참아라 하는데 번번이 속았지. 접때는 고년이 들어와서 영절스럽게 하는 말이, 마님께서 재주껏 영감 마님을 꾀어서 열흘 동안만 도동을 아니 나오시도록 하여 주시면 그 동안에 춘천집을 없앨 도리를 한다 하기로,

내 말이 그것은 걱정 마라, 열흘 동안은 고사하고 보름 동안이라도 영감께서 도동을 못 가시게 할 터이니 감쪽같이 일만 잘 하여라 하였더니, 오늘 식전에는 고년이 또 들어와서 날더러 돈을 달라 하면서, 오늘은 정녕 춘천집을 없애 버린다 하던 년이 돈만 가져가고 또 소식이 없지……. 만일 오늘도 춘천집을 없애지 못하고 또 딴소리를 하거든 점순이란 년을 내 손으로 쳐죽여 없애 버려야.”

하면서 지향없이 또 마당으로 나가다가 안중문 소리가 찌걱 나면서 어두운 밤에 사람이 들어오는 발걸음 소리를 듣고 열이 버썩 났던 김에 소리를 버럭 질러서,

“점순이냐?”

하는 소리에 김 승지가 들어오다가 깜짝 놀라서 하는 말이,

“웬 소리를 그렇게 몹시 지르오. 점순이가 오면 낮에 오지 이 밤에 올 리가 있소.”

부인이 점순이를 기다리던 눈치를 그 남편에게 보였을까 염려하여 능청스럽게 하는 말이,

“내가 영감 들어오시는 것을 모르고 그리하오? 영감이 출입 아니 하신다고 나더러 장담하시더니 또 출입을 하시니 영감이 거짓말하시는 것이 분해서 영감을 보고 부러 그리하였소.”

김 승지 “내가 가기는 어디를 가……. 내가 지금 사랑에서 들어오는데……. 못 미덥거든 천복이를 불러 물어 보아. 나는 어디를 가면 마누라는 내가 계집의 집에 가는 줄로만 알고 의심을 하기에 어디든지 불가불 일 외에는 내가 무슨 출입을 한다고 그리하오.”

그렇게 발명을 부산히 하며 들어오는데 김 승지의 뒤에 새까만 것이 아슬랑아슬랑 들어오는 것은 점순이라.

부인이 그렇게 몹시 벼르던 점순을 보더니 이제는 내 마음대로 일이 잘 되었나 싶은 생각이 나서, 점순을 벼르던 마음은 어디로 가고 반가

운 마음이 와락 나서 입이 헤벌어졌다.

　　부인 "범도 제 말하면 온다더니 점순이가 참 들어왔구나. 네 무엇 하
　　　러 이 밤중에 들어왔느냐?"

하면서 방으로 들어가는데 김 승지와 점순이 부인의 뒤를 따라 들어가
더니 김 승지 내외는 아랫목에 나란히 앉고 점순이는 아무 말 없이 윗
목에 섰더라.

　　부인 "점순이 네 왜 왔느냐?"

　　점순 "그저 들어왔습니다."

　　부인 "그저라니. 이 밤중에 왔다가 도로 나가려면 무섭지 않겠느냐?"

　　점순 "또 나가 무엇하게요."

　　부인 "또 나가 무엇하다니. 나가서 애기 젖 먹이지."

　　점순 "쇤네가 애기 젖도 못 먹이게 되었답니다."

　　부인 "애기 젖도 못 먹이다니, 왜 네가 무슨 작죄를 하고 내쫓겼나 보
　　　구나."

점순이가 무슨 말을 할 듯 할 듯하면서 말이 없이 섰으니,

　　부인 "에그, 고년 갑갑도 하다. 왜 말을 좀 시원히 못 하고 그리하느
　　　냐. 무슨 작죄를 하였거든 바로 말하여라."

점순이가 부인 앞으로 바싹 들어오더니, 가장 김 승지의 귀에 들리지
아니하도록 말하는 체하고 가만히 말하는데 부인이 번연히 알아들었으
나 두 번 세 번 재우쳐 묻는다.

　　"응 무엇이야, 말 좀 똑똑히 하려무나. 마마가 달라다니, 무엇을 달란
　　　단 말이냐. 무엇이든지 집에 있는 것을 달라거든 갖다가 주려무나."

　　점순 "달라기는 무엇을 달래요. 달아났답니다."

　　부인 "응 달아나. 그래 언제 달아났단 말이냐. 말 좀 자세히 하여라."

하더니 혀를 툭툭 차며 춘천집을 욕한다.

　　"저런 망할 년 보았나. 무엇이 못마땅하여 달아난단 말이냐. 가면 표

차롭게 갈 일이지, 왜 달아난단 말이냐?"

점순 "……."

부인 "그래 춘천집에게 다니던 놈은 누구란 말이냐?"

점순 "……."

부인 "모르다니, 네가 모르면 누가 아느냐. 그래 그놈이 요새는 밤낮 없이 춘천집에서 파묻혀 있었단 말이냐. 에그, 그년이 달아난 것이 다행하다. 만일 아니 달아나고 있었던들 영감께 무슨 해가 돌아왔을 는지 알 수 있느냐?"

하더니 김 승지를 돌아보면서 호들갑스럽게 무슨 공치사를 한다.

"여보, 내가 무엇이라 합디까. 내 말 들어서 해로운 일 무엇 있었 소. 나는 벌써부터 춘천집이 서방질만 하고 있다는 소문을 들었소. 영감께서는 그런 못된 년에게 빠져서 정신을 모르시고 춘천집이라 하면 세상에 다시 없이 얌전하고 착한 계집으로 알으셨지요. 나만 아 니더면 영감께서 큰일날 뻔하였소. 만일 춘천집이 어떤 놈을 끼고 있 을 때에 영감이 그년의 방에를 들어가셨더면 그 흉악한 연놈의 손에 영감께서 어떻게 되셨을는지 알 수 있소? 나는 들은 말도 있고 의심 나는 일이 있어서 며칠 전부터는 영감이 춘천집에게 가실까 밤낮 그 염려만 하고 있었소. 영감이 내 소리가 듣기 싫어서 요새는 출입도 아니 하셨지요. 내 소리를 그리 듣기 싫어하시더니 내 말 들어 낭패 본 것 무엇 있소. 이후에는 영감께서 내 소리를 아무리 듣기 싫어하 시더라도 내가 하고 싶은 말은 다 할 터이오. 왜 아무 말씀도 없이 앉 으셨소. 무안하신가 보구려."

하면서 홍김에 김 승지를 다그치니 김 승지는 제깐에 떡국이 농간하여 나오는 말이라.

"마누라 혼자만 춘천집의 행실 그른 줄을 안 듯이……, 나는 먼저 알 았어……."

하면서 얼굴이 빨개지니 부인은 그 남편이 다시는 첩 둘 생각도 못 하도록 말을 하느라고 애꿎은 춘천집의 험언만 하는데, 밤이 깊어서 닭이 울도록 부인의 말이 줄기차게 나오더라.

불쌍한 춘천집은 그 날 밤에 귀가 가려워도 여간 가려울 터가 아니나, 오장이 슬슬 녹는 듯이 애를 쓰느라고 귀가 가려운 줄도 모르고 지낸다.

춘천집의 교군이 서빙고 강을 막 건너면서 날이 저물었으나 그 날은 음력 삼월 보름날이라. 초저녁부터 달이 초롱같이 밝았는데, 서빙고 강 모래톱을 지날 때부터는 달빛을 의지하여 가는 터이라. 서빙고 주막에 다다르매 교군꾼이 주막으로 들어가면서,

"여보, 사처방* 있소?"

물으니, 죽산 서방님이란 자가 뒤에 따라오다가 소리를 버럭 지른다.

"이놈들, 너는 돈 받아 먹고 교군하는 놈이 나더러 묻지도 아니하고 너희들 마음대로 주막으로 들어간단 말이냐. 이런 급한 일에 밤길 아니 가고 어떠한 일에 밤길을 가겠느냐. 쉬지 말고 어서들 가자."

교군 "급한 길을 가시는지 무슨 길을 가시는지 교군꾼더러 말씀이나 하셨습니까? 돈 아니라 은을 받더라도 단패 교군으로는 밤길은 못 가겠습니다."

하면서 교군을 내려놓으니, 죽산 서방님이란 자가 호령이 서리같이 교군 꾼을 벼르나, 본래 말을 하면 상소리가 많은지라, 교군꾼들이 호령은 들으나 호령하는 자를 처음부터 넘겨다본 터이라 대답이 시쁘게 나온다.

교군 "압다, 처음 보겠네. 어디 가서 밤길 잘 가는 교군꾼 얻어 데리고 가시오. 우리는 여기까지 나온 삯이나 받아 가지고 서울로 도로 가겠소."

* **사처방** 웃어른이나 점잖은 손님이 묵을 방.

구레나룻 난 자가 소리를 버럭버럭 지르면서 그런 법이 있느니 없느니 하다가 도동서 서빙고까지 나온 교군삯을 교군꾼 앞으로 탁 던지고 교군 속에 앉은 춘천집을 들여다보면서,

　"아주머니, 이리 나오시오."

하더니 어린아이를 받아 안고 춘천집을 재촉하니, 춘천집은 절에 간 색시같이 하라는 대로만 하는 터이라 교군 밖으로 나서면서,

　"어떻게 하실 터이야요?"

　구레나룻 "아니 가려는 교군꾼 놈들을 어떻게 할 수 있소. 여기서 내 처가가 멀지 아니하니 아주머니가 걸어서 내 처가까지만 가십시다. 거기까지만 가면 당장에 동네 백성을 풀어서라도 교군 두 패는 내셀 터이니. 자, 두말 말고 거북이를 내 등에 업혀 주시오."

하더니 거북이를 들쳐업고 서서 춘천집을 또 재촉하니 춘천집이 마지 못하여 걸어서 따라가는데, 한참 가다가 큰길로 아니 가고 소로로 들어서더니 점점 무인지경으로만 들어간다. 깊은 밤 밝은 달에 산비탈 험한 길로 이리저리 끌려다니는 춘천집이 의심이 나기 시작하더니 겁이 더럭 나서 다리가 덜덜 떨리며 걸음이 아니 걸린다. 그러나 밤도 깊고 산도 깊은 무인지경에서 날고 뛰는 재주가 없는 터이라, 의심나는 체도 못 하고 내친 걸음에 죽으나 사나 따라가다가 다리도 아프고 기운이 탈진하여 산비탈에 털썩 주저앉으며 말을 묻는다.

　춘천집 "여보 조카님, 나를 끌고 어디로 가오. 일 마장이 못 되느니 이 마장이 못 되느니 하던 조카님 처갓집이 왜 그리 머오. 내가 걸음 걸은 것을 생각하여도 이십 리나 삼십 리는 되겠소."

　구레나룻 "오냐, 더 갈 것 없다. 이만 하여도 깊숙하게 잘 끌고 왔다."

하면서 홱 돌아서는 서슬에 춘천집이 기가 막혀 하는 말이,

　"여보, 이것이 웬일이오?"

　구레나룻 "죽을 년이 웬일은 알아 무엇 하려느냐!"

하더니 달빛에 서리같이 번쩍거리는 칼을 빼어 들고 춘천집 앞으로 달려드니 춘천집이 애걸복걸한다.

"내 몸 하나는 능지처참을 하더라도 우리 거북이나 살려 주오."

하는 목소리가 끊어지기 전에 그 목에 칼이 푹 들어가면서 춘천집이 뻐드러졌다.

칼끝은 춘천집의 목에 꽂히고 칼자루는 구레나룻 난 놈의 손에 있는데, 그놈이 그 칼을 도로 빼어 들더니 잠들어 자는 어린아이를 내려놓고 머리 위에서부터 내리치니, 살도 연하고 뼈도 연한 세 살 먹은 어린아이라, 결 좋은 장작 쪼개지듯이 머리에서부터 허리까지 칼이 내려갔더라. 구레나룻 난 자가 춘천집이 설찔렸을까 염려하여 숨 떨어진 춘천집을 두세 번 거푸 찌르더니 두 송장을 끌어다가 사태난 깊은 골에 집어 떨어뜨리는데, 춘천집 모자의 송장이 사태밭에서 내리굴러 들어가매, 적적한 산 가운데 은 같은 달빛뿐인데, 그 밤 그 달빛은 인간에 제일 처량한 빛이더라.

광주 정선릉*으로 들어가는 어귀의 사태가 길길이 난 구렁텅이에 귀신도 모르는 송장 둘이 처박혔는데 꽃같이 젊은 여편네와 옥동자 같은 어린아이라.

그 여편네는 춘천집이요, 그 어린아이는 춘천집의 아들 거북이라. 끔찍하고 악착한 그 죽음을 인간에서는 아무도 본 사람이 없으나 구만 리장천 한복판에 높이 뜬 밝은 달은 참혹한 송장에 비치었는데, 그 달의 광선이 한편으로 춘천 삼학산 아래 솔개 동네 강 동지 집 안방 서창에 눈이 부시도록 들이비치었더라.

* **정선릉(靖宣陵)** 정릉(조선조 제11대 왕인 중종의 능)과 선릉(조선조 제9대 왕인 성종과 그의 계비 정현 왕후의 능). 지금의 서울특별시 강남구 삼성동(옛 경기도 광주)에 있음.

정선릉

그 방 안에서 강 동지 코고는 소리가 춘천집 살던 도동 앞에서 밤 열두 시 전차 지나가는 소리같이 웅장하고, 동지의 마누라는 쥐죽은 듯이 아무 소리 없이 누웠더니 별안간에 소리를 버럭 지르는 서슬에 강 동지가 잠결에 어찌 몹시 놀랐던지 마주 소리를 버럭 지르면서 벌떡 일어나더니 목침을 들고 머리맡 서창을 열어 젖히면서 도둑을 튀기는데, 도둑은 기척도 없고 적적한 밤에 밝은 달빛뿐이라.

강 동지는 깔깔 웃고 마누라는 꽁꽁 앓는다.

강 동지 "마누라, 어디가 아픈가? 아까 잠꼬대하였지?"

마누라 "에그, 무슨 꿈이 그렇게도 흉악하오. 초저녁부터 꿈자리가 뒤숭숭하더니 그 꿈은 다 잊었소. 나중에 꾸던 꿈은 깬 후에도 눈에 선한 것이 꿈 같지가 아니하구려. 김 승지의 마누라인가 무엇인가 그 몹쓸 년이 우리 길순이를 짝짝 찢어서 고추장 항아리에 툭 집어 떨어뜨리는 것을 내가 달려들어 빼앗으려 한즉 그년이 나까지 잡아서 그 항아리 속에 집어 넣었소그려. 내가 우리 길순이를 안고 항아리 속으로 들어가면서, 하느님 맙시사 소리를 지르면서 꿈을 깨었소. 여보 영감, 우리가 자식이라고는 길순이 하나뿐인데. 삼 년이 되도록 얼굴을 못 보고 지내니 우리가 사는 것이 무슨 재미로 사오. 내가 살기로 몇 해나 더 살겠소. 생전에 길순이나 한 번 보고 죽기가 원이니, 내일은 우리 둘이 서울 가서 길순이나 한 번 보고 옵시다."

본래 강 동지는 계집과 자식에게 범같이 사납던 사람이라, 그 마누라가 무슨 말을 하든지 강 동지가 대답이 없으면 감히 두 번 세 번 다그쳐 말을 못 하던 터이라.

그 때 강 동지가 아무 소리 없이 담배만 떨고 담으면서 가만히 앉았는데, 노파는 모로 드러누운 채 다시 아무 말 없이 훌쩍훌쩍 우는 소리가 난다.

강 동지 "여보게 마누라, 일어나서 술 한 잔 데워 주게. 날만 새거든 내가 서울 가서 길순이나 보고 오겠네."

노파 "영감 가시는데 나도 좀 같이 갑시다그려."

강 동지 "압다 그리하게. 마누라를 쌍가마는 못 태워 주더라도 제 발로 걸어가서 딸자식 본다는 것도 못 하게 하겠소."

노파가 그 말을 듣고 신이 나서 벌떡 일어나더니 일변 막걸리를 거르며 일변 행장을 차리는데, 그 행장은 별것이 아니라, 새 옷 한 벌 꺼내 입고 지팡이 하나 짚고 강 동지 꽁무니에 노자 몇 냥 찰 뿐이라.

날이 밝으매 이웃집 늙은 할미더러 집을 좀 보아 달라 하니, 그 할미는 남의 집에 가서 밥이나 얻어먹고 집이나 보아 줄 일이 있으면 살 수나 난 듯이 알고 다니는 사람이라. 강 동지 내외가 그 할미에게 집을 맡기고 그 딸 길순을 보러 서울로 올라가더라. 강 동지의 마누라가 열 발가락이 낱낱이 부르터서 한 발짝을 떼어 놓으려면 눈물이 쑥쑥 빠지나, 하루바삐 길순을 볼 욕심으로 아픈 것을 주리 참듯 참으면서 떠난 지 이틀 만에 서울을 대어 들어가니, 우선 남산만 보아도 그 딸을 보는 듯이 기쁘고 반가운 마음이 난다.

해는 길마재에 뉘엿뉘엿 넘어가는데, 강 동지 내외가 남대문에서부터 도동을 묻는다. 강 동지의 마누라가 몇 달 전에 받아 본 편지런지 춘천집의 편지 겉봉 한 장을 허리춤에서 집어 내더니 강 동지를 주면서 여기 쓰인 대로만 집을 찾으라 하니, 강 동지가 편지 겉봉을 받아들고 도동을 찾아가서 관왕묘 앞에서 오르락내리락하며 춘천집을 찾는데, 관왕묘 동편 담 모퉁이로 지나가는 사람이 웬 집을 가리키며 이 집이 그 집이라 하는 소리를 듣고 강 동지 내외의 눈동자가 모들뜨기같이 일시에 흘긋 돌아다본다.

나지막한 기와집에 하얀 막새*를 꼭꼭 끼웠는데, 춘천집 모친의 마

---

* 막새 처마 끝에 나오는 보통의 암키와.

음에는 길순이 분을 바르고 내다보는 듯이 반갑더라.

반쯤 지친 평대문으로 강 동지의 마누라가 서슴지 아니하고 쑥 들어가면서 강 동지를 돌아다보며 하는 말이,

"영감, 왜 거기서 머뭇머뭇하시오? 딸의 집도 처음 오니 서먹서먹하신가 보구려?"

강 동지 "서먹서먹할 것이야 무엇 있나? 마누라가 어서 앞서 들어가게."

강 동지는 뒤에 서고 동지의 마누라는 앞서서 들어간다. 강 동지는 헛기침을 하며 들어가고, 동지의 마누라는 딸의 얼굴을 보기도 전에 입이 떡 벌어져 마당에서부터 딸을 부른다. 전 같으면 길순아 불렀을 터이나, 앞뒤 면을 보아서 별다르게 부르더라.

노파 "아가, 반가운 사람 왔다. 문 좀 열고 내다보아라. 너를 보러 오느라고 열 발가락에 꽈리가 열렸다. 에그, 다리야."
하면서 마루 끝에 털썩 걸터앉는다.

안방 지게문이 펄쩍 열리면서 칠팔월 외꽃 부러지듯 꼬부라진 할미가 문고리를 붙들고 언문의 기역자같이 서서 파뿌리같이 하얗게 센 대강이로 체머리를 설설 흔들며 누가 무엇을 집으러 들어온 듯이 소리를 지른다.

"웬 사람이 남의 집에 들어와서 늘쩡을 붙이고 앉았어. 이 집 주인이 없다 하니 아주 사람 하나도 없이 비었을 줄 안 것이로구나. 나는 이 집 보러 온 사람이야, 어서들 나가."
하면서 남은 무엇이라 말하든지 들어 볼 생각도 아니 하고 제 말만 한다.

강 동지가 마누라더러 하는 말이,

"그 늙은이 귀가 절벽일세. 저 송장이 다 된 늙은이더러 집을 보라 하고 길순이는 나들이를 갔나 봐."

그렇게 꼬부라지게 늙은 할미가 귀는 어찌 그리 밝던지, 강 동지의 하던 말을 낱낱이 알아듣고 소리를 지르면서 마루로 나오는데 기역자가 걸어나온다.

"이 망할 놈, 네가 웬 놈이냐. 그래, 너 보기에 내가 송장이냐?"
하면서 강 동지를 때리려고 지팡이를 찾는다.

강 동지의 마누라가 부르튼 발을 제겨 디디고 일어서서 꼬부랑할미를 붙들고 빌며 말리는데 별 소리를 다 한다.

"여보, 그만 좀 참으시오. 우리 영감이 잘못하였소. 이 집 주인이 어디 갔소. 나는 이 집 주인의 어미 되는 사람이오."

꼬부랑할미 "응, 그저께 저녁에 도망한 춘천마마의 어머니로구. 이 집에는 주인 없소. 나는 순돌 어머니의 부탁 듣고 집 보아 주러 왔소. 그래, 춘천마마 같은 딸이나 두었기에 사람을 그렇게 업신여기지. 여기는 이녁 딸 없소. 딸 보러 왔거든 딸 있는 곳으로 가오."

그 소리 한 마디에 강 동지의 마누라가 어떻게 낙심이 되었던지 푹 주저앉으면서 눈물이 쏟아진다.

"여보, 그것이 웬 말이오. 내 딸이 참 달아났단 말이오? 여보 할머니, 노염을 풀고 제발 덕분에 말 좀 하여 주오. 우리 영감이 말 한 마디 잘못한 죄로 내가 거적을 깔고 대죄라도 할 것이니 내 딸의 일만 말 좀 하여 주시오. 에그, 그저께 밤에 그 몹쓸 꿈이 맞지나 아니할까. 내 딸이 어디로 갔단 말인고, 애고 답답하여라. 어서 좀 알았으면……."
하면서 두 다리를 뻗고 앉아서 목소리를 크게 내지 아니하고 흑흑 느끼며 우는데, 꼬부랑할미가 강 동지 마누라의 하는 모양을 보더니 아까 날뛰던 마음이 어디로 갔던지, 동지의 마누라를 마주 붙들고 비죽비죽 울며 방으로 들어가자고 지성으로 권하다가, 또 강 동지를 보고 방으로 들어가자고 권한다.

강 동지는 아무 소리 없이 마루 끝에 걸터앉아서 섬돌 위에 담뱃대를 톡톡 털더니 벌떡 일어나서 꼬부랑할미 앞으로 오면서 그 마누라더러 하는 말이,

"울면 쓸데 있나. 방에 들어가서 말이나 좀 자세 듣세."

강 동지 내외가 꼬부랑할미를 따라서 방으로 들어가니, 방도 춘천집 있던 방이요 세간 그릇도 춘천집 쓰던 세간 그릇이라. 아랫목 횃대 끝에 춘천집 입던 치마와 머리때 묻은 자리저고리가 걸렸는데, 그 옆에는 어린아이 쓰던 헌 굴레가 걸렸더라.

강 동지는 굳센 마음이라, 그것을 보고 태연한 마음이나, 동지의 마누라는 그 치마저고리와 굴레를 보다가 눈물이 가려서 보이던 것이 아니 보인다. 강 동지 내외가 말을 묻기도 전에 꼬부랑할미가 춘천집의 이야기를 하는데, 하던 말을 다시 하고 묻지도 아니하는 일도 가지각색으로 말한다. 할미는 천진의 할미라, 제가 듣고 본 대로만 말을 하니, 그 할미의 귀에는 제일 점순의 말이 많이 들어간 귀라, 점순의 넋이 와서 넋두리를 하더라도 그보다 더할 수가 없더라.

강 동지의 마누라가 할미의 말을 들을수록 그 딸이 그른 사람이라. 제 자식일지라도 미운 마음이 생긴다. 입으로 발설은 아니 하나 심중으로만 혼자말이라.

'새침데기는 골로 빠진다더니 옛말 하나 그른 것 없구나. 제 자식의 흉을 모른다더니 나를 두고 이른 말인가. 내 마음에는 우리 길순이같이 얌전하고 옳은 사람은 없는 줄로 알았더니, 그렇게 고약한 줄 누가 알아. 기생도 아니요 덥추*도 아닌 것이 웬 행창질을 그리 몹시 하여. 내 속으로 낳은 것이 누구를 닮아서 그리 음란한고. 김 승지의 발끝만 돌아서면 어떤 놈을 끼고 있었다 하니, 그런 고약한 년이 어

---

* 덥추 기생의 총칭.

디 또 있어. 에그, 그년 달아나기를 잘하였지. 만일 그렇게 고약한 일이 내 눈에 띄었던들 내 손으로 길순이란 년을 쳐죽여 없앴을 터이야. 그러한 더러운 년을 자식이라고 세상에 살려 두었다가 집이나 망하여 놓게.'

그러한 생각이 나기 시작하더니 눈물은 간 곳 없고 열이 버썩 나서 어디든지 그 딸의 있는 곳만 알면 쫓아가서 분풀이를 하고 싶은 마음뿐이라.

증자* 같은 성인 아들을 둔 증자 어머니도 그 아들이 살인하였다 하는 말을 곧이듣고 베를 짜던 북을 던지고 나간 일도 있었거든, 춘천집이 서방에 미쳐서 지랄 발광이 나서 도망하였다 하는 소문은 도동 바닥에 쩍 벌어졌다 하는 말을 춘천집의 어머니까지 퍽 곧이듣더라.

강 동지는 꼬부랑할미의 말을 듣다가 한편으로 딴생각을 하고 있더라. 이번에 서울 가면 김 승지의 덕을 착실히 볼 줄 알았더니 여간 낭패가 아니요, 이 집에서는 잘 염치도 없는 터이라 보행 객줏집으로 나가려는데 노자 쓰던 돈은 백동전 서 푼만 남은 터이라 그것도 걱정이요, 내일은 식전에 일찍 떠나서 빌어먹으면서라도 춘천으로 갈 터인데 마누라가 발병이 나서 걱정이라.

강 동지가 제풀에 화가 나서 지성으로 이야기하고 앉았는 꼬부랑할미가 미워 보인다. 듣기 싫다고 핀잔을 주고 싶으나 감히 핀잔은 못 주고 참고 앉았더라. 강 동지가 꼬부랑할미를 흘금흘금 건너다보며 약이 잔뜩 오른 독한 잎담배를 붙여 물고 연기를 한 입 잔뜩잔뜩 물어 훅훅 내뿜는데, 그 연기가 꼬부랑할미의 얼굴을 뒤집어씌우니, 할미가 말을 하다가 기침을 칵칵 하는데, 강 동지는 모르는 체하고 연기만 뿜는다. 늙은이 기침이라, 한 번 시작하더니 그칠 줄을 모르고 당장 숨을 모는

---

* 증자(曾子) 중국 춘추 시대 노나라의 사상가.

듯한데, 마침 대문 소리가 찌꺽 나더니 안마당에서 웬 젊은 계집의 목소리가 난다.

"황토 묻은 미투리는 웬 미투리며 짚신은 웬 짚신인가? 누가 꾀돌 할머니 찾아왔군. 그러나 꾀돌 할머니, 웬 기침을 그렇게 몹시 하시오?"

하면서 마루 위로 올라오더니 방문을 펄쩍 열고 서서 하는 말이,

"에그, 깜짝 하여라. 이 때까지 불도 아니 켰네. 에그, 이 연기 보게. 곰 잡겠네."

하면서 방으로 들어오더니, 허리춤에서 당성냥을 내어 드윽 그어서 번쩍 들고 강 동지 내외의 얼굴을 한참 보다가, '에그 뜨거워.' 하며 불을 툭 내던지더니 다시 성냥을 그어서 석유등에 불을 켜다가 마침 대문 여는 소리가 나는 것을 듣더니 등피*도 끼우지 아니하고 살짝 나간다.

마당에서 신 소리가 나더니, 마루 끝에서는 젊은 계집의 소리가 나는데,

"최 서방이오?……"

최 서방 "응, 방에 누가 왔나?"

젊은 계집 "웬 시골 사람이 와서, 꾀돌 할머니 찾아온 사람인가 보오."

최 서방 "들어가도 관계치 아니하겠나?"

젊은 계집 "들어오시오, 관계치 않으오. 꾀돌 할머니 찾아온 손님은 꾀돌 할머니더러 데리고 가라지……. 그러나 거기 좀 있소. 말 좀 물어 봅시다."

하더니 어찌 몹시 수군거리는지 한 마디도 들리지 아니한다.

그 때 꼬부랑할미는 오장을 토할 듯이 욕지기를 하며 기침을 하느라

---

* 등피(燈皮) 남포에 불이 꺼지지 않도록 끼우는 유리로 만든 꺼펑이.

고 귀에 무슨 소리든지 들리지 아니하는 모양이라.

강 동지가 마누라를 꾹 찌르며 가만히 하는 말이,

"의심나는 일이 있네. 마누라는 꽉 다물고 있게."

마누라가 그 말대답을 하려고 강 동지를 돌아다보니 강 동지가 손짓을 하며 등피를 집어 끼우더라.

마당에서 수군거리던 소리가 점점 가늘어지는데 한참 동안은 사람의 기척도 없는 것 같더니 다시 젊은 계집이 예삿말로 하는 목소리가 들린다.

젊은 계집 "그만 방으로 들어갑시다."
하더니 젊은 계집이 앞에 서고 어떠한 남자가 뒤에 서서 들어온다.

키는 크도 작도 아니하고 몸집 퉁퉁하고, 어깨 떡 벌어지고 눈이 두리두리하고 구레나룻 수선스럽게 난 모양이 아무가 보든지 만만히 볼 수는 없게 생긴 자라. 썩 들어서면서 방에 앉은 사람을 휘휘 둘러보더니 제 방에 들어오는 사람같이 서슴지 아니하고 아랫목으로 떡 뻐기고 들어온다.

그 아랫목에는 강 동지가 앉았던 터이라 강 동지가 슬쩍 비켜 앉으며 그 마누라의 옆을 꾹 지르며 쑥 미니 마누라가 동지를 흘끗 돌아다보며 윗목 편으로 다가앉더라. 본래 강 동지가 그 젊은 계집의 얼굴을 알아보는 터이라.

그러면 그 젊은 계집도 강 동지를 알아볼 듯하건마는 어찌하여 못 알아보았던지. 강 동지가 삼 년 전에 그 딸 춘천집을 데리고 서울로 왔을 때에 김 승지의 마누라가 기를 버럭버럭 쓰며 전동 바닥이 떠나가도록 야단을 치는 서슬에, 강 동지가 춘천집을 데리고 계동 박 참봉 집에 가서 춘천집을 살인 죄인 숨겨 놓듯 하고 있을 때에 춘천집을 찾으러 와서 살살 돌아다니면서 이 방문, 저 방문 열어 보던 점순이를 강 동지가 무심히 보았을 리가 없는지라.

그러나 점순은 춘천집을 찾는 데만 정신이 골몰할 뿐이라, 박 참봉 집 사랑에 어떠한 손님이 있었던지 몇 해를 두고 잊어버리지 않도록 자세 보았을 까닭이 없었더라. 그 때 꼬부랑할미는 기침을 겨우 그쳤으나 기운이 탈진하여 내친 걸음에 저승길로 가려는지 금방 죽으려는 사람같이 숨을 모으고 있더라.

점순이가 강 동지의 마누라를 보며 말을 묻는데, 강 동지가 옆에 앉아서 그 마누라를 꾹꾹 찌르니, 그 마누라는 아까 부탁 들은 말이 있는 고로 대답할 수도 없고 아니 할 수도 없어서 강 동지만 흘금흘금 돌아다보니 점순이가 하는 말이, 그 늙은이 귀먹었구 하더니 다시 강 동지더러 말을 물으니, 강 동지는 얼빠진 사람같이 앉았다가 숙맥같이 대답을 한다.

강 동지가 가평 잣두니 사는 김 첨지라 하면서 말 묻던 사람이 화증낼 만치 못생긴 체를 하는데, 강 동지의 마누라가 그 눈치를 알고 귀먹은 체하고 입을 다물고 있더라. 방 안에 사람이 다섯이 있는데 늙은이가 셋이요 젊은 것이 둘이라.

하늘이 무심치 아니하여 춘천집의 귀신이 강 동지 내외를 불러 대고 염라 대왕이 점순과 구레나룻 난 자의 넋을 깨고 최 판관이 꼬부랑할미 입을 틀어막고 잡아가는지 그 방에는 이상한 일이 많이 생겼더라. 꼬부랑할미는 그 밤을 넘기기가 어려운 모양이요, 강 동지는 천연한 숙맥 노릇을 하는데, 젊은 것들이 기탄없이 말을 한다.

점순 "에그, 꾀돌 할머니가 죽겠네. 꾀돌네 집에 가서 알려야 하겠구."

구레나룻 "응, 부질없지. 그저께 저녁에 궐녀를 데리고 갈 때에 내 얼굴 본 사람이 많은걸…… 그렇게 죽게 된 노파를 데려가느라고 사람들이 들락날락하면 부질없어…… 이 방에서 늙은이 셋이 자게 하고 우리는 전과 같이 행랑방에 불이나 조금 때고 자세. 나는 밝기 전에 가겠네."

점순 "누가 보기로 어떨 것 무엇 있나……. 이제야 무엇을 그렇게 꺼려……."

구레나룻 "그래도 그렇지 않아. 우리가 황해도 가거든 기를 펴고 사세. 그러나 그 일은 다 잘 되었나?"

점순 "그럼, 범연히 할라구."

구레나룻 "그 때 말하던 대로……."

점순 "그보다 더 잘 되었으면 어찌 할 터이오. 내가 욕심 내는 것은 우리 마님이 아끼는 것이 없어."

구레나룻 "그러면 이제는 남의 종 아니로군."

점순 "그럼. 어제 속량문서 하였는데……. 그러나 최 서방, 어젯밤에 왜 아니 왔어, 늦도록 기다렸는데."

구레나룻 "어젯밤에는 거기 가서 더 잘 덮느라고 못 왔어."

점순 "에그, 다심도 하지. 그냥 내버려 두면 어때서……."

구레나룻 "그래도 그렇지 않지."

하면서 조끼에서 무엇을 꺼내더니 점순의 앞에 툭 던지며,

'이것 잘 집어 두게.' 하는데, 무엇인지 백지에 싼 것인데 쇳소리가 저르렁 나는지라 점순이가 집어서 펴 보려 하니 구레나룻 난 자가 고갯짓하며 펴 볼 것 없이 잘 두라 하니, 점순이가 상긋상긋 웃으면서 어디 무엇을 가지고 그리하누 하면서 슬쩍 펴니 비녀와 가락지라.

점순이가 들고 보다가 톡 집어던지며,

"에그, 흉하여라. 그까짓 것은 왜 가져왔어. 나는 그까짓 것 아니라도 비녀, 가락지 있어."

구레나룻 "에그, 유난스러워라. 그만두게. 내일 팔아서 내가 술이나 먹겠네."

하더니 다시 집어서 조끼에 넣더라.

그 때 강 동지는 꾸벅꾸벅 조는 시늉도 하고 이를 홈척홈척 잡아죽이

는 시늉도 하면서 저 볼 것은 다 보고 저 들을 것은 다 듣고 앉았는데, 구레나룻 난 자의 성이 최가인 줄도 알고, 점순과 최가가 둘이 부동하여 춘천집을 죽여 없앤 눈치까지 대강 알았으나 분명한 일은 알지 못하여 답답증이 더욱 심할 지경이라.

졸음을 참지 못하는 모양으로 윗목에 가서 툭 쓰러져 자는 시늉을 하니, 강 동지의 마누라는 원숭이 입내 내듯이 강 동지 옆에 가서 마주 쓰러져 자는 시늉을 한다.

꼬부랑할미는 죽었는지 살았는지, 잠이 들었는지 기진을 하였는지, 앓는 소리도 없이 꼬부리고 드러누웠더라.

점순이 마루로 나가더니 술병 하나, 주전자 하나, 찬합 하나를 가져다 놓고 다 꺼져 가는 화롯불을 요리조리 모으는데, 최가가 술을 보고 찬 술을 두 번 세 번 거푸 따라 먹더니 입맛이 바싹 당기는지, 좀 잘 먹을 작정으로 더운 안주를 찾으니 점순이가 새로이 마루로 나가서 숯불을 피우고 더운 안주를 만들다가 행랑 부엌에 장작을 지피느라고 얼른 들어오지 아니하니 최가가 그 동안을 못 참아서 점순에게 재촉한다.

최 서방 "순돌 어머니, 어디 가서 무엇을 하고 있어? 어서 들어와. 내가 빈 방 지키러 왔나. 아니 들어올 터이면 나는 갈 터이야. 무슨 재미로 혼자 앉았어."

점순 "에그, 성품도 급하기도 하지. 행랑방에 불 좀 지피고 곧 들어갈 터이니 잠깐만 참으시오."

최 서방 "불은 지펴 무엇 하게. 요새 불 아니 때기로 못 잘라구."

점순 "나무 두고 냉방에서 잘 맛 있나. 잠깐만 참구려."

최 서방 "참기도 많이 참았구먼……. 어서 들어와서 술이나 먹세."

점순 "저렇게 먹고 싶거든 어젯밤에 올 일이지. 인제 불 다 때었소." 하더니 마루에서 또 지체를 한다.

최 서방 "불을 다 때었으면 들어올 것이지, 마루에서 또 무엇을 하고 있어. 마루에까지 불을 때나."

점순 "그 동안을 못 참아서 죽겠나베. 자, 인제 들어가오."

하면서 방문을 열고 김이 무럭무럭 나는 냄비를 소반에 받쳐 들고 들어
오더니, 최가의 앞에 바싹 들여 놓으면서 최가의 얼굴을 쳐다보며 눈웃
음을 어찌 기이하게 웃었던지, 최가의 마음에 인간 행락이 나쁜인 듯싶
은가 보더라. 최가가 홍김에 점순에게 술을 권한다.

최 서방 "한 잔 먹게."

점순 "에그, 망측하여라. 내가 언제 술 먹습더니까?"

최 서방 "압다, 이렇게 얌전한 체를 하나. 두말 말고 한 잔 먹게. 먹고
죽으면 내가 송장 쳐 주지."

점순 "송장 치기에 솜씨 났군……."

하면서 쌍긋 웃고 술잔을 받더라. 점순이가 본래 서너 잔 술은 먹던 터
이라, 그 날은 별다른 날인지 최가의 권김에 예닐곱 잔을 받아 먹고 얼
굴에 연지를 뒤집어씌운 듯이 새빨개지더니 옹송망송하며* 최가의 만
수받이를 하는데, 홍모란 한 포기가 춘풍에 흩날려서 너울 너푼 노는
것 같더라.

아랫목에는 젊은 것들 세상이라, 팔칸용 뗏장 밑에서 전후 점박이 비
둘기 한 쌍 노는 듯하고, 윗목에는 늙은이 모듬이라, 어물전 좌판 위에
바싹 마른 새우 세 마리를 늘어놓은 것같이 꼬부리고 누웠더라.

아랫목에는 흥취가 무한하고 윗목에는 정경이 가련하다. 원래 몹시
꼬부라진 꼬부랑할미는 저승 문턱을 거진 다 넘어가게 된 사람이라 사
람 수에 칠 것도 없거니와, 강 동지 내외는 여간 젊은 것들보다 존장 할
아비 치게 근력 좋은 사람이라, 흉중을 떠느라고 꼬부리고 헛잠을 자는
데, 먼 길에 삐쳐 와서 저녁밥도 굶고 음식 냄새만 맡고 누웠으나 길에

---

* **옹송망송하다** 정신이 흐려 무슨 생각이 나다가 말다가 하다.

삐쳐 곤한 생각은 조금도 없고, 저녁 굶어 배고픈 생각도 전혀 없이 가슴을 에는 듯하고 오장이 녹는 듯한 그 마음이야 누가 알리오.

점순과 최가는 이 밤이 짧은 것이 걱정이요, 강 동지 내외는 이 밤이 길어서 걱정이라.

최가가 술을 먹다가 번열증이 나던지 두루마기와 조끼를 벗어 붙이고 술만 부어라 부어라 하며 퍼붓던 차에, 점순이가 어린 속에 점잖은 물건이 들어가더니 개잡년의 소리를 함부로 하다가 별안간에 방 안이 핑핑 도는 것 같고 정신이 아뜩하여 최가의 무릎에 얼굴을 폭 수그려 엎드리더니 홍몽 천지가 되었더라.

최가는 혀꼬부라진 말소리로 점순이를 부르며 맥이 풀어진 팔로 점순이를 일키며 행랑으로 나가자 말자 하더니 그대로 쓰러져서 한데 엉클어지며 호리건곤*이 되었더라.

강 동지가 고개를 들어서 기웃기웃 보다가 벌떡 일어나더니 마누라를 꾹꾹 찌르니 마누라가 마저 일어 앉아서 어찌하라는 말인지 몰라서 강 동지만 쳐다보고 있는데, 강 동지는 아무 소리 없이 아랫목으로 슬며시 가더니 최가의 벗어 놓은 조끼를 집어다가 뒤적뒤적 하더니 백지에 싸서 끼운 비녀, 가락지를 빼서 제 행전* 놀에 끼우고 슬며시 일어나서 문을 열고 나가면서 마누라에게 손짓을 하니 마누라가 따라나가더라. 대문 밖에 썩 나서니 하늘에는 달빛이요, 남산에는 솔 그림자요, 인간에는 닭 우는 소리뿐이라.

강 동지가 그 마누라를 데리고 남산 소나무 밑에 가서 한참 수군수군 하더니 그 길로 계동 박 참봉 집에 가서 대문을 두드리며 소리를 지른다. 박 참봉이 자다가 일어나서 맨발에 신을 신고 나오더니 왼손으로 바지 고의춤을 움켜잡고 오른손으로 대문 빗장을 빼고 문을 열더니, 눈

---

* 호리건곤(壺裏乾坤) 항상 술에 취하여 있음을 가리키는 말.
* 행전(行纏) 바지를 입을 때 정강이에 꿰어 무릎 아래에 대는 물건.

을 비비고 내다보며 웬 사람이야 묻다가 강 동지의 목소리를 듣고 깜짝 놀라 반겨하며 사랑으로 불러들이면서, 강 동지 마누라는 안방으로 데리고 들어가려 하니, 강 동지의 마누라가 할 말이 있다 하면서 안방으로 아니 들어가고 동지를 따라서 사랑으로 들어간다.

박 참봉이 몇 달 전에 춘천집을 가 보았던지 근래는 자세한 소문도 못 듣고 있는 터이라. 강 동지가 들어앉으며 인사 한 마디 한 후에 그 딸의 소식을 묻는다.

"요새 내 딸 잘 있답디까?"

박 참봉 "응, 잘 있지."

강 동지 "요새 어디 있소?"

박 참봉 "도동 있지. 자네가 그 집 사 든 후에 못 가 보았던가?"

강 동지 "요새는 김 승지 댁 마님인가 무엇인가 극성을 얼마나 부리오?"

박 참봉 "그것 참 별일이야. 그렇게 대단하던 투기가 다시는 투기한다는 소문이 없고 지금은 자네 따님에게 썩 잘 군다데……."

강 동지 "어 그것 참 별일이오그려."

박 참봉 "내가 작년 겨울에 지나는 길에 자네 따님을 잠깐 들어가 보았네. 그 때 본즉 썩 잘 지내는 모양일세. 침모도 두고 종도 부리고 세간도 갖고 있는 모양이데."

강 동지 "종은 샀답더니까?"

박 참봉 "아니, 김 승지 댁 마님이 부리던 종을 주었대. 자네가 이번에는 서울 왔다가 재미 보겠네. 딸도 만나 보려니와 외손자의 얼굴은 처음 보지? 참 잘생겼지. 흡사한 외탁이야."

입을 꽉 다물고 천연히 앉았던 강 동지의 마누라가 그 소리 듣고 목이 메서 울며 가슴을 쾅쾅 두드리다가 폭 고꾸라지는데, 강 동지의 눈이 실쭉하여지며 박 참봉을 흘겨보더니 주먹으로 방바닥을 치며 소리를 지른다.

"이 주먹 아래 몇 년 몇 놈이 뒤어질지 모르겠구. 박 참봉부터 당장 더운 죽음을 아니 하려거든 어름어름하지 말고 바른 대로 말하오."

그 서슬에 박 참봉이 간이 콩만 하여지고 눈은 놀란 토끼눈같이 둥그레지며 웬일인지도 모르고 벌벌 떨며 곡절을 묻는다. 본래 강 동지가 목소리는 갈범 같고 눈은 봉의 눈 같고 키는 누가 보든지 쳐다보게 큰 키라, 나이 오십이나 되었으나 춘천 바닥에서 씨름판에 판막는 사람은 강 동지라. 박 참봉이 강 동지의 기에 눌려서 아무 죄 없이 생겁이 나서 이마에서 식은땀이 똑똑 떨어지며, 강 동지의 비위를 맞추려 하는 모양이 가관이러라.

"여보게 영감, 이것이 웬일인가. 내야 강 동지와 무슨 일 상관 있을 까닭이 있나. 필경 김 승지 집과 무슨 상관된 일이나 있으면 있었지. 그러나 말이나 좀 자세 들어 보세. 무슨 일 있나?"

하면서 애를 쓰고 있는데, 그 옆에 앉았던 강 동지 마누라는 강 동지가 방바닥 치는 소리를 듣고 더욱 기가 막혀서 가슴을 쥐어뜯고 울다가 밤 중에 남의 집에서 울음소리 크게 내기가 불안한 마음이 있던지, 소리는 크게 내지 아니하나 부디 저 죽을 듯이 날뛰는 모양은 차마 볼 수가 없더라.

강 동지 "여보 마누라, 울지 말게, 듣기 싫어. 울어서 무슨 일이 된다고. 내가 사흘 안으로 내 딸의 원수를 다 갚을 터이니 그 원수 갚은 후에 집에 가서 실컷 울게. 만일 그 전에 내 앞에서 쪽쪽 울다가는 횃 김에 자네 먼저 맞아 죽으리."

강 동지가 본래 말은 무지하고 상스럽게 하나, 말이 뚝 떨어지면 집 안 사람이 설설 기는 터이라. 강 동지의 마누라가 그 남편의 말이 무섭 기도 하고 일변으로 원수를 갚는다 하는 말에 귀가 번쩍 뜨여서 벌떡 일어 앉으며,

"여보 영감, 내 딸 길순이가 어느 구석에서 원통한 죽음을 하였는지 우리가 그 원수를 갚고 길순의 송장만 찾았으면 나는 그 날 그 시에 죽어도 한이 없겠소. 여보 박 참봉 나리, 내 말 좀 들어 보시오. 내 딸이 원통한 죽음을 하였소그려. 내 자식이라고 추어 하는 말이 아니라, 춘천 솔개 동네서 자라날 때에 밉게 보는 사람은 하나도 없었더니, 그것이 서울 와서 남의 손에 몹시 죽을 줄 누가 알았소. 내가 열 발가락이 툭툭 터지게 부르튼 발을 제겨 디디어 가며 산을 넘고 물을 건너 한양성에 다다를 때에 누에 대강이 같은 남산 봉우리를 보고 그 산을 끌어안을 듯이 사랑스러운 마음이 나는 것은 내 딸이 그 산 밑에서 산다는 말을 들은 곡절이라. 그 산 밑을 돌아가면 내 딸의 손을 잡고 반겨하며 내 딸의 속에서 나온 내 손자를 안아 보고 얼러 볼 줄 알았더니, 내 딸의 집을 가서 보니 내 딸은 간 곳 없고 내 딸 죽인 원수만 앉았소그려. 애고, 이를 어찌하나."

하면서 가슴을 두드리는데 강 동지는 아무 소리 없이 앉아서 눈방울만 갔다 왔다 하다가, 마누라의 그 말끝에 응 소리를 지르며 주먹으로 방바닥을 또 한 번 어찌 몹시 쳤던지 방고래 한 장이 쑥 빠지며 고래 속의 먼지가 방 안이 자욱하도록 올라온다.

박 참봉이 소스라쳐 놀라 애매한 두꺼비 돌에 치여 죽나 보다 싶은 마음이 나서 벌벌 떨고 앉았더라.

별안간 사랑문이 왈칵 열리더니 여편네 하나가 뛰어들어오며, 이것이 웬일이오 소리를 지르는데, 나이 사십이 될락 말락 하고 얼굴은 벌레 먹은 삼잎같이 앙상하게 생겼는데, 어찌 보면 남에게 인정도 있어 보이고, 어찌 보면 고생 주머니로 생겼다 할 만도 한 사람이라. 너른 속곳에 치마 하나만 두르고 때가 닥지닥지 앉은 까막발에 버선도 아니 신고 불고염치하고 방 한가운데로 들어온다.

새벽녘 찬바람이 방고래 빠진 곳으로 들이치더니 가난이 똑똑 듣는 등피 없는 석유 등불이 툭 꺼졌더라.

박 참봉이 어두운 방에서 성냥을 찾으려고 더듬더듬하다가 얼른 찾지 못하고 윗목으로 성냥을 찾으러 나가든지 윗목으로 향하여 가다가 창황 중에 정신 없이 구들 빠진 곳을 헛디디어 빠지면서 에크 소리를 하는데, 문 열고 뛰어들어오던 여편네가 박 참봉의 에크 소리를 듣고 박 참봉을 누가 쳐죽이는 줄로 알았던지, 사람 살리오 소리를 지르니, 그 소리 지르는 사람은 박 참봉의 부인이라.

그 부인이 사랑에서 웬 계집의 울음소리 나는 것을 듣고 자다가 뛰어나와서 사랑문 밖에서 가만히 듣다가 강 동지가 방바닥을 쳐서 구들장 빠지는 소리를 듣고 그 남편이 맞아 죽는 듯싶어서 뛰어들어왔던 터이라.

강 동지 마음에 방 안이 소요한 것이 도리어 일에 방해가 될 듯하여 몸에 지녔던 성냥을 그어서 불을 켜며,

"박 참봉 나리, 놀라지 마시오. 박 참봉 나리는 그 일에 참섭 없을 줄 짐작하겠소. 그러나 내 딸이 처음에 서울로 들어오던 날 댁에 와서 있던 터이요, 도동 집도 박 참봉이 주선하여 샀다 하니, 박 참봉이 내 딸의 일을 전혀 모른다 할 수도 없습니다."

하는 말 한 마디에 박 참봉 내외가 일변으로 마음을 놓으나, 일변으로 조심이 어찌 되던지 강 동지 내외가 하자는 대로 들을 만치 되었더라.

본래 강 동지는 궁통*한 사람이라. 김 승지와 박 참봉은 춘천집 죽은 일에 참섭 없을 줄 알면서 박 참봉을 그렇게 몹시 혼을 떼어 놓은 것은 까닭이 있었더라.

강 동지가 일편 정신이 그 딸의 원수를 갚으려는 일에 골몰하나 돈 한 푼 없이 생소한 서울 와서 어찌할 수 없는 터이라. 그런 고로 박 참봉에게 짐을 잔뜩 지우려는 계교라. 박 참봉이 실심으로 강 동지를 위

---

* 궁통(窮通) 성질이 침착하고 진득하여 깊이 궁리를 잘함.

하여 일을 의논하고 강 동지 내외를 그 집 건넌방에 숨겨 두고, 그 이튿날 박 참봉이 김 승지 집에 가서 춘천집의 말은 내지도 아니하고 김 승지를 데리고 오더니 안 건넌방에서 박 참봉과 강 동지 내외가 김 승지를 어찌 몹시 을렀던지 김 승지가 죽을 지경이라.

그 중에 강 동지의 마누라는 춘천집의 비녀, 가락지를 내놓으면서 어젯밤에 점순과 최가의 하던 말과 하던 모양을 낱낱이 하는데, 목이 턱턱 메서 말도 잘 못 하는 모양을 보고 강 동지는 눈이 두리두리하고 얼굴이 시룩시룩하며 주먹에 힘을 보쩍보쩍 쓰고 앉았고, 김 승지는 본래 춘천집과 정이 들었던 사람이라, 춘천집이 몹시 죽었다 하는 말은 증거가 분명치 못하나 춘천집의 비녀, 가락지를 보니 춘천집을 보는 듯한 생각이 있는 중에, 강 동지 마누라의 하는 모양을 보고 김 승지가 마주 눈물을 떨어뜨린다. 강 동지 마누라의 마음에는 설운 사람은 나 하나뿐이거니 생각하나, 운우무산에 초양왕 꿈을 꾸고 수록산청에 당명황*의 근심하듯 마음 어린 김 승지가 정들고 그리던 계집이 원통히 죽었다는 말에 창자가 끊어지는 듯한 그 마음이 그 첩 장모보다 더하다 할 만도 하더라.

김 승지가 벼룻집을 좀 달라 하여 지폐 이백오십 원 찾을 표 하나를 써 가지고 염랑에서 성명 도장을 꺼내서 꾹 찍더니 박 참봉을 보며 스러 죽어 가는 목소리로,

"여보 박 참봉, 어렵소마는 심부름 하나 하여 주실 일 있소. 이 표를 가지고 종로 베전 일방 배 의관의 전에 가서 이 돈을 찾아다가 오십 원은 박 참봉이 쓰고 이백 원은 강 동지가 서울 있는 동안에 일용이나 하게 주시오."

박 참봉이 박복하기로는 계동 바닥에 첫째 가던 터이라, 집 안에 돈

---

* 당명황(唐明皇) 중국 당나라의 현종.

이 언제 들어와 보았던지 잊어버리게 되었는데 그 집 안에 백통 돈 두 푼은 몇 달 전부터 있었더라. 그 돈은 무슨 돈인고. 못 쓰는 사전*이라, 담배 가게로 몇 번 올라가고 반찬 가게로 몇 번을 나갔다가 퇴박을 만나 들어왔는지, 어디로 내보내든지 박 참봉 집 떠나기를 못 잊어서 빙빙 돌아 들어오던 사전 두 푼뿐이라. 별안간에 지폐 오십 원이 생기는 것을 보더니 박 참봉의 입이 떡 벌어져서 두 손을 쑥 내밀어 표지를 받으면서,

"심부름이 다 무엇이오니까. 이런 심부름은 날마다 시키셨으면 좋겠습니다. 그러나 강 동지는 돈을 주시려니와 나까지 웬 돈을 이렇게 많이 주십니까?"

김 승지 "박 참봉도 어려운 터에 강 동지 내외 와서 있으니 오죽 폐가 되겠소. 내 집으로 데리고 갔으면 좋을 터이나……."

하면서 새로이 감창한 마음이 나던지 눈물을 씻고 일어나며,

"여보게 강 동지, 나는 자네를 보고 할 말이 없네. 내가 지금은 몸도 괴롭고 심회도 좋지 못하니 집에 가서 좀 드러눕겠네. 무슨 할 말이 있거든 박 참봉에게만 말을 하게……. 여보, 박 참봉에게는 폐는 되지마는 강 동지 내외를 좀 편히 있게 하여 주오."

하며 나가는데, 처음에는 김 승지를 갈아 마실 듯이 폭백*을 풀풀 하던 강 동지의 마누라가, 김 승지의 슬퍼하는 기색과 다정한 모양을 보더니 폭백할 생각이 조금도 없고 도리어 눈물을 흘리면서 김 승지의 마음을 위로하여 말을 하는데, 강 동지는 김 승지가 들어와 앉을 때부터 나갈 때까지 아무 말 없이 앉았으니 그 속은 천 길이라 알 수가 없더라.

김 승지가 그 길로 자기 집으로 가더니 그런 판관 사령 같은 김 승지 깐에도 그 부인의 하는 모양이 사사이 의심이 나고, 이왕의 지낸 일도 낱낱이 괴상한 것을 깨달았더라.

＊ 사전(私錢) 사사로이 주조한 돈. 위조한 돈.
＊ 폭백(暴白) 사정을 드러내어 아룀.

그러나 그 부인에게는 무슨 말 들은 체도 아니 하고 의심하는 눈치도 뵈지 아니하고 있는데, 자나깨나 춘천집 모자의 일이 참 어찌 되었는지 알고 싶고 보고 싶고 불쌍하고 처량한 생각뿐이라.

그 날 밤에 사랑방에 혼자 앉아서 밤 열두 시 종을 치도록 잠을 아니 자고 담배만 박다가 혓바늘이 돋고 몸에 번열증이 나서 앉았다가 누웠다가 일어나서 거닐다가 다시 드러눕더니 잠이 어렴풋하게 들며 꿈을 꾸었더라.

문 밖에 신 소리가 자참자박 나더니 사랑문을 흔들며 문을 열어 달라 하는 것이 분명히 춘천집의 목소리라. 김 승지가 반겨 일어나서 문고리를 벗기려고 애를 무수히 쓰나 고리가 벗겨지지 아니하는지라, 춘천집이 문 열기를 기다리지 못하고 도동으로 도로 나간다 하며 마당으로 내려가는데 비로소 문고리가 덜컥 열리는지라, 김 승지가 쫓아나가며 방으로 들어오라 하니 춘천집이 어린아이를 안고 사랑방으로 들어오려고 돌쳐 서는데, 김 승지의 부인이 어디 있다가 튀어나오는지 치맛자락을 질질 끌고 쫓아오더니 방망이로 춘천집 모자의 대강이를 꽝꽝 때려서 마당에 선지피가 그득 쏟아지는 것을 보고, 김 승지가 꿈에도 그리 빙충맞던지 그 부인의 방망이 잡은 팔을 붙들고 하는 말이, 마누라 좀 참우, 이것이 무슨 해거요, 하며 석석 비는데, 그 부인이 기를 버럭 내며 하는 말이, 무슨 염치에 춘천집의 역성을 들고 있소, 하며 와락 뿌리치는 서슬에 방망이 끝이 김 승지의 아래턱을 쳐서 아랫니가 문청 다 빠지며 꿈을 깨었더라.

김 승지가 그런 꿈을 꾸고 더욱 심회 산란하여 그 밤에 다시 잠을 못 이루었더라.

그 이튿날 김 승지가 십전대보탕* 한 제를 지어 가지고 상노 아이 하

---

* 십전대보탕(十全大補湯) 원기를 돕는 보약의 하나.

나 데리고 문 밖 절로 약이나 먹으러 간다 하고 광주 봉은사*로 나가니 그것은 웬일인고. 사랑에 있으면 손이 찾아오고 안에 들어가면 마누라의 넉살피는 것이 보기 싫어서 며칠 동안 공기 좋은 절간에 가서 조용히 있으려는 일이라.

남문 밖에 썩 나가서 왼손편 성 밑 좁은 길로 돌아나가는데, 그 길은 공교히 도동 동네로 지나가는지라. 저기 보이는 저 집이 춘천집 있던 집이로구나 하는 그 생각이 문득 나며 다리가 무거워서 걸음이 걸리지 아니한다.

따뜻한 봄바람에 풀풀 날아드는 복사꽃은 소리 없이 떨어지는데, 호랑나비 한 마리는 장주*의 몽혼인지 허허연 날아들어 김 승지 앞으로 오락가락 한다. 김 승지 혼자말로,

"나비야 청산 가자, 호랑나비야 너도 가자, 구십 춘광 다 보내고 낙화 시절 되었으니 네 세월도 그만이라. 나도 이별을 슬퍼하여 단장천* 에 너를 좇아."

하던 말을 뚝 그치고 귀 뒤의 옥관자가 부끄러운 생각이 있었던지, 상노 아이가 들었을까 염려하여 뒤를 돌아다보니, 아이는 근심 없이 뒤떨어져서 꽃 꺾어 손에 쥐고 수양버들가지 위에 처음 우는 꾀꼬리를 때리려고 돌팔매질만 하고 섰더라.

김 승지가 그 아이를 물끄름 보며 혼자말로,

"사람은 저러한 때가 좋은 것이라. 저러한 아이들이야 무슨 걱정이 있을까."

하며 탄식하고 섰다가, 다시 아이를 불러 재촉하여 봉은사로 향하여 가니 그 절은 정선릉 산 속이라. 고목은 굼틀어지고 봄풀은 우거졌는데,

---

* 봉은사(奉恩寺) 서울특별시 강남구 수도산(옛 경기도 광주)에 있는 절.
* 장주(莊周) 중국 전국 시대의 사상가. 장자. 그가 꿈에 나비가 되었음.
* 단장천(斷腸天) 애가 끊어지는 하늘.

김 승지가 다리를 쉬려고 고목 밑에 앉았더니 웬 갈까마귀 한 마리가 날아와서 고목나무 휘어진 가지 위에 내려앉으며 깍깍 짖는 소리에 김 승지의 귀가 솟는 듯하더라.

본래 김 승지는 그 부인의 치마꼬리 옆에서 구기하는 것만 보고 여편네와 같이 구기하던 사람이라, 까마귀 소리를 듣고 무슨 흉한 일이나 생길 듯이 싫은 마음이 나서 까마귀를 쫓으려고 상노 아이를 부르더라.

"갑쇠야, 네가 아까 꾀꼬리 보고 팔매질하였지. 듣기 좋은 꾀꼬리 쫓지 말고, 듣기 싫은 까마귀나 좀 쫓으려무나."

장난을 하려면 신이 나서 팔팔 뛰는 갑쇠란 놈이 김 승지의 말이 뚝 떨어지면서 세상이나 만난 듯이 돌팔매질을 하는데, 날아가는 까마귀를 쳐다보고 소리를 지르며 펄펄 뛰어 쫓아가다가 두어 길이나 되는 사잇골에 뚝 떨어졌더라.

김 승지가 깜짝 놀라 한 걸음에 뛰어와서 갑쇠 떨어지던 구렁텅이를 들여다보니 사태 내린 깊은 골이라. 갑쇠가 내리굴러 떨어져서 인절미에 팥고물 묻힌 듯이 전신에 황토칠을 벌겋게 하고 툭툭 털고 일어나는데 그 밑에는 무엇인지 나뭇가지를 척척 덮어 놓았는데, 그 나뭇가지 틈에서 파리떼가 일어난다.

갑쇠 "어! 이 파리떼 보게. 웬 파리가 이리 많아. 그 밑에 무엇이 있게 파리가 이렇게 모여드나. 이 경칠 놈의 것, 내가 좀 헤치고 보리라."
하더니 나뭇가지를 이리저리 치워 놓다가, 갑쇠가 그 나뭇가지 하나를 번쩍 들며, 에그머니 저것이 무엇이냐, 소리를 지르고 뒤로 물러서는데, 그 위에서 내려다보던 김 승지의 눈이 뚱그레지며 가슴이 덜컥 내려앉는다.

그 구렁텅이는 춘천집 모자가 칼을 맞고 죽은 송장을 집어 넣은 구렁텅이라. 춘천집이 죽어도 썩지 못할 원이 맺혀 그러하던지 죽은 지 나흘이나 되었으나 얼굴을 보면 지금 죽은 송장 같더라. 춘천집이 목에도

칼을 맞고 가슴에도 칼을 맞고 배에도 칼을 맞았는데 거북은 세 살 먹은 어린아이라, 연한 뼈 연한 살을 비수 같은 칼로 어떻게 몹시 내리쳤던지 머리 위에서부터 가슴까지 대 쪼개지듯 짜개진 어린 송장이 춘천집 가슴 위에 엎혔더라. 그렇게 참혹한 송장은 누가 보든지 소름이 끼치지 아니할 사람이 없을 터이라. 하물며 김 승지의 눈으로 그 경상을 보고 그 마음이 어떻다 형용하여 말하리오. 김 승지가 그 구렁텅이로 내려가서 춘천집 모자의 송장을 붙들고 울다가 갑쇠를 데리고 다시 나뭇가지를 집어서 그 송장을 덮어 놓고, 그 길로 봉은사로 들어가서 편지 한 장을 쓰더니 계동 박 참봉 집으로 급주*를 띄우더라.

행전 놀에 편지를 접어 지르고, 저고리 고름에 갓모 차고 철대 부러진 제량갓*을 등에 짊어진 듯이 젖혀 쓰고, 이마에 석양을 이고 곰방 담

---

* 급주(急走) 급히 보내는 심부름꾼.
* 제량(濟凉)갓 제주도에서 만든 품질이 좋은 갓.

뱃대를 물고 활갯짓하며 한양 종남산을 바라보고 한 걸음에 뛰어갈 듯이 달아나는 것은 김 승지의 편지 가지고 가는 보행 삯꾼이라. 편지는 무슨 편지인지, 일은 무슨 일에 급주로 가는지 삯꾼은 알지 못하는 터이라. 김 승지가 심란한 중에 보행삯은 삯꾼이 달라는 대로 주었는데, 그 삯꾼은 흥에 띄어서 그 날 밤 내로 박 참봉의 답장을 맡아서 회환할 작정이라. 계동 박 참봉 집으로 들이닥치며 하님을 부르는데, 그 날은 마침 박 참봉이 출입하고 없는 터이라, 그 하인이 편지를 안으로 들여보내면서 하는 말이, 급한 편지니 어서 답장하여 주셔야 김 승지 영감께 갖다 드리겠다 하니, 그 집 안에서 누구든지 김 승지라 하면 귀가 번쩍 뜨이는 터이라, 그 때 강 동지는 무슨 경륜을 하느라고 그리하는지 종일 꼼짝을 아니 하고 박 참봉 집 건넌방에 가만히 드러누워서 진도남*의 잠자듯이 헛잠이 들어 있고, 강 동지의 마누라는 본래 시골서 일 잘하던 칠칠한 여편네라, 주인 박 참봉의 마누라가 혼자 저녁밥 짓는 것을 불안하게 여겨서 부엌으로 내려가서 불도 때어 주고 그릇도 씻어 주면서 입으로는 딸 기르던 이야기를 하고 있던 터이라. 응문지동*이 없는 박 참봉 집에서 편지 받아들이려 나갈 사람은 강 동지의 마누라라.

　대문간에 나가서 편지를 받다가 김 승지이니 무엇이니 하는 소리를 듣고 그 하인과 만수받이를 하고 섰더라.

　노파 "김 승지 댁에서 왔소?"

　삯꾼 "아니오, 나는 봉은사 절에서 심부름하고 있는 사람이오."

　노파 "그러면 편지하던 김 승지 영감은 어떤 김 승지란 말이오?"

　삯꾼 "어떤 김 승지 영감인지 나도 자세히 모르겠소. 오늘 삼청동 사는 김 승지 영감이라고 얼굴 희고 키 조그마한 양반 하나가 나오더니, 이 편지를 써 주시면서 계동 박 참봉 댁에 가서 얼른 답장 맡아

＊ 진도남(陳圖南) 송나라의 학자.
＊ 응문지동(應門之童) 대문에서 손님을 맞아 들이는 아이.

가지고 오라 하십디다. 답장을 얼른 하여 주셔야 어둡기 전에 서빙고 강을 건너가겠소."

안부엌에서 박 참봉의 부인이 강 동지의 마누라를 부른다.

"여보게 춘천 마누라, 그 편지가 김 승지 영감의 편지라 하니 우리 일로 편지가 왔을 리가 있나. 자네네 일로 편지가 왔을 터이니 그 편지를 자네 영감이 뜯어 보고 답장을 하여 보냈으면 좋겠네."

남의 편지 뜯어 보는 권리 없는 줄 아는 사람은 조선에는 남자에도 많지는 못할지라. 더구나 부인이 무슨 경계를 아는 사람이 몇이나 되리오. 강 동지의 마누라가 박 참봉의 부인 말을 듣고 다행히 여겨서 편지를 들고 건넌방으로 들어가며 강 동지를 부르나, 강 동지는 아무 대답 없이 눈만 떠서 보거늘 마누라가 그 편지를 북북 뜯어서 들고 강 동지를 보이는데, 편지 속에서 엄지 하나가 떨어지는지라.

강 동지의 마음은 철석같이 강하나, 돈을 보면 순록비같이 부드러워지는 사람이라. 김 승지가 또 돈이나 보내 주는 줄로 알았던지 부시시 일어나 앉으며 편지를 받아 보더라. 김 승지가 처량한 정경을 당하여 가슴이 아프고 쓰린 중에 붓 끝에서 말이 어찌 구슬프게 나왔던지, 정선릉 속에서 보던 경상을 말하였는데, 두루마리 한 절쯤 되는 종이쪽에 까뭇한 글자 몇 자가 그리도 조화가 붙었던지, 정선릉 고목 위의 까마귀 소리가 들리는 듯하고, 갑쇠가 팔매질하며 쫓아가다가 낭떠러지에 떨어지던 모양이 보이는 듯하고, 그 구렁텅이 위에 춘천집 모자의 송장 있는 모양을 그린 듯이 말하였고, 그 끝에는 박 참봉더러 종로에 맡긴 돈이나 좀 찾아 가지고 봉은사로 나와서 춘천집 모자의 송장 감장이나 하여 달라 한 편지라. 연월일 밑에 김 승지의 이름 쓰고 딴 줄 잡아 강 동지 내외의 말을 하였는데, 아직은 춘천집 송장 찾았단 말을 하지 말고 박 참봉이 봉은사로 나온 후에 상의하여 강 동지 내외가 마음 붙일 만치 재물이나 주어서 안심시킨 후에 춘천집 모자의 송장 찾았다는 말을 하는 것이 좋을 줄로 말하였더라. 강 동지의 눈은 남다른 눈이라, 어려서 젖 먹을 때는 울기도 하고 눈물도 났을 터이나, 철난 이후에는 눈물 나 본 일이 없던 사람이라. 누가 때리면 아파서나 울는지, 슬퍼서는 울지 아니 하던 눈이라. 그러한 눈으로 김 승지의 편지를 보더니 눈물이 나오는데 오십 년 참았던 눈물이 한 번에 다 나오던지 쏟아지듯 나오더라.

강 동지의 마누라는 무슨 까닭인지도 모르면서 영감 우는 것을 보고 청승 주머니가 툭 터지며 운다.

마누라 "여보 영감, 왜 울으시오, 말 좀 하시구려, 우리 길순이가 참 죽었다는 소문이 있소?"

강 동지가 한숨을 쉬는데, 그 옆에 앉은 마누라가 불려 달아날 듯이 입김을 내불더니 김 승지 편지 사연의 말을 간단히 이야기할 즈음에 박 참봉이 들어왔더라.

박 참봉이 김 승지의 편지 왔단 말을 듣고 건넌방 문을 펄쩍 열고 들어서는데, 강 동지가 박 참봉 들어오는 것을 보더니 별안간 주먹으로 방바닥을 치며 소리를 벼락같이 지른다.

"여보, 이게 웬일이오. 내 딸의 송장을 나 모르게 수쇄하자는 것이 까닭 있는 일이오그려."

박 참봉이 본래 강 동지에게 질렸던 사람이라 영문도 모르고 생으로 눈이 둥그레지며,

"여보게, 그것이 무슨 말인가. 무슨 까닭이 있는 일이거든 나더러 말을 좀 자세히 하여 주게. 그러나 저것이 내게 온 편지인가?"

하면서 강 동지 앞에 놓인 편지를 집어 보다가 박 참봉이 무슨 혐의쩍은 일이나 있는 듯이 깜짝 놀라며,

"어! 김 승지도 딱한 사람이로구. 이런 일이 있으면 내게 편지하기가 바쁠 것이 아니라 강 동지에게 먼저 알게 할 일인데, 무슨 까닭으로 강 동지에게는 아직 이런 말을 하지 말라 하였누……. 여보게, 나는

참 자네 따님 돌아간 일을 자네에게 처음 들었네. 김 승지 영감인들, 설마 자기와 정들어 살던 별실과 귀애하던 외아들을 그 영감이 죽였을 리가 있나. 그러나 이 일이 여간 일이 아니요, 범연히 조처할 일이 아니니, 오늘 밤이라도 봉은사로 나가서 김 승지 영감과 상의하여 아무쪼록 자네 따님의 원수 갚을 도리를 하여 보세."

그 끝에 강 동지의 마누라가 기가 막혀 우니, 강 동지도 울고 박 참봉도 낙루를 하는데, 문 밖에서 훌쩍훌쩍 우는 소리가 난다. 그 소리는 참척 많이 보고 자녀간에 아무것도 없이 사십지년에 이른 박 참봉의 부인이 강 동지의 마누라가 우는 소리를 듣고 제 설움에 우는 것이러라.

울음 끝에는 공론이 부산하더니, 필경에 강 동지의 말을 좇아서 박 참봉은 내일 종로에서 돈 찾아 가지고 봉은사로 가기로 작정하고, 강 동지 내외는 그 날 밤으로 봉은사로 나가더라.

저문 봄 지는 꽃은 바람에 불려 다 떨어져 가는데, 그 바람이 비를 빚어 구만 리 장천에 구름이 모여든다.

남대문 나설 때에 해가 떨어지고 서빙고 강 건너갈 때에 밤이 되고, 어영급이 주막에 지날 때에 비가 부슬부슬 오기 시작하더니, 그 비가 세우 쳐오지도 아니하고 그치지도 아니한다. 봉은사에서 편지 가지고 오던 삯꾼은 지로승*으로 앞에 서고 강 동지는 뒤에 서고 마누라는 가운데 서서 가는데, 삯꾼은 어찌 그리 잘 달아나던지 몇 발짝 아니 가서 돌아다본즉 강 동지 내외는 뒤에 떨어져서 못 따라온다.

삯꾼 "여보 마누라님, 걸음 빨리 걸으시오. 나는 마누라님 기다리다가 옷 다 젖겠소."

강 동지 마누라 "염려 마오, 빨리 걸으리다."

삯꾼 "여보 마누라님, 빨리 가시는 걸음이 그러하면 천천히 가시는

* 지로승(指路僧) 산 속에서 길을 안내하는 중.

걸음은 여드레에 팔십 리도 못 가시겠소."

강 동지 마누라 "여보, 웬 재촉을 그리 몹시 하오. 비 아니라 벼락이 오더라도 더 급히 갈 수는 없소."

삯꾼 "압다, 오거나 말거나 하시구려. 나는 김 승지 영감께 삯받고 왔지, 마누라님께 삯받은 사람은 아니오."

강 동지가 그 소리를 듣더니 홧김에 골이 어찌 몹시 났던지 소리를 지르면서 삯꾼을 쫓아간다.

강 동지 "이 발겨죽일 놈, 거기 좀 섰거라. 저러한 놈은 다리를 분질러 놓아야 그까짓 버르장머리를 아니 하지."

삯꾼이 강 동지가 쫓아오는 것을 보더니 핑계 좋게 달아나는데, 산에서 발씨 익은 놈이라 다람쥐같이 달아나니 강 동지는 제 힘만 믿고 쫓아가다가 삯꾼은 간 곳 없고 강 동지는 길을 잃었더라. 강 동지의 마누라는 영감을 부르고 강 동지는 마누라를 부르고 길 없는 산비탈로 돌아다니면서 소리소리 지르는데, 세우 치는 빗소리에 사람의 소리는 어디서 나는 듯도 하고 아니 나는 듯도 하다.

애쓰고 고생하기는 강 동지나 강 동지의 마누라나 마찬가지건마는, 기골 좋은 강 동지보다 마음 약한 마누라가 더 기가 막힐 지경이라.

강 동지의 마누라가 영감을 부르던 목이 꽉 잠겨서 소리도 못 지르고 도깨비에게 홀린 사람같이 허둥거린다. 올라가면 산봉우리요, 내려가면 산 구렁텅이라. 눈에 보이느니 고목나무가 하늘에 닿은 듯하고, 몸에 걸리느니 가시덤불이 성을 쌓은 듯하다. 하늘에는 먹장을 갈아 부은 듯한 시꺼먼 구름 속에서 먹물이 쏟아지는지, 산도 검고 나무도 검고 흰 빛은 조금도 없는 깜깜한 칠야라.

솔잎을 스치며 지나가는 바람 소리는 귀신이 우는 듯하고, 매기탄기*

---

* 매기탄기(煤氣炭氣) 연기 기운과 석탄가스의 기운.

에 발동되는 인광은 무식한 사람의 눈에 도깨비불이라 하는 것이라. 강 동지 마누라의 귀에 들리느니 귀신 우는 소리뿐이요, 눈에 보이느니 도깨비불만 보이는데, 이 산골에서도 귀곡성이 획획, 저 산골에서도 귀곡성이 획획, 이 산골에서 도깨비불이 번쩍번쩍, 저 산골에서 도깨비불이 번쩍번쩍.

강 동지 마누라가 처음에는 간이 녹는 듯이 겁이 나더니, 귀신 우는 소리를 들으면 내 딸 길순의 소리를 듣는 듯하고, 귀신의 불을 보면 내 딸 길순의 모양을 보는 듯이 기막히고 반가운 생각이 들어서 울며 길순을 부르고 돌아다니다가 낭떠러지 깊은 골에 뚝 떨어져 내리굴렀더라.

몸은 얼찌근도 아니 하니, 이제는 죽을 곳에 빠졌다 싶은 생각뿐이라. 서럽고 기막힌 중에 악을 쓰며 우는데 잠겼던 목이 다시 틔며 청청한 울음소리가 하늘을 뚫고 올라가는 듯하더라.

"하느님 맙시사! 내 딸이 무슨 죄로 칼을 맞고 죽었으며, 내가 무슨 죄로 여기서 죽게 되오. 하느님도 야속하오. 우리 내외가 딸의 송장을 찾으려고 밤중에 산을 패어 나오는데, 그것이 그리 미워서 이지러져 가는 달빛을 감추어 두고 시꺼먼 구름장에서 창대 같은 비만 쏟아지는 것은 무슨 심사요. 하느님, 그리를 맙시사. 우리 살았다가 딸의 원수는 못 갚더라도 죽은 딸의 시체나 붙들고 한 번 울어나 보고 죽었으면 죽어도 한이 없을 터이올시다. 하느님 맙시사! 밝으신 하느님 아래 이러한 일이 있단 말이오. 우리가 살았다가 점순이와 최가를 붙들어서 토막을 툭툭 쳐서 죽이고 김 승지의 마누라를 잡아서 가랑이를 죽죽 찢어 죽이고, 그 자리에서 우리도 죽으려 하였더니 하느님이 죄 많은 연놈들을 위하여 주느라고 우리를 죽이시는구나. 나는 여기서 죽거니와 우리 영감은 어디 가서 죽는고. 범에게 물려 죽는지 곰에게 할켜 죽는지 하느님이 죽이려 하시는 사람이야 어떻게 죽이기로 못 죽일라구……. 이 골 속에는 무엇이 있누? 짐승의 굴이거든 범

이든지 곰이든지 얼른 뛰어와서 날 잡아먹어라. 하느님 맙시사! 하느
님이 어지시다 하더니 어지신 것이 무엇이오. 밝으시다 하더니 깜깜
하기는 왜 이렇게 깜깜하오.”

하며 소리소리 지르고 우는데, 별안간 천둥 한 번을 하더니 하늘에서
불이 철철 흐르는 듯이 번개를 한다.

번쩍할 때는 일초 일목이 낱낱이 보이다가 깜빡할 때는 두억시니*가
덮어 눌러도 알 수 없을 지경이라.

비가 뜨음하고 바람 소리도 잔잔하나, 하느님이 호령을 하는 듯이 우
르르 소리가 연하여 나며 구름 속에서 무엇을 굴리는지 뚤뚤 굴러가는
소리가 나더니, 머리 위에 벼락을 내리는 듯이 자끈자끈 내려지는 소리
가 나니, 강 동지의 마누라가 하늘을 원망하다가 천벌을 입는 듯싶은
마음에 정신이 아뜩하여 겁결에 혼자말로,

“에그, 잘못하였습니다. 하느님이 나를 벼락이나 쳐서 죽여 줍시사.”
하며 폭 엎드리니, 그 밑에는 무엇인지 솔가지를 척척 덮어 놓은 것이
있는지라 비린내가 코를 칵 찌르는 듯하고 오장이 뒤집힐 듯이 비위가
거슬리거늘, 강 동지의 마누라가 의심이 와락 나며 몸이 덜덜 떨린다.

떨리는 것은 제가 죽을까 염려하여 떨리는 것이 아니라 그 밑에 딸의
송장이나 있는가 의심이 나서 반가운지 설운지 겁이 나는지 모르고 정
신 없이 떨다가 잠깐 진정이 되며 다시 소리를 질러 운다.

“에그, 이 밑에 있는 것이 무엇인가. 여기가 내 딸 죽은 곳이나 아닌
가. 하느님 하느님, 미련한 인생이 제 죄를 모르고 하느님을 원망하
였으니 그런 죄로 벼락을 칠지라도 내 딸의 시체나 만나 보고 죽게
하여 줍시사. 내가 이생에서는 개미새끼 하나도 죽인 죄가 없습니다
마는 필경 전생에 죄를 많이 짓고 앙급 자손*하여 내 딸 길순이가 비

---

* 두억시니 사나운 귀신의 하나. 야차.
* 앙급 자손(殃及子孫) 재앙이 자손에 미침.

명에 죽은 것이올시다. 우리 영감이란 사람도 딸자식을 시집을 보내려거든 어디로 못 보내서 본 마누라가 눈이 둥그렇게 살아 있는 김 승지에게 시집을 보내고 덕을 보려 들었으니, 우리 내외는 죄 받아 싼 사람이올시다. 나는 전생에 죄를 짓고 우리 영감은 이생에 죄를 지었으니, 눈앞에 악착한 꼴을 보아 싸려니와, 우리 길순이는 부모를 잘못 만난 죄로 저렇게 죽는 것이 불쌍하니 후생에나 잘 되도록 점지하여 주옵소서. 하느님 하느님 비나이다 비나이다, 또 한 가지 비나이다. 이 세상에서 궁흉 극악을 모두 부리던 김 승지의 마누라란 년과 고 악독한 점순이란 년과 그 흉측한 텁석부리 최가 놈은 어떻게 죄를 주시렵니까. 그러한 몹쓸 연놈은 죽어 후생에 도산*에 천 년만 두고 지옥에 만 년만 두어 줍시사. 우리가 이생에 원수를 못 갚더라도 밝으신 하느님이 낱낱이 굽어봅시사. 하느님 하느님, 이 밑에 무엇이 있어서 비린내가 이렇게 납니까. 아까 하던 번개라도 한참만 더 하여 주십시사."

하며 정신 없이 우는데, 산골이 울리도록 욱욱 소리가 나는데, 여기서 욱 저기서 욱 하며 나무 틈으로 불빛이 번쩍번쩍 하더니 강 동지 마누라의 울음소리 나는 곳으로 모여들며 구렁텅이 위에 머리 깎은 젊은 중이 죽 늘어서서 횃불을 들고 구렁텅이를 내려다보며 여기 있다 소리를 지른다.

그 뒤에는 김 승지의 목소리도 나고 강 동지의 목소리도 나는데, 김 승지가 강 동지를 붙들고 구렁텅이로 내려오더니 그 밑에 솔가지 덮은 것을 가리키며 이것이 춘천집 모자의 시체라 하니, 근력 좋은 강 동지가 척척 덮인 솔가지를 덥석 집어치워 놓는데, 춘천집 모자의 시체가 쑥 드러나며 언덕 위에 섰던 횃불잡이들이 별살같이 구렁텅이로 내려

---

* 도산(刀山) 지옥에 있다는 칼을 심어 놓은 산.

오더니, 햇불의 광선과 사람의 눈의 광선이 춘천집 모자의 시체에 모여 들었는데, 그 광선 모인 곳에 강 동지의 마누라가 와락 달려들어 춘천집 시체를 얼싸안고,

"이것이 웬일이냐. 이것이 내 딸 길순이란 말이냐. 내 눈으로 보기 전에는 종시 거짓말로만 알았더니 네가 참 이렇게 몹시 죽었단 말이냐?"

하며 그 옆에 있는 어린아이 시체를 산 아이 끌어안듯이 끌어당기면서,

"에그, 끔찍하여라. 이것이 내 손자란 말이냐. 이것이 무슨 죄가 있어 이렇게 몹시 죽었단 말이냐. 여보 김 승지 영감, 이것이 웬일이오?"

소리를 지르다가 기가 콱 막혀서 한참씩 질렸다가 다시 악을 쓰며 우는데, 강 동지, 울음을 잔뜩 참았다가 별안간에 용울음이 툭 터지는데, 갈범 우는 소리같이 산골이 울리고, 김 승지는 강 동지 울기 전까지 눈물만 흘리고 섰다가 강 동지 우는 서슬에 따라 운다.

자비 많은 부처님의 제자 되는 봉은사 중들이 그 경상을 보고 낙루 아니 하는 사람이 없더라.

세상이 괴괴한 밤중의 소리라, 산이 울리고 골이 떠나가는 듯하더니 별안간에 꼭뒤가 세 뼘씩이나 되는 사람들이 풍우같이 몰려오더니 우는 사람을 낱낱이 붙들어 가려 하는데, 김 승지가 창피하여 죽을 지경이라. 불호령을 하자 한즉 내 본색이 드러나고, 마자 한즉 욕을 볼 지경이라. 본색이 드러나도 여간 수치가 아니요, 욕을 보고 잠자코 있는 것은 더구나 말이 아니라.

본래 김 승지가 밤중에 봉은사 중들을 데리고 나오기는, 박 참봉에게 편지 가지고 갔던 하인이 답장을 아니 맡아 가지고 온 곡절을 캐어 묻는데, 담배 씨로 뒤웅박을 팔 듯이 잔소리를 하니, 그 하인이 김 승지에게 꾸지람 아니 듣도록 하느라고만 대답을 하느라고 강 동지와 같이 오던 말도 하고, 중로에서 강 동지가 하인의 다리를 분질러 놓으리 말리 하며 쫓아오는 서슬에 겁이 나서 도망하였다 하니, 김 승지가 그 말을

듣고 깜짝 놀라서 별 생각이 다 드는데, 제일 염려되는 것은 박 참봉에게 편지할 때에 강 동지 내외에게는 춘천집 송장 찾은 것을 아직 알리지 말라 하였더니, 박 참봉은 아니 오고 강 동지 내외가 나온다 하니, 편지 속에 말 말라 한 것이 없는 일을 장만한 듯도 싶고, 또 편지 가지고 갔던 하인이 중로에서 혼자 도망하였다 하니 강 동지 내외가 길 잃고 고생할까 염려도 되고, 하인이 잘못한 일까지 그 불은 김 승지가 받을 듯한 생각이 있으나, 어찌하면 좋을지 몰라서 발을 구르며 애를 쓰고 있는데, 봉은사 주장중이 보더니 걱정 맙시사 하면서 종을 치니, 봉은사에 있는 중이 낱낱이 모여드는데, 강 동지는 어디서 종소리를 듣고 절을 찾아 들어간 터이라.

그러나 강 동지의 마누라는 어디서 고생을 하는지 몰라서 횃불을 잡히고 찾으러 나섰다가 공교히 춘천집 시체 있는 곳에서 만나서 강 동지 내외 우는 통에 김 승지까지 따라 울던 터이라. 그 때 정릉 참봉이 시골 생장으로 정릉 참봉 초사*를 하더니 의정 대신이나 한 듯이 키가 높대서 있던 터에, 밤중에 능자 내에서 울음소리가 들린다고 능군*을 풀어 내보내면서 하는 말이, 막중한 능침 지건지처에서 방성 대곡하는 놈이 어떠한 놈인지 반상 무론하고* 잡아오라 한 터이라. 능군들이 먹을 수나 난 듯이 울음소리 나는 곳을 찾아가서 만만한 중을 낱낱이 묶으려 하니 중들은 횃불을 버리고 도망하고, 남은 사람은 김 승지와 강 동지 내외뿐이라.

* 초사(初仕) 처음으로 벼슬함.
* 능군(陵軍) 왕릉을 지키는 군사.
* 반상(班常) 무론하고 양반과 상놈을 가리지 말고.

하 편

정선릉 산중에서 간밤에 오던 비는 비 끝에 바람 일어 구만 리 장천에 겹겹이 싸인 구름을 비로 쓸어 버린 듯이 불어 흩이더니, 그 바람이 다시 밖 남산으로 소리 없이 지나가서 삼각산 밑으로 들이치는데, 삼청동 김 승지 집 안방 미닫이 살이 부러지도록 들이친다. 밖 남산 밑 도동서부터 바람을 지고 들어오는 점순이가 김 승지 집 안방문을 펄쩍 열고 들어서는데, 눈은 놀란 토끼 눈 같고 얼굴이 파랗게 질렸더라.

"마님, 이를 어찌합니까. 큰일났습니다."

부인 "……."

점순 "그 일이 탄로가 났습니다."

부인 "탈이라니, 누가 그 일을 알았단 말이냐?"

점순 "다른 사람이 알았더라도 소문이 퍼질 터인데, 다른 사람은 고사하고 우리 댁 영감께서도 알으시고, 강 동지 내외도 알고, 봉은사 중과 정선릉 속까지 다 알았답니다. 어젯밤에 영감 마님께서 강 동지 내외와 같이 춘천마마 시체 있는 구렁텅이 속에서 울으시다가 능군들에게 욕을 보실 뻔하였는데, 온 세상에 소문이 떡 벌어지게 되었답니다."

부인 "이애, 걱정 마라. 춘천집의 송장을 찾았기로 그년이 뒤어질 때만 누가 아니 보았으면 그만이지 그렇게 겁날 것이 무엇 있느냐. 그러나 영감께서 산 구렁텅이에 가서 울으시다가 능군에게 망신할 뻔하였다 하니 망신이나 좀 하시더면 좋을 뻔하였다. 그래, 그년 죽은 것이 그리 설워서 점잖으신 터에 산 구렁텅이에 들어가서 울으신단 말이냐."

점순 "에그, 마님께서는 그렇게 겁나실 일이 없지마는, 쇤네와 최가는 그렇지 아니합니다."

하며 그 전전날 밤에 웬 수상한 늙은 사람 내외에게 비녀, 가락지 잃어버리던 이야기를 낱낱이 하면서 그것이 정녕 강 동지 내외인가 보다 하니, 부인도 눈이 둥그레지며 벌벌 떨다가 다시 점순이를 보며,

"이애, 정선릉에서 어젯밤 지낸 일을 네가 어찌 그리 자세히 알았느냐?"

점순 "영감께서 무슨 생각으로 그리하시는지, 오늘 갑쇠를 서울로 심부름을 시키면서, 댁에는 들르지 말고 바로 오라 하시더라 하니 그것이 이상한 일이 아니오니까. 쇤네는 영감께서 어제 봉은사에 가신 줄도 몰랐더니 오늘 갑쇠를 길에서 보고 자세한 말을 들었습니다."

부인 "그러면 우리들 하던 일이 다 드러났나 보구나. 네 생각에는 이 일을 어떻게 하면 좋겠느냐?"

점순 "아무 수 없습니다. 쇤네는 최가를 데리고 어디로 도망하는 수밖에 없습니다. 쇤네와 최가만 없으면 강 동지가 암만 지랄을 하기로 쓸데 있습니까?"

부인 "옳지, 네 생각 잘 들어갔다. 내가 너 먹고 살 만치는 줄 터이니, 어디든지 흔적 없이 잘 가 살아라."

그 말끝에, 그 시로 점순과 최가는 거처 없이 도망을 하였더라.

최가와 점순이가 달아난 뒤에는 춘천집 죽인 일이 김 승지 부인에게는 증거가 없는 일이라. 부인은 한숨을 휘 쉬고, 강 동지의 마누라는 상성을 하여 다니고, 강 동지는 닭 쫓던 개가 울만 쳐다보고 있듯 한다.

본래 김 승지가 박 참봉에게 편지할 때에 강 동지 내외에게는 알리지 말고 춘천집의 장사를 지내려 한 것은, 김 승지 생각에 강 동지가 그 딸의 시체를 보면 정녕 시친*으로 원고되어 고소할 터인즉, 춘천집 모자의 시체를 검시하느라고 두 번 죽음을 시키는 것도 같고, 또 집안에 화가 난 것을 온 세상이 모두 아는 것도 좋지 못한 일이라, 춘천집 모자의 송장을 얼른 감장*한 후에 집은 경가 파산*을 할지라도 강 동지의 욕심 채움이나 하여 주자는 작정으로 박 참봉더러 봉은사로 나오라 한 것이러니, 최가와 점순이가 달아난 후에는 강 동지에게 알리지 말라 한 김 승지의 편지가 증거물이 될 만치 되었는데, 애꿎은 박 참봉은 지폐 오십 원 얻어 쓴 것도 후회가 나고, 편지 한 장 받아 본 것도 주작살*이 뻗친 줄로만 여기고 있는데, 김 승지와 마주 앉아서 의논이 부산하다.

김 승지의 부인은 점순의 뒤를 대어 주느라고 짭짤한 세간 낱은 뒤로 다 돌려 내고, 김 승지는 강 동지의 마음을 덧들여 내지 아니할 작정으로 기둥뿌리도 아니 남을 지경이라.

점순의 있는 곳은 하늘과 땅과 김 승지의 부인밖에는 아무도 아는 사람이 없었는데, 길은 천 리나 되나 내왕 인편은 조석으로 있는 경상도 부산이라. 점순이가 박복하여 그러한지 최가가 죄가 많아 그러한지, 부산으로 도망할 때에 남대문 정거장에서 오후에 떠나는 기차를 타고 대전 가서 내렸는데, 어떠한 주막으로 가든지 주막 방이 터지도록 사람이 들었거늘, 가장 조심하느라고 이 주막 들어가 보고 저 주막 들어가 보

* 시친(屍親) 죽은 사람의 친척.
* 감장(勘葬) 장사를 지냄.
* 경가 파산(傾家破産) 집안 살림이 기울어 파산 지경에 이름.
* 주작살(朱雀煞) 죽을 살이 뻗침.

고, 이 방문 열어 보고 저 방문 열어 보고 빙빙 돌아만 다니다가 필경 들어가기는, 두 번 세 번 들어가 보던 주막으로 되들어갔더니, 그 방에 도둑 있던지 도둑을 맞았는데, 몇 푼짜리 못 되는 보퉁이는 아니 잃고 지전 뭉텅이 집어 넣은 가방만 잃었더라. 기차표는 아니 잃은 고로 그 이튿날 부산까지 내려갔으나 돈 한 푼 없이 꼼짝할 수 없을 지경이라. 점순이가 꼈던 가락지를 팔아서 며칠 동안 주막에서 묵으면서 김 승지 부인에게 편지를 부치려는데, 점순과 최가는 낫 놓고 기역자 한 자 모르는 위인들이라.

생소한 사람더러 편지 대서를 써달라는데, 마음에 있는 말을 다 하려 한즉 편지 쓰는 사람에게 말할 수 없는 말이요, 그런 긴한 말은 말자 한즉 편지하는 본의가 없는지라, 포도청 변 쓰듯이 대강 몇 마디만 하는데, 그 중에 분명한 말은 중로에서 도둑맞았단 말과 당장에 돈 한 푼 없이 있으니 돈을 속히 좀 보내 달란 말과, 우체든지 전신이든지 환전 보내는 법과 점순이 숙식하는 주막집 통수와 주막 주인의 이름까지 자세히 적었고, 그 아랫마디는 강 동지의 말을 물었는데 말이 어찌 모호하던지 편지 쓴 사람이 이상하게 여기는지라.

본래 점순은 꾀가 비상한 계집이라, 김 승지 집에서 도망할 공론할 때에 김 승지의 부인과 세 가지 약조가 있었더라.

한 가지는 점순이가 김 승지 부인에게 편지할 때에 제 이름을 점순이라 쓰지 말고 수수하게 침모라고 쓰기로 약조하였고, 한 가지는 부인이 점순이에게 편지할 때에 깊은 말은 하지 말기로 약조하였고, 한 가지는 부인이 무슨 비밀한 말할 일이 있을 때에는 부인의 심복 사람으로 전인하기로 약조하였으니, 그것은 점순과 최가가 제 눈으로 편지를 못 보는 까닭이러라.

점순이가 김 승지 집에 보낼 편지 대서를 다 쓰인 후에 겉봉은 편지 쓰던 사람에게 쓰이지 아니하고 어디로 들고 가더니 뉘게 겉봉을 씌었던지 편지 쓰던 사람은 그 편지가 뉘 집으로 가는 편지인지 몰랐더라.

그렇게 은밀한 편지가 나는 듯한 경부 철도 직행차를 타고 하루 내에 서울로 들이닥치더니, 우편국을 잠깐 지내서 소문 없이 삼청동 김 승지의 부인의 손으로 들어갔더라. 그 부인이 그 편지를 들고 무슨 마음인지 손이 벌벌 떨리고 가슴이 울렁울렁하여 편지를 얼른 뜯지 못하고 편지 받아 들여 놓던 계월이를 쳐다보며 지향없이 말을 묻는다.

"이애 계월아, 이 편지를 누가 가지고 왔더냐. 그래 그 사람 벌써 갔니……?"

그러한 정신 없는 소리를 하다가 편지를 떼어 보더니 깜짝 놀라면서 무심중에 하는 말이,

"응, 점순이가 가다가 도둑을 맞아……?"

상전 흉은 종의 입에서 나는 법이요, 반하의 시기는 같은 종끼리 하는 것이라. 김 승지 부인 마음에는 나 하는 일은 아무도 모르거니 여기고 있으나, 한 입 건너 두 입 되고, 한 귀 건너 두 귀로 전하는 말이 나는 듯이 돌아다닌다.

김 승지 집이 아무리 내 주장으로 지내던 집이나, 돈 맡긴 것을 찾으려면 김 승지의 도장 맞힌 표가 없으면 찾지 못하는지라. 이전 같으면 부인이 김 승지더러 무슨 핑계를 하든지 돈 쓸 일을 말하고 돈을 달라 하면 김 승지가 긴 대답하고 얼마가 되든지 찾아다가 바쳤을 터인데, 이번에 점순에게 보내려는 돈은 부인의 깐에도 김 승지더러 달라 할 엄두가 나지 아니한다.

또 김 승지는 봉은사에서 아직 돌아오지도 아니하고 동지 내외를 조상 섬기듯 하고 있단 말을 들었으나, 부인이 벙어리 냉가슴 앓듯 하면서 그 남편에게 호령 편지 한 장 부치지 못하고 있는 터이라.

그런 중에 점순의 편지를 보고 돈을 보내 주고 싶은 생각이 불 같으나 급히 보낼 도리가 없어서 발광을 하다가 세간 그릇 속에 있는 돈푼

싼 것은 종작없이 내다 파는데, 천 냥짜리는 백 냥도 받고 백 냥짜리는 열 냥도 받고 팔아다가 우선 얼마든지 되는 대로 점순에게 환전을 부치는데, 돈이 없을 때는 변통하느라고 법석을 하더니 돈 변통한 후에는 진고개 우편국에 가서 환전 부칠 사람이 없어서 법석을 한다.

　부인 "이애 계월아, 너더러야 무슨 말을 못 하겠느냐. 점순에게 돈을 좀 보내 줄 터인데 내 발로 가서 부치지 못하고 어찌할 수가 없구나. 네가 그 돈을 좀 부쳐 줄 수가 있겠느냐?"

　계월 "점순이가 어디 있습니까?"

　부인 "부산 초량에 있단다, 네 얼른 진고개 가서 좀 부치고 오너라."

　계월 "쇤네가 그것을 어떻게 부칩니까?"

　부인 "이애, 그러면 어린년이를 좀 불러라."

　그렇게 법석을 하며 이 사람더러 부탁하다가 저 사람더러 부탁하다가 몇 사람더러 부탁을 하는지 온 세상을 떠들어 부탁하면서, 부탁하는 곳마다 이 일은 너만 알고 있고 다른 사람에게 말 내지 마라 하는 부탁은 번번이 하더니 필경 돈은 잘 보냈더라.

　월남을 풀어 넣은 듯한 바닷물은 하늘에 닿은 듯하더니, 기울어져 가는 저녁볕이 물 위에 황금을 뿌려 놓은 듯이 바닷물에 다시 금빛이 번쩍거리는데, 그 빛이 부산 초량 들어가는 어귀 산모퉁이에 거진 다 쓰러져 가는 외딴집 흙벽에 들이비쳤더라. 움 속 같은 집 속에 그런 좋은 경치도 다 없지 못한 일인데, 그 흙벽 속에 들어 있는 집주인은 의복 깨끗하고, 인물 쏙 빠지고, 참새 굴레 씌울 듯한 계집이 앉았는데, 그 계집은 어디서 새로 이사온 최 서방 집 여편네요, 그 근본은 서울 삼청동 사는 김 승지 집 종노릇하던 점순이라.

　점순이가 천한 종노릇은 하였으나 기왓장 골 밑에서만 자라나던 사람이요, 돈을 물 쓰듯 하는 것만 보고 자라나던 사람이라. 더구나 춘천 집 죽일 흉계를 꾸밀 때에 김 승지의 부인은 돈을 길어대듯 하고, 점순이는 빈 손으로 돈을 물 쓰듯 하던 사람이라.

일이 탄로가 되어 부산으로 도망한 후에 김 승지의 부인도 세도하던 꼭지가 돌았던지 돈 한 푼 쓸 수 없이 되었는데, 점순이가 처음으로 부치던 편지는 잘 가고 회편에 돈 백 원이 왔으나 점순의 마음에는 이만 돈은 이후에 몇 번이든지 서울서 부쳐 주려니 생각하고 부산 초량 같은 번화한 항구에서 최가와 돌아다니며 구경도 하고 무엇을 사기도 하다가 겨우 하루 동안에 돈이 반은 없어지는지라. 최가는 돈을 몇만 원이나 가진 듯이 희떱게* 돈을 쓰려 하는데, 본래 점순이는 주밀한 사람이라, 우선 오막살이집이라도 사서 있는 것이 주막집에 있기보다 조용하겠다 하고 방 한 칸 부엌 한 칸 되는 집을 사서 들은 터이라. 이전 같으면 점순이 같은 위인이 그러한 집 꼬락서니를 보면 점순의 마음에 저 속에도 사람이 있나 싶던 점순이라. 죄짓고 탄로가 되어 망명한 중인 고로 마지못하여 있으나, 마음에는 지옥에 들어앉은 것 같은지라.

그러한 집 속에서도 돈만 있으면 아무 근심 없을 터이나, 돈은 그 집 사고 부정지속* 장만하던 날에 없어지고 다시 돈 구경을 못 하였더라.

김 승지의 부인이 마음이 변하였는지 돈 백 원을 보낸 후에 점순이 또 돈을 좀 보내 달라고 편지를 두세 번 하였으나 돈은 고사하고 편지 답장도 없으니 웬일인지 궁금증이 나서 날마다 문 밖을 내다보며 편지 오기를 기다린다.

"여보 최 서방, 이런 변이 있소. 우리가 춘천집 죽이면 김 승지 댁 마님이 몸뚱이 외에는 우리에게 다 내줄 듯이 말하시더니 말과 일이 딴판이 되니 이런 맹랑한 일이 있소. 춘천집 죽은 후에 마님은 소원을 성취하고, 우리는 목숨을 도망하여 이 구석에 와 있으니 마님이 우리를 불쌍히 여기는 생각이 있을 것 같으면 어떻게 하기로 우리 두 식

---

* 희떱다 속은 텅텅 비어 있어도 겉으로는 호화롭다.
* 부정지속(釜鼎之屬) 솥, 가마 등의 물건.

구 먹고 살 것이야 못 보내 줄 터가 아니건마는, 생시치미를 뚝 떼고 있으니 이런 무정한 사람이 있소. 우리가 춘천집을 미워서 죽인 것도 아니요, 다만 돈 하나 바라고 죽인 터인데, 돈도 보내 주지 아니하고 편지 답장도 아니 하니, 이런 기막힐 일이 있소. 여보 최 서방, 이것 참 분하여 못 살겠소그려. 김 승지 댁 마님이 저 재물을 혼자 먹고 쓰고 지낸단 말이오? 가깝게 있는 터 같으면 밤중에 가서 김 승지 댁 안방에 화약이나 터뜨리고 싶소. 우리가 화약을 아니 묻기로 마님이 마음을 그 따위로 먹고 복을 받겠소."

점순이 저는 가장 복받을 일이나 한 듯이 김 승지의 부인을 악담도 하고 원망도 하며, 독살이 나서 날뛰던 차에 난데없는 판수 하나가 지나가는데, 시골서는 없던 소리라.

"무수리에……."

소리를 청승스럽게 마디를 꺾어서 목청 좋게 길게 빼어 지르면서 대지팡이를 뚜덕뚜덕하며 점순의 집 앞으로 지나가는데, 마침 그 앞으로 웬 양복 입은 노인 하나가 지나가다가 판수의 지팡이를 좀 밟았던지 건드렸던지 판수가 지팡이를 놓치고 눈을 번쩍거리고 서서 지팡이 건드리던 사람을 욕을 하니, 양복 입은 노인이 판수를 호령하거늘, 판수가 눈을 멀뚱멀뚱하고 서서 주머니를 훔척훔척하더니 산통*을 꺼내 들고 점을 치는 모양이라. 점순이 그 구경을 하러 문 밖에 나가 섰는데, 양복 입은 사람은 판수의 동정이 이상하여 보고 섰는지, 판수를 물끄름 보고 섰더라.

판수 "응, 괘씸한 놈이로구. 이놈이 남의 돈을 생으로 떼어 먹으려 들어. 네 이놈 보아라. 내가 입 한 번만 벙긋하면 너는 그 돈을 먹고 새기지 못하고 좀 단단히 속을걸."

---

* 산통(算筒) 장님이 점을 칠 때 쓰는 산가지를 넣은 통.

양복 입은 노인이 깜짝 놀라면서 판수에게 비는 모양이라.

"여보 장님, 내가 잘못하였소, 나와 같이 술집에나 가십시다."

판수가 아무 소리 없이 무슨 생각을 하는 모양이러니 싱긋 웃으며,

"그만두어라. 내가 네게 호령을 듣고 술 한 잔에 팔려서 너를 따라 가? 네가 그 돈을 나를 다 주면 내 입을 봉할까……."

양복한 노인이 지팡이를 집어서 판수의 손에 쥐어 주며 썩썩 비는데, 판수가 지팡이도 받지 아니하고 산통을 들고 엄지손가락 손톱으로 칠 대 어인 것을 세면서 눈을 멀뚱멀뚱하며 섰거늘 양복 입은 노인이 장님 의 산통을 쓱 빼앗아 들고 달아나면서,

"이놈, 네가 이 산통만 없으면 알기는 무엇을 알아. 눈먼 놈이 눈 밝 은 놈을 쫓아오겠느냐? 내가 술집으로 가자 할 때에 술집에나 갔으 면 술잔이나 사서 먹었지……. 남의 돈을 다 빼앗을 욕심으로……. 이놈, 무엇이고 무엇이야?"

하면서 짤막한 서양 지팡이를 휘둘휘둘 내저으면서 뒤도 돌아보지 아 니하고 가니, 판수가 우두커니 서서 혼자말로,

"허허 우슨 놈 다 보겠구. 내가 산통 없으면 다시는 점 못 칠 줄 아나 보구나. 이놈, 네가 어디로 달아나기로 내가 모를 줄 알구……."

말을 뚝 그치고 장승같이 가만히 섰다가 혼자 싱긋 웃으며,

"참 용하다. 내나 이런 것을 알지……. 이런 점괘 풀 놈은 없으렷다. 서울 삼청동 김 승지 집안에서 나온 돈이로구."

키 크고 다리 긴 양복 입은 사람은 판수 점칠 동안에 벌써 오 리나 되 는 산모퉁이를 거진 다 지나가게 되었는데, 석양은 묘묘하고 사람의 형 체는 점점 작아져서 대 푼짜리 오뚜기만 하여 보인다.

일없고 근심 많은 점순이가 판수와 양복 입은 사람이 싸우던 시초부 터 보고서 벌써부터 불러들여서 점이나 좀 쳐 달라고 싶으나, 돈이 한 푼도 없는 고로 못 불러들였더니, 서울 삼청동 김 승지 집안 돈이니 무

엇이니 하는 소리에 귀가 번쩍 뜨여서 어떻든지 그 점 한번 못 쳐 보면 직성이 풀리지 아니할 지경이라. 그러나 돈 없이 점쳐 달라고 부를 수는 없는 터이라.

점순이 판수 앞으로 나오더니 지팡이를 집어서 판수의 손에 쥐어 주며 갖은 요약을 다 부린다.

"장님은 어디 계신 장님이시오니까? 어떤 몹쓸 놈이 장님 지팡이를 빼앗아 내버렸지요? 에그, 가이없어라. 앞 못 보시는 터에 그런 몹쓸 놈을 만나서……. 장님, 내 집에 들어가서 잠깐 쉬어나 가시오."

꾀꼬리 같은 목소리로 정이 똑똑 듣는 듯이 말을 하니, 장님의 마음이 그리 검측측하던지 점순의 목소리를 듣고 지팡이를 받는 체하고 점순의 손을 꺼서 받으면서 씩 웃는다.

"응, 복받을 사람은 이러하것다. 옛날 박상의가 뫼터를 공으로 잡아 주었다더니 이런 일이 있었던 것이로구. 여보 마누라님 댁이 어디요? 내가 잠깐 들어가서 신수점이나 하나 쳐 드리리다."

점순이 제 마음에 꼭 맞는 소리를 듣고 좋아서 상긋 웃으면서 생시치미를 뗀다.

"점은 쳐서 주시든지 말든지 다리나 좀 쉬어 가시오. 자, 이리 들어오시오. 우리 아버지뻘이나 되는 장님에게 무슨 허물이 있을라구. 자, 나만 따라오시오."

장님이 씩 웃으며,

"허, 세월 다 갔구. 날더러 아버지뻘이니 할아버지뻘이니 하니 내가 그렇게 늙어 보이나. 눈이 멀면 얼굴에 나이 들어 보이는 것이로구."

하면서 점순이를 따라 들어가는데, 그 집은 담도 울도 아무것도 없이 길가에 순포막 짓듯 한 길갓집이라. 방으로 들어가는데, 손으로 문지방을 더듬더듬 만지며 씩 웃고 무슨 농담을 하려다가 마침 방에서 남자의 목소리 나는 것을 듣고 깜짝 놀라는 모양이라. 점순이 그 모양을 보고 방긋 웃으며 최가를 보며 손짓을 살살 하더니 장님을 붙들어 들이며 요악을 핀다.

"여기가 아랫목이올시다. 이리로 앉으시오."

판수 "어, 아랫목 싫어. 나는 지금 바깥에서 웬 고약한 놈을 만나서 열이 잔뜩 나더니 갑갑증이 나서 아랫목 싫소."

점순 "글쎄, 그 양복 입은 놈이 웬놈이오니까?"

판수 "응, 그놈이 양복 입었습디까. 양복 입고 다니는 사람은 잡놈이 많것다."

점순 "참, 장님이 양복 입은 것은 못 보아?"

판수 "복색은 무슨 복색을 하든지 제 마음만 옳게 먹고 있으면 좋으련마는, 세상 사람들이 눈이 벌개서 다니는 것들이 마음 옳게 가지고 있는 사람을 내가 못 보았어. 우리는 남의 앞일이나 일러 주고 복채나 받아 먹고 사는 사람이오. 누가 우리같이 남에게 적선하여 주고 먹고 사는 사람이 어디 있어. 자, 주인 아씨께도 적선으로 신수점이나 하나 하여 드리고 가리다."

점순 "에그 참, 돈이나 있었더면 장님께 신수점이나 하나 하여 줍시사 할 것을……. 에그, 내가 낙지* 이후에 이렇게 돈 한 푼 없이 살아 본 적이 없었더니, 오늘 이리 될 줄 누가 알아. 여보 장님, 말이 난 김에 내 신수점 하나만 잘 하여 주시구려. 내가 돈 생기거든 얼마든지 아끼지 아니하고 드리리다."

판수 "내가 돈을 받으려고 내 입으로 점을 하여 드리겠다 하였겠소. 주인 아씨가 내게 하도 고맙게 구시는 고로 그 신세를 갚고 가자는 것이지."

하면서 산통을 찾으려는지 주머니를 홈척홈척하다가,

---

* 낙지(落地) 세상에 태어남.

"어, 참 내 산통을 그놈이 빼앗아 갔지. 척전*이나 하여 볼까. 여보 주인 아씨, 여기 점돈 있거든 빌려 주시오."

점순 "점돈이 장님에게나 있을 터이지 우리 집에 누가 점을 칠 줄 알아야지 점돈이 있지."

판수 "그러면 엽전에 종이나 발라서 글자를 써 주면 점돈 대신 쓰겠소."

그 때 점순의 집에는 엽전 한 푼 없는 터이요, 또 돈이 있더라도 글자 쓸 사람도 없는지라 점순이가 용한 판수를 만났으나 점도 칠 수가 없을 지경이라. 답답한 생각이 나서 최가를 물끄름 보며 속에서 솟아나는 눈물이 나온다.

점순 "여보 최 서방, 우리 신세가 이렇게 몹시 되었단 말이오? 지전을 물 쓰듯 하던 사람이 별안간에 엽전 한 푼 못 얻어 보게 되었으니 이런 답답한 일이 어디 있단 말이오. 갖은 음식을 싫어서 먹던 우리들이 서 돈짜리 질솥을 붙여 놓고 그 솥 속에 들어갈 쌀 한 줌이 없이 앉았으니, 여기 와서 굶어 죽을 줄 누가 알았단 말이오. 여보 최 서방, 내 몸뚱이에 남은 것은 비녀 하나뿐이오. 옛소, 이 비녀를 어디 가서 팔아 가지고 들어오시오. 저 장님 진지나 하여 드립시다. 여보시오 장님, 내 몸에 무슨 살이 있든지 무슨 몹쓸 것이 따라다닌다든지 하거든 경이나 읽어서 살이나 풀어 주시오. 나는 장님을 뵈오니 우리 아버지 생각이 나오. 우리 아버지가 노래에 눈이 어두워서 날더러 하시는 말이, 사람이 일신 천금을 치면 눈이 구백 금어치라 하시던 일이 어제같이 생각이 나는구려. 우리 아버지는 앞을 아주 못 보시는 터가 아니나 그렇게 갑갑하게 여기시는 것을 보았는데, 장님은 우리 아버지보다 더 갑갑하실 터이지. 여보시오 장님, 나는 장님을

---

* 척전(擲錢) 엽전을 던져 점을 치는 것.

우리 아버지같이 알고 있으니 장님은 나를 딸로 알으시오.”

판수가 눈을 멀뚱멀뚱하고 점순의 목소리 나는 곳으로 귀를 두르고 가만히 앉았다가 씩 웃더니,

“응, 걱정 마오. 내가 어디 가든지 이 때까지 주인 아씨같이 내게 고맙게 구는 사람은 못 보았어. 점돈 없더라도 점치려면 칠 수 있지. 여보 주인 양반, 어디 가서 솔잎 몇 개만 좀 뽑아 오시오.”

최가 내외가 솔잎을 뽑아서 신수점을 치는데, 판수가 그 점을 얼른 풀어 말하지 아니하고 입맛을 쩍쩍 다시고 있다.

점순 “여보 장님, 점이 어떻소? 얼른 말 좀 하오.”

판수 “어, 그 점이 이상하군. 말하기가 어려운걸.”

점순 “……”

판수 “이 방에 다른 외인은 없소? 아무 소리 하든지 관계 없겠소?”

점순 “……”

판수 “그러면 말하지. 그러나 이런 말은 하기 어려운 말인걸. 주인 양반 내외분에게 원통히 죽은 귀신이 따라다니는구. 그 귀신이 새파랗게 젊은 여귀인데, 해골 깨진 어린아이를 안고 날마다 밤마다 주인 아씨 등 뒤에서 쪽쪽 울며 이를 바드득바드득 갈며 내 목숨 살려 내어라, 내 자식 살려 내라 하며 따라다니니, 주인 댁에는 아무것도 아니 되겠소.”

그 소리 한 마디에 점순이가 소름이 쪽쪽 끼치며 겁이 나서 최가 앞으로 등을 둘러대고 다가앉는데, 최가는 본래 겁이 없다고 큰소리를 탕탕 하던 사람이나, 판수가 어찌 그렇게 영절스럽게 말을 하였던지, 머리끝이 쭈뼛쭈뼛하던 차에 점순이가 앞으로 다가앉는 것을 보고 등에 소름이 죽 끼치면서 겁결에 점순이를 보며 산목을 쓴다.

최 서방 “요런, 요렇게도 겁이 나나. 귀신이 다 무엇이야.”

판수 “어, 그 양반 점점 해로울 소리만 하는구. 눈 뜬 사람은 눈 먼 나

만치도 못 보는구. 이 양반, 댁 등 뒤에 섰는 조 여귀가 겁이 아니 난단 말이오?"

하는 서슬에 최가가 겁이 더럭 나서 어깨를 움츠린다.

점순 "여보, 그것은 다 무슨 소리요?"

하면서 최가의 무릎을 꾹 찌르더니 다시 판수에게 빌붙는다.

"장님, 우리들에게 웬 몹쓸 여귀가 있어서 따라다닌단 말이오. 장님 덕에 그 여귀를 가두어 없애든지 못 따라다니게 살을 풀어 주든지 할 도리가 없겠소?"

판수 "어, 나는 그 점 못 치겠구. 사람을 속이려 드니 이 점 칠 맛이 있나. 여보, 그 여귀가 웬 여귀인지 몰라서 그 따위 소리를 하오. 그만두오, 나는 가오."

하더니 벌떡 일어나 가려 하니, 점순이가 판수의 손을 턱 붙들며,

"여보 장님, 점은 하시든지 아니하시든지 저녁 진지나 잡숫고 가시오."

판수 "어, 나는 가서 내 밥 먹지 여기서 밥 먹을 까닭이 있나."

하면서 줄곧 가려고만 하니 점순이가 지성으로 만류한다.

점순 "장님, 저녁 진지도 아니 잡숫고 가시더라도 내 말이나 좀 들어보고 가시오. 내가 장님을 속이려 든다 하시니 왜 그런 망령의 말씀을 하시오. 귀신을 속이지 장님을 어찌 속일 생각을 한단 말이오. 장님이 내 말을 어떻게 듣고 하시는 말씀인지 모르겠소. 노염을 풀으시고 어서 이리 앉으시오. 장님이 오늘 우리 집에 오신 것도 하느님이 지시하여 주신 것 같소. 내가 장님께 평생 소회를 말씀할 일이 있으니 좀 들어 보시오. 무엇 내가 말 아니 하기로 장님이 모르시나?"

하며 어찌 붙임새 있고 앙그러지게 말을 하였던지 판수가 씩 웃으며,

"귀신을 속이지 나는 못 속인단 말은 너무 과한 말이야. 그러나 말이 났으니 말이지 참 귀신을 속이지 나는 못 속일걸. 저 주인 아씨를 따

라다니는 여귀는 강가 성 여귀렷다. 조 어린아이 죽은 귀신은 김가 성이야. 여보 어떻소, 참 기막히지?"

하며 씩 웃는다.

점순과 최가는 서로 보며 혀를 홰홰 내두른다. 판수는 그렇게 성이 나서 가려 하던 위인이 무슨 마음인지 점순이 요약 부리기를 기다리지 아니하고 제풀에 풀어지는 시늉을 한다.

판수 "어, 점잖은 내가 참지. 이런 일에 적선을 아니 하여 주고 어떤 일에 하여 주게……. 주인 아씨가 처음에 날 속이려 들기는 속이려 들었것다."

점순 "……."

판수 "아니야, 내가 그것을 그리 겁내는 사람인가. 그러나 다시는 그리하지 마오. 우리는 성품이 급급한 사람이라, 남이 나를 속이려는 것을 보면 생열이 나……."

점순과 최가는 죄를 짓고 도망하여 있는 중에 천둥 소리만 들어도 겁이 나는 터이라. 중정*이 그렇게 허한 중에 이순풍 같은 점쟁이를 만나서 연놈이 그 장님에게 어찌 그리 혹하였던지, 장님이 죽어라 하면 꼭 죽지는 아니할 터이나 장님이 지팡이로 후려때릴 지경이면 네 —— 잘못하였습니다, 하면서 썩썩 빌 만치는 되었더라. 점순 내외는 점점 공손하고, 장님이 점점 거드름을 피운다.

최가 "여보 장님, 참 용하시외다. 다 알고 계신 터에 우리가 말을 아니 하면 도리어 우리에게만 해될 일이라, 바른 대로 말할 터이니, 장님께서 우리가 살 도리만 가르쳐 주시오."

판수 "여보, 눈 밝은 사람이 걱정이 무엇이란 말이오. 우리같이 앞 못 보는 놈이 불쌍하지. 나 같은 놈은 만일 살인하고 도망을 하더라도

---

* 중정(中情) 속 마음.

필경은 잡혀 죽을걸. 죄짓고 도망하면 어디로 가기로 아니 잡으러 오나. 등 뒤에 형사, 순검이 와 섰더라도 눈이 있어야 보고 달아나지."

장님의 그 소리 한 마디가 점순 내외의 귓구멍으로 쏙 들어가면서 정신 보퉁이를 어찌 몹시 흔들어 놓았던지 겁이 펄쩍 나더니, 문 밖에서 형사, 순검의 발자취 소리가 나는 듯하여 간이 콩알만하여지며 얼굴에서 찬 기운이 돈다.

점순 "장님, 우리는 죽을 죄를 지은 사람이오. 죽고 살기가 장님에게 달렸으니 죽어라 하시든지 살아라 하시든지 진작 말씀을 하여 주시오."

판수 "응, 진작 그렇게 말할 일이지. 점괘에 다 드러났어. 자, 자세 들어 보시오. 그러나 주인이 돈이 있는 터 같으면 이런 점은 복채 천 원을 내도 싸고 만 원을 내도 싸겠다. 여보 주인 아씨, 목숨 살고 돈도 생기고 일평생 마음 놓고 살게 되도록 일러 줄 터이니, 그 돈 생기거든 절반은 날 주어야 합니다."

최가와 점순의 말이 쌍으로 뚝 떨어진다.

"반이 무엇이오니까? 다라도 드리겠습니다."

판수 "응, 나중 일 생각은 아니 하고 하는 말이로구. 날 다 주면 무엇을 먹고 살려구 그런 소리를 하누. 아니야, 다 주면 다 받을 리가 있나. 반도 과하지. 자, 주고 아니 주고는 주인의 마음에 달린 것이지. 내가 똑 받아 먹으려는 것도 아니야."

하며 씩 웃는데, 상판대기에 욕심이 덕지덕지하여 보인다. 헛기침을 연하여 하며 무슨 말을 할 듯 할 듯하더니 다시 아무 소리 없이 눈이 멀뚱멀뚱하고 앉았으니, 점순이가 장님 턱 밑으로 바싹바싹 다가앉으며,

"여보 장님……"

판수 "응, 가만히 좀 있소."

하더니 또 한참을 아무 소리 없이 앉았으니, 점순의 마음에는 장님이

돈을 바라는 욕심으로 그리하는 줄 알고,

"여보 장님, 내가 장님을 우리 아버지로 안다 하는 말이 진정으로 나오는 말이오. 나를 낳으신 이도 우리 부모요, 나를 살린 사람도 우리 부모만 못지아니한 사람이니, 나는 참 장님을 우리 아버지같이 알고 있소. 아버지, 날 살려 주오."

장님 "응 정녕 내 딸 노릇 하겠소? 나는 계집도 없고 자식도 없고 아무도 없이 나 한 몸뿐이야. 주인 아씨가 나를 참부모같이 알고 내 몸을 공양하여 줄 지경이면 내가 주인 아씨의 일을 내 일로 알고 내가 아는 대로 말하리다."

점순 "……."

판수 "그러면 오늘부터 내 딸 노릇 합시다."

점순 "……."

판수 "주인 최 서방은 내 사위 노릇 하렷다."

최가와 점순이가 나중에는 어찌 되었든지 당장 점칠 욕심으로 장님의 말이 떨어질 새가 없이 대답한다.

장님은 웃음으로 판을 짜는 사람이라 또 씩 웃더니 참아비나 된 듯이 서슴지 아니하고 해라를 한다.

"이애, 너희들 큰일났다. 너희들이 서울 삼청동 사는 김 승지 첩의 모자를 죽이고 이리 도망을 하여 왔지……. 그 후에 네가 김 승지 부인에게 편지한 일이 있지. 그러한데 그 편지 회편에 돈 백 원 왔지. 그 후에 네가 또 편지 몇 번 부쳤지. 그 편지를 김 승지 댁 종 계월이가 훔쳐 내서 죽은 여인의 아비를 주고 돈을 받아 먹었구나. 오늘 그 편지가 한성 재판소로 들어갔구나. 내일은 일요일, 모레 낮 전에 부산 재판소로 전보가 올 터인데, 그 전보가 오면 이리로 곧 잡으러 나올 걸……."

그 말 그치기 전에 최가는 벌벌 떨고 앉았고, 점순이는 장님의 무릎 위에 폭 엎드리며 운다.

"아버지, 이를 어찌한단 말이오. 이제 꼼짝없이 죽었소그려."

장님 "응, 좋은 방위로 달아나거라."

점순 "발로 가기만 하면 어찌 사오. 돈 한 푼 없이 어디 가서 들어앉 았으며, 무엇을 먹고 산단 말이오?"

장님 "응, 좋을 도리가 있지."

하며 또 말을 얼른 하지 아니하니, 점순은 아버지를 부르고 최가는 장 인을 부르면서, 장님에게 살려 달라고 떼거리를 쓴다. 본래 그 장님이 라 하는 사람은 점을 쳐서 그 일을 안 것이 아니라 강 동지의 돈을 받아 먹고 서울서는 김 승지의 부인을 속이고 부산 가서 점순의 내외를 속이 는 터이라. 점순 내외를 살 길 가르쳐 주는 것이 아니라 죽을 길로 몰아 넣는다.

"이애 최집아, 너는 부르기가 그리 거북하구나. 최집이라 하니 귀후 비개, 이쑤시개 넣은 최집 같고, 딸아 부르면 너무 상스럽고, 최 서방 집이라고나 부를까?"

점순 "아버지, 내 이름이 점순이오. 시집간 딸은 이름 못 부르나. 아 버지는 내 이름을 불러 주."

장님 "점순이 점순이, 그 이름 이상하다. 내가 점을 잘 치는 사람이라 점에는 이순풍이 부럽지 아니하다. 아마 이순풍같이 점 잘 치는 사람 의 딸될 팔자로 점자와 순자로 이름을 지었나 보다. 이애 점순아, 애 쓰지 마라. 나 같은 아비를 두고 설마 그만 일이야……."

하며 또 씩 웃으니, 점순과 최가의 마음에 이제는 산 듯싶더라.

장님 "이애 점순아, 좋을 도리 있으니 내가 이르는 대로만 하여라. 네 가 서울서 떠날 때에 김 승지의 부인더러 비밀한 일이 있거든 전인하 라 하였지? 너는 네 눈으로 편지를 못 보는 고로 그리하였으나, 김 승지의 부인의 심복 되는 사람 어디 있느냐? 처음에 네게 돈 백 원 보낼 때에도 우편국에 보내서 돈 부칠 사람이 없어서 사람을 다리 놓아서 일본말도 하고 우편으로 돈도 부칠 줄 아는 사람을 구하였는데, 그 때에 돈 부쳐 주던 사람은 아까 이 앞으로 양복 입고 지나가다가 나와 싸우던 놈이 그놈이다. 김 승지 부인이 네가 두 번째 부친 편지를 보고 세간 그릇에 돈푼 받을 만한 것은 있는 대로 다 팔아서 돈을 몇백 원을 만들어서 계월이 시켜서 아까 그 양복한 놈더러 부쳐 달라 하였는데, 이번에는 우편으로 부치지 말고 기차를 타고 부산으로 내려가서 돈도 전하고 말도 좀 잘 전하여 달라 하였더니, 그놈이 돈을 가지고 부산까지 내려와서 졸지에 적심이 나서 그 돈을 떼어 먹으려 드는구나. 자, 우선 좋을 도리가 있다. 이애 최춘보야, 네 이 길로 그놈을 좇아가서 그 돈을 빼앗아 오너라. 그놈이 그 돈을 양복 포켓에 넣고 다닌다. 그놈 있는 곳을 가르쳐 줄 터이니 빨리 가거라."

점순과 최가는 김 승지 부인의 돈을 얻어먹으려고 천신 만고하여 춘천집을 죽였는데, 돈은 딴 놈이 떼어 먹었단 말을 듣고 열이 나서 죽을 지경이라. 최가가 주먹으로 방바닥을 치며 웅장한 목소리로 혼자말이라.

"응, 세상에 참 별놈 다 보겠구. 내 돈을 떼어 먹고 곱게 새겨 보게? 그런 도둑놈이 있나. 남은 죽을 애를 써서 벌어 놓은 돈을 그놈이 손끝 하나 꼼짝 아니 하고 가로채 먹어?…… 여보 장님, 아차, 참 말이 헛나갔구. 장인, 일이 분하겠습니까 아니 분하겠습니까?"

점순 "글쎄, 그런 복통할 일이 있단 말이오. 우리가 그놈의 좋은 일 하여 주려고 그 애를 쓰고 그 일을 하였단 말이오? 오늘 이 고생이 다 어디서 났소. 그래, 그놈은 누워서 떡 받아 먹듯 내게 오는 돈을 떼어 먹는단 말이오. 여보 최 서방, 그놈을 붙들거든 대매에 쳐죽여 버리고 돈을 빼앗아 오시오."

최가 "아무렴, 여부가 있나. 그놈이 죽을 수가 뻗쳐서 우리 돈을 먹으려 들었지."

하며 연놈이 받고 차기로 날뛰다가 최가는 장님의 지휘를 듣고 양복 입은 놈을 붙들러 쫓아가니, 최가의 가는 곳은 동래 범어사*요, 최가의 쫓아가는 양복 입은 사람은 강 동지라.

강 동지가 서울 있을 때에 계동 박 참봉을 사이에 놓고 김 승지를 어찌 솜씨 있게 잘 얼렀던지 김 승지의 재물을 욕심껏 빼앗고 사화*하기로 언약하고 재판소에 기송은 아니 하였으나, 그 경영인즉 김 승지의 재물에 욕심이 나서 그러한 것이 아니라, 김 승지 집 재물은 재물대로 빼앗고 원수는 원수대로 갚으려는 경영이라.

서울서 구리 귀신 같은 판수를 데리고 부산으로 내려갈 때에 머리 깎고 양복을 입고 내려가니, 본래 최가와 점순이가 강 동지 내외 얼굴을 도동 있을 때에 밤에 한 번 보았으나 그 후에 강 동지가 머리 깎고 양복을 입으니, 밤에 한 번 보던 사람은 얼른 알아볼 수가 없을지라. 최가는 판수의 꾐에 빠져서 양복 입은 사람만 쫓아가기에 정신이 골똘하여 밋밋한 몸뚱이를 끌고 천방지축 가는데, 그 날이 음력 사월 보름날 밤이라 십 리를 못 가서 날이 어두웠으나 달이 돋아 낱낱이 밝은지라. 최가가 몸에서 바람이 나도록 서슬 있게 걸음을 걸으면서 무슨 흥이 그렇게 나던지 흥김에 혼자말이라.

“응, 세상에 참 우스운 놈 다 보겠구. 나를 누구로 알고 내 것을 떼어 먹으려 들어. 산 범의 눈썹을 빼려 들지언정 최춘보 이놈의 것을 먹고 배길 놈이 생겨났단 말이냐. 네 이놈, 보아라. 내일 아침 때만 되면 너는 내 손에 더운 죽음을 하고 돈은 내 손에 들어올 것이다. 그러나 김 승지 댁 마님의 돈 얻어먹기 참 힘들다. 춘천집 모자를 죽이고, 또

---

* 범어사(梵魚寺) 경상 남도 동래 금정산에 있는 절.
* 사화(私和) 개인적으로 화해함.

범어사

한 놈 더 죽여야 그 돈이 내 손에 들어온단 말이냐. 대체 이상한 일이
지. 지난 달 보름날 밤에 춘천집 죽일 때에 달이 밝더니 오늘 그놈을
죽이러 가는데 또 달이 밝아……. 밤길 가기 참 좋다. 밤새도록 가도
싫지 아니하겠구."

최가의 마음에 판수의 말대로만 하면 산에서 호랑이를 만나도 죽지
아니할 줄로 알고 걸음을 걸으면서 판수가 일러 주던 말만 골똘히 생각
하며 간다.

그 말은 무슨 말인고. 오늘 밤으로 범어사로 가노라면 길은 알 도리
가 있으리라 하였고 오늘 밤중이라도 범어사에 들어가서 자고 있으면
내일 아침 식후에 그 양복한 놈이 어디로 갈 터이니 그 뒤만 따라서면
얼마 아니 가서 호젓한 곳을 만날 터이니, 그 곳에서 그놈을 죽이라 하
였는지라.

제갈량*의 금낭이나 받은 듯이 잔뜩 믿는 마음뿐이라. 처음 가는 모
르는 길에 가장 아는 길 가듯 큰길로만 달아난다. 밤은 적적하고 행인
은 끊어졌는데, 어떠한 중 하나가 세대 삿갓*을 쓰고 바랑* 지고 지팡
이 짚고 최가의 앞을 향하여 오다가 최가를 보고 허리를 구부리며,

"소승 문안드립니다."

최가 "응, 대사 어느 절 중인고?"

중 "소승은 동래 범어사에 있습니다."

최가 "옳지, 잘 만났구. 내가 지금 범어사에 가는 길이러니……. 그래
범어사가 여기서 얼마나 되누?"

중 "어, 길 잘못 들으셨습니다. 이 길은 양산으로

*제갈량(諸葛亮) 중국 삼국 시대 촉한의 재상.(181~234)
*세대 삿갓 비구니가 쓰는 대삿갓.
*바랑 중들이 등에 지는 자루처럼 생긴 큰 주머니.

제갈량

가는 큰길이올시다."

최가 "어 그것 참 아니 되었구. 대사가 범어사 중이거든 나와 범어사로 같이 가면 내일 상급이나 많이 주지."

중이 상급 준다는 말에 귀가 번쩍 뜨여서 따라가는 듯이 저 갈 길을 아니 가고 최가의 지로승이 되었는데, 그 중인즉 그 날 양복 입고 점순의 집 앞으로 지나던 강 동지라.

중의 복색은 어디 두었다가 입고 나섰던지 손빈*이 마릉에 복병하고 방연을 기다리듯, 산모퉁이 호젓한 길목장이에서 최가가 오기만 기다리다가 최가 오는 것을 보고 뛰어나선 터이라.

강 동지가 큰길을 비켜 놓고 산비탈로 들어서니, 최가는 그 길이 범어사로 들어가는 길로만 알고 따라간다.

강 동지가 획 돌아서더니,

"여보시오, 서방님은 어디 계신 양반이시오니까?"

최가 "응, 나는 서울 사네. 내가 갈 길이 바쁘니 어서 가면서 이야기하세."

강 동지 "네, 걱정 맙시오. 거진 다 왔습니다. 그러나 소승이 서방님을 모시고 소승의 절로 들어가면 어디 계신 양반님이신지, 무슨 일로 소승의 절에 오시는지 알고 들어가야 모시고 가는 본의도 있고, 또 서방님의 보실 일 거행도 잘할 도리가 있습니다."

최가 "응, 그도 그러하겠네. 오늘 저녁때 범어사로 어떤 머리 깎고 양복 입은 자 하나 간 것 보았나?"

강 동지 "소승은 오늘 양산 통도사*에서 오는 길이올시다."

---

* 통도사(通度寺) 경상 남도 양산군 영취산에 있는 절.
* 손빈 중국 전국 때의 전략가. 그가 한 스승 밑에서 방연과 함께 병법을 배웠는데, 자기보다 재능이 뛰어난 것을 시기한 방연이 억지 죄를 주어 손빈에게 발꿈치를 베는 형을 가했음. 그 후 손빈은 제나라의 군사가 되어 적장인 방연을 마릉에서 패배시켜 죽였음.

최가 "응, 그러면 자네는 모르겠네."

강 동지 "서방님께서 그 양복 입은 양반을 뵈러 가시는 길이오니까?"

최가가 무슨 말을 하려 하다가 아니 하니 강 동지가 선뜻 달려들어 최가의 손에 든 몽둥이를 쑥 빼앗아서 휙 집어 내던지고 지팡이 끝으로 최가의 가슴을 찌르니, 최가가 지팡이 끝을 턱 붙들며 무슨 소리를 막 냅뜨려 할 즈음에 강 동지가 지팡이를 와락 잡아당기는데 칼이 쏙 빠지며, 최가의 손에는 칼집만 있고 강 동지의 손에는 서리 같은 칼날이 달빛에 번쩍거린다. 최가가 제 뚝심만 믿고 칼자루를 들고 칼을 막으려 드는데, 강 동지는 오른손에 칼을 높이 들고 섰고 최가는 두 손으로 칼집을 쥐고 섰다.

강 동지가 소리를 버럭 지르며 칼로 내리치니 최가가 몸을 슬쩍 비키면서 칼집으로 내려오는 칼을 받는다.

본래 강 동지의 칼이 뼘 좁은 지팡이 칼이라. 내리치는 힘도 장수의 근력이요 올려 받는 힘도 장수의 근력이라. 칼도 부러지고 칼집도 부러지니, 최가가 부러진 칼집을 던지고 와락 달려들며 강 동지 멱살을 움켜 쥐는데, 강 동지가 부러진 칼 도막을 내던지며 무쇠 같은 주먹으로 최가의 팔뚝을 내리치니, 강 동지의 옷깃이 뭉청 떨어지며 멱살 쥐던 최가의 팔이 부러지는 듯하여 감히 다시 대적할 생의를 못하고 겁결에 달아난다.

본래 최가는 몸이 비대하고 둔한 사람이요, 강 동지는 키가 크고 몸에 육기가 없는데 몸이 열쌔고 눈이 썩 밝은 사람이라. 가령 두 사람의 힘은 상적하더라도 강 동지가 열쌘 것만 하여도 최가를 겁내지 아니할 만한 터이라. 또 강 동지는 몸만 열쌜 뿐이 아니라 삼학산 범을 만나지 못한 것만 걱정이지 만나기만 하면 때려 잡을 듯 담력이 있는 사람이라. 최가가 두어 간 동안이나 달아나도록 쫓아가지 아니하고 선웃음 한마디로 허허 웃으면서,

"네가 달아나면 몇 발짝이나 가다가 붙들리겠느냐?"

하더니 살같이 빠른 걸음으로 쫓아가서 최가의 다리를 붙들어서 어찌 몹시 메쳤던지 캑 소리 한 마디가 나면서 최가가 땅바닥에 가로 떨어져서 꿈쩍을 못 한다.

"이놈 정신 좀 차려라. 네가 어찌하여 죽는지 알고나 죽느냐?"

최가가 간이 떨어졌는지 염통이 쏟아졌는지 아가리로 피를 퍽퍽 토하면서 정신은 잃지 아니한지라, 겨우 입 밖에 나오는 목소리로,

"대사님, 사람 좀 살려 주시오. 나는 아무 죄 없는 사람이오. 몸에 아무것도 없소. 있거든 있는 대로 다 가져가오."

강 동지 "응, 도둑놈이라는 것은 하릴없는 놈이구나. 제 마음으로 남의 마음을 짐작하는구나. 그만두어라, 너를 데리고 긴 말 할 것 없다. 두말 말고 네가 오늘 밤에 춘천 강 동지의 손에 죽는 줄만 알고 죽어라."

최가의 귀에 강 동지라 하는 소리가 들어가면서 혼은 죽기도 전에 황천으로 달아난다. 강 동지가 철장대 같은 팔을 쑥 내밀어 쇠스랑 같은 손가락을 딱 벌리더니 모로 드러누운 최가의 갈빗대를 누르니, 최가의 갈빗대 부러지는 소리가 고목나무 삭정이 꺾는 소리가 난다.

강 동지는 옷에 피 한 점 아니 묻히고 최가를 죽였더라.

깊은 산 수풀 속에 밤새 소리는 그윽하고, 너른 들 원촌에는 닭의 소리가 꿈 속같이 들리는데, 강 동지는 최가의 송장을 치우지도 아니하고 그 길로 부산으로 내려간다.

지새는 달빛은 서산에 걸렸는데, 강 동지는 열에 뜬 사람이라 잠잘 줄을 모르고 길만 가거니와, 온 세상이 괴괴하여 새벽 잠 엷은 꿈 속에 있는 때이라.

부산 초량 들어가는 산모퉁이 외딴집 단칸방에, 아랫목에는 장님이 누워 자고 윗목에는 점순이가 누워 자는데, 장님이 별안간에 소리를 버

럭 지르며 벌떡 일어 앉는 서슬에 점순이가 에그머니 소리를 지르며 마주 일어 앉는다.

"아버지, 웬 잠꼬대를 그리 대단히 하시오. 나는 꿈자리가 사나워서 애를 무수히 쓰던 터인데, 아버지 잠꼬대에 혼이 나서 깨었소."

장님 "너는 꿈을 어떻게 꾸었느냐?"

점순 "꿈도 하 뒤숭숭하니 웬 꿈이 그러한지. 꿈을 많이 꾸었으나 꾸는 대로 잊어버리고 하나만 생각이 나오."

장님 "응, 무슨 꿈?"

점순 "꿈에는 아버지가 왜 나를 그리 미워하던지 지팡이를 들고 나를 쳐죽이려고 쫓아다니는데, 내가 쫓겨다니느라고 애를 죽도록 썼소. 무슨 꿈이 그렇게 이상하오."

장님 "네 꿈은 개꿈이라. 네가 꿈이 다 무엇이냐. 내 꿈이 참 영한 꿈이지. 네 좀 들어 보아라. 춘천집의 아비 강 동지가 오늘 부산으로 내려와서 부산 재판소 순검을 데리고 너희들을 옴치고 뛸 수가 없이 잡을 작정으로 지금부터 남대문 밖 정거장에 나와 앉아서 첫 기차 떠나는 시간을 기다리고 앉았구나. 이애, 큰일났다. 이 집에 있다가는 나까지 봉변을 하겠다. 어, 지금부터라도 어디로 갈 일이로구."

점순이가 기가 막혀서 장님을 붙들고 운다.

"아버지, 그것이 무슨 말씀이오. 나 혼자 붙들려 죽든지 말든지 내버려 두고 아버지 혼자 어디로 가신단 말이오. 여보, 말으시오. 아무리 낳은 자식이 아니기로 그렇게 무정히 구신단 말이오? 아버지 혼자 어디 가서 잘 살으시오. 나 혼자 집에 있다가 잡혀 가서 죽으면 아버지 마음에 좋을 터이지."

점순이가 야속하여 하는 말같이 하나, 실상은 장님에게 붙임새 있게 하는 말이라.

장님 "응, 네가 말귀를 잘못 알아듣고 하는 말이다. 내야 실상 아무

상관 없는 일에 붙들리기로 무슨 탈 할 것 무엇 있니, 어서 바삐 너를
데리고 가서 피난을 시키잔 말이다. 두말 말고 날 따라 범어사로 가
자. 늦게 가면 최춘보가 그 절에 아니 있기 쉬우니, 도망하는 사람이
각각 헤어져서는 못쓰나니라."
하며 부스럭부스럭 일어나니, 점순이는 겁에 잔뜩 뜬 사람이라. 산도
설고 물도 선 곳에 와서 믿을 곳은 장님 하나뿐이라.

　이불도 없이 등걸잠 자던 몸이 서늘한 새벽 기운에 한데로 나서니,
너른 바다에서 몰려 들어오는 바람이 산을 무너뜨릴 듯이 후리쳐 부는
데, 사월 보름께라도 해풍에는 딴 추위라.

　점순이가 발발 떨며 장님을 따라 나가는데, 서산에 지는 달이 우중충
하기는 장님의 마음과 같은지라. 장님은 밤이나 낮이나 못 보기는 일반
이라. 지팡이 하나만 앞세우면 아무 데든지 거침새없이 다니는 것은 장
님이라. 장님은 앞에 서고 점순은 뒤에 서서 산비탈 좁은 길로 이리저

리 들어가는데 날은 밝아 오나 산은 깊어 간다. 먹바지저고리 입고 세대 삿갓 쓰고 산모퉁이에서 쑥 나서며 장님에게 인사하는 것은 늙은 중이라.

장님이 지팡이를 뚜덕뚜덕하며 발을 더듬더듬하며 눈을 휘번덕거리며 걸디건 목소리로,

"거 누구, 누가 날도 새기 전에 이 산중에를 들어올 사람이 있담."

하면서 제 행색 수상한 것은 생각도 아니 하고 남을 의심하는 것같이 말을 하니, 점순은 민망한 마음이 있으나 장님에게 눈짓할 수도 없고 딱한 생각뿐이라.

중 "여보 장님, 무슨 말을 그리 이상하게 하시오. 내가 도둑놈인 듯싶소? 내 눈에는 장님이 수상하오. 웬 젊은 아씨를 데리고 밝기도 전에 남의 절 근처로 오시니 참 이상한 일이오."

장님 "응, 모르는 사람은 그렇게 보기도 괴이치 아니하지. 나는 딸을 데리고 사위에게로 가는 길이야. 수상할 것 없지."

중 "네, 그러하시오니까. 소승이 말씀을 좀 잘못하였습니다."

장님 "응, 관계 없어. 모르고 그렇게 말하기 예사지. 그러나 대사, 어느 절에 있어?"

중 "소승은 동래 범어사에 있습니다."

장님 "범어사에 있어? 내가 지금 범어사로 가는 터인데……. 그래 밝기도 전에 어디로 가오?"

중 "오늘 새벽에 소승의 절에서 무슨 일이 좀 생겨서 소승이 그 일로 인하여 어디로 좀 가는 길이올시다."

장님 "일은 무슨 일, 내가 범어사로 좀 놀러 가는데, 절이 과히 분주치는 아니할까?"

중 "절이 분요도 합니다. 어젯밤에 웬 손님 두 분이 싸움을 하여 하나는 죽도록 얻어맞고 하나는 어디로 도망을 하였는데, 때리고 도망한

자는 양복 입은 사람이요, 맞고 드러누운 자는 구레나룻 많이 난 사람인데, 만일 죽고 보면 소승의 절은 탈이올시다. 그렇게 몹시 맞은 줄 알았더면 절에서 양복 입은 자를 붙들어 결박을 하여 두었을 터인데 그놈을 놓쳤으니, 소승의 절에서는 살인 정범을 도망이나 시킨 듯이 그 허물은 절에서 뒤집어쓸 터이올시다. 그런 고로 소승의 절에서는 그 구레나룻 난 자가 죽기 전에 부산 재판소에 가서 전하고 양복 입은 자를 바삐 근포*하여야 되겠습니다. 장님께서 오시는 길에 혹 못 보셨습니까? 에그, 참 장님은 그놈을 만났기로 알 수가 있나. 황송한 말씀이올시다마는 저기 계신 아씨께서는 혹 그런 사람을 보셨는지요?"

점순은 그 말을 듣고 속이 타서 날뛰는데 장님은 천연히 서서 입맛을 다시며 제 걱정만 하고 있다.

장님 "어, 내 산통은 아주 잃었구. 그 몹쓸 놈 내 산통이나 두고 달아날 일이지. 정녕 가지고 갔으렷다."

하는 소리가 점순의 귀에 들어가며 점순이가 기가 막혀서 말이 아니 나올 지경이라. 그 곳은 어딘지 과히 깊은 산도 아니나 호젓하기는 그만한 곳이 없을 만치 되었더라. 그 산 너머는 층암 절벽에 날아가는 새도 발 붙일 수 없는 곳인데, 그 밖에는 망망 대해라. 그 산 너머서는 오는 사람 있을 까닭이 만무하고 앞으로는 너른 들이 내다보이는데, 그 산에 올라오는 사람이 있을 지경이면 오 리 밖에 오는 사람을 미리 보고 있는 터이라. 그 산에는 수목도 없는 고로 나무꾼도 아니 다니는 곳이요, 다만 봄 한철에 나물 뜯는 계집이나 다니던 곳이라. 점순이가 아무리 약고 똑똑한 계집이나 서울서 생장한 것이라 장님에게 속아서 그 곳에를 온 터이라.

---

* 근포 범인의 뒤를 밟아 붙잡음.

장님 "어, 다리 아파, 여기 좀 앉아 쉬어 가야."

하면서 이슬에 젖은 풀 위에 털썩 앉으니 점순이가 참다 못하여 말을 냅뜬다.

점순 "여보 장님, 어찌할 작정이오?"

장님 "응, 그러하렷다. 아쉬면 아버지 아버지 하고, 볼 것 없을 때는 장님이니 눈 먼 놈이니 하는구."

점순이가 말대답을 하려는데 중이 달려들어 점순의 손목을 끄니, 점순이는 골이 잔뜩 났던 터이라, 손목을 뿌리치며 만만한 중에게 포달을 부리니 중이 점순의 뺨을 치면서 남의 이름을 언제 알았던지,

"요년 점순아, 눈 좀 바로 떠 보아라. 네가 나를 몇 번째 보면서 몰라 보니 염라국에서 네 혼은 다 빼앗아 갔나 보구나."

하는 소리에 점순이가 중을 쳐다보니 어제 양복 입고 점순의 집 앞에서 장님과 싸움하던 사람이라. 어제는 서로 싸우던 위인들이 오늘은 장님과 중이 웬 의가 그리 좋던지, 중이 허허 웃으면서,

"여보 장님, 밤새 평안하오."

장님 "응, 이거 누구야? 아, 강 동지가 여기를 어찌 왔나?"

중이 장님의 말대답은 아니 하고 장님 옆에 가서 턱 앉으며 점순이를 부른다.

점순이가 옴치고 뛸 수 없이 강 동지 손에 죽을 터이라. 못된 꾀는 아무리 많을지라도 섬섬 약질의 계집이 범같이 강한 원수를 만났으니 빌어도 쓸데없고 울어도 쓸데없고 강 동지의 주먹 아래 죽는 것밖에 수가 없다.

사람이 죄는 있든지 없든지 죽는 것 설워하기는 일반이라. 점순이 얼굴은 파랗게 질리고 몸은 사시나무 떨듯 하며 가도 오도 못 하고 섰다.

강 동지가 벌떡 일어나서 점순의 앞으로 향하여 가니, 점순의 마음에 인제는 죽나 보다 싶은 생각뿐이라 간이 살살 녹는데 강 동지가 천연한

목소리로,

"이애, 겁내지 말고 저리 좀 가자. 너더러 물어 볼 일이 있다."

하면서 점순의 손목을 잡아 끌고 장님 앉은 옆으로 가다가 점순을 돌아다보며,

"이애, 너도 변하였구나. 또 뿌리치지 아니하니. 네가 절에 간 색시지, 허허허."

웃으면서 점순을 붙들어 앉히고 김 승지 부인의 말을 가지각색으로 묻는다. 물을 말 다 묻고 할 토죄 다 한 후에,

강 동지 "요년 더 할 말 없다. 너 그만 죽어 보아라."

하더니, 부스스 일어나니, 점순이가 제 죄는 생각지 아니하고 죽기 싫은 마음에 악이 나서 장님을 보며 포달을 부린다.

"이 몹쓸 놈, 사람을 그렇게 몹시 속인단 말이냐. 내가 네게 무슨 원수를 지었기에 나를 끌고 이 곳에 와서 죽게 한단 말이냐. 죽이려거든 내 집에서나 죽일 일이지……. 에그, 이 몹쓸 놈아, 이 자리에서 눈깔이나 빠져 죽어라."

장님 "조런 못된 년 보았나. 가뜩 못 보는 눈을 또 빠지란단 말이냐. 여보 강 동지, 내 청으로 고년 주둥이 좀 짓찧어 주오."

강 동지가 호령을 천둥같이 하면서 달려들더니 점순의 쪽진 머리채를 움켜쥐고 넓적한 반석 위로 끌고 가더니 번쩍 들어 메치는데, 푸른 이끼가 길길이 앉은 바위 위에 홍보를 펴놓은 듯이 핏빛뿐이라.

강 동지가 한숨을 휘 쉬면서 돌아다보니 바다 위에 아침 안개가 걷히며 오륙도에 해가 돋아 불 같더라.

강 동지가 장님을 데리고 그 길로 부산으로 내려가서 첫 기차를 기다려 타고 서울로 올라간다. 풍우같이 빨리 가는 기차가 천 리 경성을 하루에 들어가는데, 그 기차가 경성에 가깝게 들어갈수록 삼청동 김 승지 부인의 뼈마디가 짜릿짜릿하다. 시앗이 있을 때는 시앗만 없으면 세상

에 걱정될 일이 없을 것 같더니, 시앗이 죽은 후에 천하 근심은 다 내 몸에만 모여든 것 같다. 판관 사령 같던 김 승지도 그 마누라가 춘천집 모자를 죽인 줄 안 후로는 잠을 자도 사랑에서 자고, 밥을 먹어도 사랑에서 내다 먹고, 부인이 무슨 말을 물으면 대답도 아니 하고 사랑으로 나가니, 그 부인이 미칠 지경이라.

무당을 불러서 살도 풀어 보고 판수를 불러서 경도 읽어 본다. 본래 강 동지가 김 승지의 돈을 빼앗아서 그 돈으로 김 승지 집 계집종들에게 풀어 먹이는데, 김 승지의 부인이 손가락 하나만 꼼짝하여도 강 동지가 알고 있고, 점순에게서 편지 한 장만 와도 그 편지가 강 동지의 손으로 들어오고, 김 승지의 부인이 답장을 하면 그 편지가 우체통으로 들어가지 아니하고 쏜살같이 강 동지의 손으로 들어갔는데, 점순에게 가는 편지 한 장만 가져다가 강 동지를 주면 돈 백 원도 집어 주고 오십 원도 집어 주니, 부인이 점순에게 편지 두어 번 한 것이 한 장도 점순에게는 못 갔더라.

부산 가서 점순이를 속이던 판수는 김 승지 부인에게 불려 가서 춘천집의 귀신을 잡아 가두려고 경 읽던 장 판수라. 강 동지가 그 소문을 듣고 장 판수를 찾아가서 김 승지 부인의 돈을 잘 빼앗을 도리도 가르쳐 주고, 또 강 동지는 김 승지의 돈을 문청문청 빼앗아다가 장 판수를 주니, 장 판수는 강 동지가 죽어라 하면 죽는 시늉이라도 할 지경이라. 장 판수가 김 승지의 부인을 어찌 묘리 있게 속였던지, 장 판수의 말은 낱낱이 시행이라. 그 속이던 말은 장황하나 일은 단 두 가지뿐이라.

한 가지는 자객을 사서 강 동지 내외를 죽이면 원수 갚을 놈이 없으리라 하는 말로 돈을 많이 빼앗아 내었고, 한 가지는 장 판수가 부산을 내려가서 점순이를 데려다가 제 집 건넌방에 감추어 두겠다 하고 치행할 돈도 빼앗더라.

부산을 내려가서 최가와 점순이를 꾀어다가 무인지경에서 강 동지

손에 죽게 하고, 서울로 올라오던 그 이튿날 김 승지의 부인에게 통기한 일이 있었더라.

강 동지 내외는 자객의 손에 죽었다 하였고, 점순이는 데려다가 제 집 건넌방에 감추어 두었다 하였고, 자세한 말은 오늘 밤중에 점순이가 가서 뵈올 터이니 사람을 물리치고, 부디 혼자 계시라 하였더라.

부인이 장님의 통기한 말을 듣고 점순이를 만나 보려고 밤 되기를 기다려서 초저녁부터 계집종들은 행랑으로 다 내쫓고 대문과 중문은 지쳐만 두고 안방에 혼자 앉아 기다린다.

문풍지 떠는 소리만 들어도 점순이 오느냐, 생쥐가 바싹 하는 소리만 들어도 점순이 오느냐 하며 앉았는데, 종로 보신각에서 밤 열두 시 치는 종소리가 땡땡 나도록 소식이 없으니 김 승지 부인이 통통 찡이 나서 혼자말이라.

"그 배라먹을 년, 오려거든 진작 좀 오지 무엇 하느라고 이 때까지 아니 오누. 나는 이렇게 기다리는데 고년은 날 보고 싶은 생각도 없담. 고년은 무슨 일이든지 좀 시원시원한 꼴을 못 보아. 이렇게 조용한 때에 아니 오고 언제 오려누. 요년, 오늘 밤에 아니 오려는 것이로구. 올 것 같으면 벌써 왔지."

하면서 실성한 사람같이 중얼거리다가 옷 입은 채로 골김에 드러누웠더라. 부인의 마음에 점순을 보면 눈이 빠지도록 꾸짖을 작정이라. 벽상에 걸린 자명종은 새로 한 점을 땅 치면서 창 밖에서 사람의 발걸음 소리가 나니 부인의 마음에, 옳지 인제 점순이가 오거니 여기고 누웠는데, 늦게 오는 것이 괘씸한 생각이 있어서 잠도 아니 든 눈을 감고 누웠는데 방문 여는 소리가 펄쩍 나니, 본래 김 승지의 부인이 참을성 없는 사람이라, 눈을 번쩍 떠서 보니 키가 구 척 장신의 남자라. 서릿빛 같은 삼척 장검을 쑥 빼어 번쩍 들고,

남자 "이년, 네가 꿀꺽 소리를 질렀다가는 뒤어지리라."

부인 "에그, 살려 주오."

하고 벌벌 떨고 꼼짝을 못 한다.

남자 "이년, 네가 재물이 중하냐, 목숨이 중하냐?"

부인 "재물은 있는 대로 다 가져가더라도 목숨만 살려 주오."

남자 "그러면 무슨 말이든지 내 말대로 듣겠느냐?"

부인 "아무 말이든지 들을 터이니 살려 주오."

하면서 칼을 쳐다본다.

그 남자가 부인 앞으로 바싹 다가오더니,

"그러면 내가 네 재물도 싫고 네게 탐나는 것이 있으니 그 말만 들을 터이면 너를 살리다 뿐이겠느냐?"

부인 "무슨 말이오?"

남자 "응, 그만하면 알 일이지. 내가 너를 탐을 내서 이렇게 들어온 사람이라. 만일 내 말을 아니 들을 지경이면 이 칼로 네 목을 칠 것이요, 내 말을 들으면 내가 이 밤에 너를 데리고 자고 갈 뿐이라. 네 재물 가지고 갈 리가 만무하다. 네가 나를 누구인지 자세히 알 것 같으면 네가 그만한 은혜는 갚을 만도 하니라."

부인 "누구란 말이오?"

남자 "응, 나는 장 판수의 부탁을 듣고 춘천 사는 강 동지 내외를 내 손으로 죽였다. 강 동지를 네가 죽여 달라 하였지? 자, 이제는 네 걱정될 일은 아무것도 없으니 마음을 놓아라. 내가 강 동지 내외를 죽일 때에 그까짓 돈푼을 바라고 사람을 둘이나 죽였겠느냐. 너같이 곱게 자라난 계집이 탐이 나서 그랬지."

부인이 겁결에 강 동지를 죽인 사람이라 하는 소리를 듣고 겁나던 마음이 좀 풀렸던지 얼굴에 웃는 빛이 나며 말을 묻는다.

"여보, 강 동지를 참 죽였소?"

남자 "네 마음에 못 미더우냐?"

부인 "아니오, 못 믿어서 하는 말이 아니오……."

남자 "자, 밤 들었으니 긴말할 것 없다. 내 말을 정녕 듣지?"

부인 "누가 아니 듣는다고 무엇이라 합더니까. 그러나 강 동지 죽이던 이야기 좀 자세 하구려."

남자 "너는 종시도 내가 강 동지를 아니 죽이고 죽였다는 줄로 아느냐?"

부인 "아니오, 의심하는 말이 아니오."

남자 "오냐, 강 동지 죽이던 모양 좀 보아라. 이렇게 죽였다."

하면서 칼로 부인의 목을 치는데, 원래 그 남자는 강 동지라.

강 동지의 힘은 장사요 칼은 비수 같은지라, 번개같이 빠른 칼이 번쩍 하며 부인의 목이 뚝 떨어졌다.

강 동지가 칼을 턱 놓고 한숨을 휘 쉬더니 김 승지 부인의 목을 흘겨보며 토죄를 한다.

"이년, 네가 시앗을 없애고 너 혼자 얼마나 호강을 하려고 그런 흉악한 일을 하였더냐, 내가 내 딸을 데리고 서울로 왔을 때에 네가 극성을 어떻게 부렸느냐. 이년, 이 개잡년아, 네가 숙부인, 숙부인인지 쑥부인인지, 뺑대부인이라도 너 같은 잡년은 없겠다. 이년, 이 망할 년, 네가 걸핏하면 양반이니 염소반이니 하며 너는 고소대같이 높은 사람이 되고 내 딸은 상년이라고, 그년 그년 그까짓 년, 남의 첩년, 강 동지의 딸년, 죽일 년 살릴 년 하며 너 혼자 세상에 다시 없는 깨끗한 양반의 여편네인 체하던 년이 그렇게 쉽게 몸을 허락한단 말이냐. 이년, 네 마음이 얼음같이 깨끗하고 칼날같이 독할 지경이면 남의 칼을 무서워하며 네 목숨을 아낀단 말이냐. 이년, 너 같은 망할 년이 안방 구석에 갇혀 들어앉았지 아니하였으면 어떠한 잡년이 되었을는지 모를 것이다. 오냐, 내가 네 소원을 풀어 주려고 내외 없는 저승으로 보내 준다. 저승에 가거든 소원대로 서방질이나 싫도록 하여라."

하더니 칼을 다시 집어 들고 죽어 자빠진 송장을 후려치고 돌쳐 나가니, 그 날은 사월 열이렛날이라. 누르스름한 달은 서천에 기울어졌고, 장안은 적적한 깊은 밤이라. 강 동지가 칼을 품고 김 승지 집에 있던 계동 침모의 집으로 향하여 간다.

본래 강 동지가 점순이를 죽일 때에 전후 죄상을 낱낱이 초사받는데, 점순이가 춘천집 죽이던 일에 침모도 참섭이 있는 줄로 말한지라. 강 동지가 서울로 올라오던 길로 침모의 있는 곳을 알아보니, 침모는 계동 막바지 집에서 그 어머니와 같이 양대 과부 세간살이를 하고 있다 하는지라.

강 동지가 하루 종일토록 다니면서 삼청동 김 승지 집과 계동 침모의 집을 자세히 보아 두었다가 그 날 밤에 삼청동 가서 김 승지의 부인을 죽이고 피가 뚝뚝 떨어지는 칼을 씻지도 아니하고 두어 번 홱홱 뿌려 칼집에 꽂았는데, 칼에서는 찬바람이 나고 강 동지는 열이 꼭뒤까지 올랐더라.

계동 막바지에 죽은 배 부장 집을 찾아가서 뒷담을 훌쩍 넘어 들어섰더라. 배 부장 집이라 하는 것은 즉 침모의 집이라. 강 동지가 칼을 빼어 들고 배 부장 집 안방으로 쏜살같이 들어가려 하다가 발을 멈추고 기척 없이 서서 그 집 동정을 보며 무슨 생각을 한다.

'침모를 죽일 때에 그 어미 되는 노파가 깨었거든 그 어미까지 죽이고, 그 어미가 모르고 자거든 침모만 죽이리라.'

하는 생각이 나서 그 안방 뒷문 밖에서 방 안에 있는 사람들이 잠이 들었나 아니 들었나 엿듣는다.

방 안에서 기침 소리가 나더니 늙은 노파의 목소리가 난다.

"이애 아가, 옷 벗고 자거라. 왜 옷도 아니 벗고 등걸잠을 자느냐, 감기 들라."

윗목에서 기지개를 부드득 켜는 소리가 나면서 젊은 여편네 목소리가 나는 것은 침모라.

"응, 관계치 아니하여, 가만히 내버려 두오."

노파 "이애, 정신 좀 차려서 일어나, 옷 벗고 이불 덮고 드러누워라."

침모가 잠이 뻔쩍 깨어 벌떡 일어나며,

"에그머니, 오늘은 내가 날마다 하던 일을 잊었네. 어머니는 왜 진작 좀 깨워 주시지 아니하고 이 때까지 내버려 두었단 말이오."

하면서 방문을 열고 안마당으로 나가더니 무엇을 하는지 기척이 없는 지라 강 동지가 발자취 소리도 없이 안마당으로 돌아가는데, 침모는 누가 오는지도 모르고 마당 한가운데에 돗자리 한 잎 펴고 소반 위에 정화수 떠 놓고 북두칠성을 향하여 소반 앞에 납죽 엎드려서 무엇을 비는 모양이다.

"칠성님, 칠성님께 빕니다. 미련한 인생이 마음을 잠깐 잘못 먹고 하마터면 점순이의 꾐에 빠져서 춘천집을 죽일 뻔하였습니다. 나는 우리 어머니가 어지신 마음으로 어지신 경을 하여 주셔서 못된 꾐에 빠지지 아니하였으니 내 신상에는 편하나, 그 몹쓸 점순이란 년이 춘천집을 참 죽일까 염려되어 못 견디겠습니다. 칠성님 칠성님, 어지신 칠성님이 춘천집을 도와 주셔서 비명에 죽지 말게 하여 줍시사. 죄없는 춘천집과 철모르는 거북이가 그 몹쓸 점순의 손에 죽으면 그런 불쌍하고 악착한 일이 어디 있겠습니까. 칠성님이 굽어보시고 살펴보셔서 제발 덕분 도와 줍시사."

하면서 정신 없이 비는데 강 동지가 장승같이 딱 서서 한참 동안을 듣다가 기침 한 번을 컥 하니, 침모가 깜짝 놀라 일어나며 에그머니 소리를 하거늘, 강 동지가 허허 웃으면서 놀라지 마라 하고 방으로 들어가자 하니, 침모가 겁이 나서 대답도 못 하고 벌벌 떨고 섰는데, 본래 눈먼 사람이 귀는 남달리 밝은 터이라, 방 안에 누웠던 노파가 그 소리를 듣고 그 딸을 부른다.

"이애, 거기 누가 왔나 보구나. 누구런지 방으로 데리고 들어오려무나."

그 어머니 소리를 듣고 방으로 들어가며 일변 불을 켜니 강 동지가 따라 들어가서 윗목에 앉으며 좋은 기색으로 말을 하는데, 나는 춘천집의 아비라는 말과 그 딸 춘천집 모자가 죽은 일과 그 원수 갚은 일과 침모까지 죽이러 왔다가, 침모가 춘천집을 위하여 정화수를 떠 놓고 비는 것을 보고 침모의 어진 마음이 있는 줄 알고 이런 이야기나.하러 들어 왔다는 말을 낱낱이 하면서 벼룻집을 빌려 달라 하더니, 김 승지에게 편지 한 장을 써 놓고 나가는데, 침모의 마음은 저승 문턱으로 들어갔다 나온 것 같은지라. 그 편지에 무슨 말이 있는지 모르나, 조심되는 마음에 아니 전할 수가 없어서 그 후 십여 일 만에 침모가 그 편지를 가지고 김 승지 집에 가서 김 승지에게 전하니, 김 승지가 그 편지를 뜯어 보는데, 침모와 같이 보라는 언문 편지라. 그 사연을 자세히 본즉 김 승

지를 원망하는 말은 조금도 없고 강 동지 제가 두 가지 후회 나는 일을
말하였는데, 한 가지는 그 딸을 남의 시앗 될 곳으로 보낸 것이요, 한
가지는 그 딸을 데리고 서울 왔을 때에 김 승지의 부인이 그렇게 투기
하는 것을 보면서 그 딸을 춘천으로 도로 데리고 가지 아니한 일이라.
편지 끝에 또 말하였으되, 객쩍은* 말 같으나 내 딸이 불쌍한 마음이 있
거든 이 침모를 내 딸로 알고 데리고 살라 하였는데, 김 승지도 눈물을
씻고 침모도 낙루를 하며 춘천집의 말을 한다.

  김 승지도 평생에 홀아비로 지내려 하는 작정이요, 침모도 평생에 과
부로 지내려 하는 작정이 있더니, 강 동지가 그런 편지 한 것을 본즉,
김 승지와 침모의 마음에 죽은 춘천집의 모자도 불쌍하거니와 산 강 동
지 내외를 더 불쌍하게 여겨서, 김 승지와 침모가 내외되어 강 동지 내

---

*객쩍다 말이나 행동이 쓸데없고 실없다.

외 일평생에 고생이나 아니 하고 죽게 하자는 의논을 하였으나, 강 동지는 김 승지 부인을 죽이고 침모의 집에 가던 그 날 새벽에 그 마누라를 데리고 남문 밖 정거장 앞에 가 앉았다가 경부 철도 첫 기차 떠나는 것을 기다려 타고 부산으로 내려가서 부산서 원산 가는 배를 타고 함경도로 내려가더니 며칠 후에 해삼위*로 갔다는데 종적을 알 수 없더라.

김 승지와 침모가 강 동지 내외 간 곳을 찾으려 하다가 못 찾고 춘천집 모자의 묘를 춘천 삼학산으로 면례*를 하는데, 신연강으로 청룡을 삼고 남내면 솔개 동네로 향을 삼았더라.

그 묘 쓴 후에 삼학산 깊은 곳에 춘삼월 꽃필 때가 되면 이상한 새 소리가 나는데, 그 새는 밤에 우는 새라. 무심히 듣는 사람은 무슨 소린지 모르지마는, 유심히 들으면 너무 영절스럽게 우니 말지기가 그 새 소리를 듣고 춘천집의 원혼이 새가 되었다 하는데, 대체 이상하게 우는 소리라.

시앗 되지 마라
시앗 시앗
시앗 되지 마라
시앗 시앗

시앗새는 슬프게 우는데, 춘천 근처의 시앗 된 사람들은 분을 뒷박같이 바르고 꽃 떨어지는 봄바람에 시앗새 구경을 하러 삼학산으로 올라가니, 새는 죽었는지 다시 우는 소리 없고, 적적한 푸른 산에 풀이 우거진 둥그런 무덤 하나 있고, 그 옆에는 조그마한 애총* 하나뿐이더라.

---

* 해삼위(海蔘威) 러시아의 블라디보스토크.
* 면례(緬禮) 무덤을 옮기고 다시 장사 지냄.
* 애총 어린아이의 무덤.

부록

작가와 작품 스터디

● 이인직 (1862~1916)

 이인직은 이해조, 안국선 등과 더불어 고소설에서 근대 소설로 넘어가는 과도기적 형태인 신소설을 대표하는 작가로, 호는 국초이다. 경기도 이천에서 태어났으며, 1900년 구한국 정부의 관비 유학생으로 선발되어 일본 도쿄 정치 학교에서 공부했다. 러일 전쟁이 일어나자 일본 육군성 한국어 통역관으로 종군한 후 귀국했다.

1906년 〈국민 일보〉와 〈만세보〉의 주필을 지냈으며, 최초의 신소설 〈혈의 누〉를 〈만세보〉에 연재함으로써 본격적인 신소설 시대를 열었다. 이어 〈귀의 성〉 역시 〈만세보〉에 연재하였다. 1907년 〈만세보〉가 운영난에 빠지자 인수하여 〈대한 신문〉을 창간해 사장 자리에 앉았으며, 이완용의 비서도 겸했다. 꾸준한 창작 활동을 하는 동시에, 우리 나라에 신극을 들여오고자 노력하여 1908년에는 여러 차례 일본에 다녀왔다. 같은 해, 협률사 자리에 극장 원각사를 세우고 신소설 〈은세계〉를 각색하여 상연하는 등 신극 운동을 벌였으며, 이 곳에서 〈춘향가〉, 〈심청가〉, 〈흥부가〉 등의 창극을 상연하기도 했다.

이인직은 1910년 한일 합방이 조인될 때 이완용을 도왔으며, 다이쇼 천황 즉위식에 헌송문을 바치고 경학원 사성을 지내는 등 친일 행위를 하기도 했다. 그러나 우리 나라에서 처음으로 산문 문장을 구사하여 언문 일치의 문장으로 신소설을 개척한 공로는 매우 크다고 할 것이다. 이인직 작품의 중심이 되는 주제는 개화기의 시대적 상황을 반영한 개화 사상 고취가 주를 이루고 있다.

작품으로는 대표작인 〈혈의 누〉, 〈귀의 성〉, 〈은세계〉를 비롯하여, 〈치악산〉, 〈모란봉〉, 〈빈선랑의 일미인〉 등이 있다.

● **귀의 성** 〈귀의 성〉은 〈혈의 누〉에 이어서 1906년부터 1907년까지 〈만세보〉에 연재된 작품이다. 작품의 시간적 배경은 1900년대 초의 개화기이며, 무대는 강원도 춘천 삼학산 근처 마을, 서울 봉은사, 부산 초량 등지이다. 작품의 줄거리를 살펴보면 다음과 같다.

구한말, 춘천에 살던 강 동지는 재물에 눈이 어두워진 나머지, 자신의 무남독녀 길순을 춘천 군수로 내려와 있던 김 승지의 소실로 보낸다. 그러자 그 사실을 알게 된 김 승지 본부인의 투기로 김 승지는 다시 서울로 전임해 가게 되고, 홀로 남은 길순은 임신하여 점점 불러 오는 배를 쓸며 초조한 심정으로 김 승지의 소식을 기다린다.

이러한 딸의 애처로운 모습을 보다못한 강 동지는 딸을 데리고 김 승지의 집을 찾아가지만, 본부인의 적대로 안중문에도 들어가지 못하고 쫓겨나고 만다. 그러나 본부인의 시기와 학대는 여기에서 그치지 않고 마침내는 길순과 그의 아들 거북을 살해하기에 이른다. 이 때 본처를 도와 모자의 살인 계획을 꾸민 것이 바로 그녀의 몸종 점순과 그 정부인 최가였다.

이 끔찍한 일이 있은 뒤 꿈자리가 뒤숭숭하여 부인과 함께 서울로 올라온 강 동지는, 딸이 억울한 죽음을 당했다는 사실을 알게 된다. 그리하여 분노의 화신이 되어, 자신의 딸을 죽인 점순과 최가, 마지막으로는 김 승지의 본부인마저 처단하고 러시아의 해삼위(블라디보스토크)로 떠나는 것으로 막을 내리고 있다.

이 작품은 이인직의 다른 작품이나, 당시의 신소설 작가들의 작품에서 쉽게 찾아볼 수 있는 개화 사상이나 신문화 운동과는 거리가 멀다. 주축이 되는 것은 본처와 시앗 사이의 질투와 갈등, 그리고 이로 인해 빚어지는 가정의 비극이다. 그러나 가정의 비극을 사회적 모순과 연결시키고, 기성 도덕에 대한 각성을 촉구하여 개인의 문제를 통해 사회 문제를 풀어 내려는 작가의 의지가 엿보인다. 또, 양반에 대한 반발 의식, 천민의 신분 관계를 속량하고 자유롭고자 하는 열망의 표출, 미신 타파의 암시적 주장 등은 뒤에 올 근대 소설로 이어지는 중요한 요소라 할 수 있다.

길순이 어머니와 대화를 나누는 대목입니다. 제시문을 읽고 다음 문제에 답하시오.

[문항 1]

> 길순 "어머니, 우지 말으시오. 내가 아버지 걱정을 들으면 며칠이나 들겠소. 서울로 올라가면 아버지 걱정을 듣고 싶으기로 얻어들을 수가 있겠소? (중략) 내가 서울로 가기는 가나 웬일인지 마음이 고약하오. 어젯밤에 꿈자리가 하도 사나우니 꿈땜이나 아니할는지."
>
> 하면서 꿈 생각이 나더니, 소름이 쪽쪽 끼치고 눈물이 뚝 그쳤다.
>
> 모친 "글쎄, 그 이야기 좀 하여라. 어젯밤에 네가 자다가 무슨 소리를 그렇게 질렀는지 좀 물어 보려 하다가 딴말 하느라고 못 물어 보았다. 꿈을 꾸고 가위를 눌렀더냐?"

(1) 길순은 한밤중에 끔찍한 꿈을 꾸고는 소리를 지르면서 깨어났습니다. 어떠한 꿈을 꾸었는지 대강의 내용을 말해 봅시다.

----

(2) 길순의 꿈은 앞으로 일어날 어떠한 일에 대한 강한 복선으로 볼 수 있습니다. 이 꿈이 암시하고 있는 앞으로 벌어질 일이란 무엇인지 서술해 봅시다.

춘천집의 교군이 김 승지의 집에 도착했을 때 김 승지가 보인 태도를 나타낸 대목입니다. 제시문을 읽고 다음 문제에 답하시오.

[문항 2]

(전략) 필경 마누라에게 우박맞는 것을 저것들은 다 보리라 싶은 마음에, 아무쪼록 집안이 조용하도록 할 작정으로 서투른 생시치미를 떼느라고 침모를 보며,

김 승지 "저 중문간에 교군이 웬 교군인가? 자네가 어디를 가려고 교군을 갖다 놓았나? 젊은 여편네가 어디를 자주 가면 탈이니."

김 승지 "어디 내가 춘천집이 왔는지 무엇이 왔는지 알 수가 있나. 나더러 누가 말을 하여야 알지. 이 애, 그것이 참 춘천집이냐? 내가 오란 말 없이 왜 왔단 말이냐. 내가 데려올 것 같으면 춘천서 올라올 때에 데리고 왔지 두고 올 리가 있나. 춘천 있을 때에 내가 싫어서 내어 버린 계집인데 왜 내 집에를 왔단 말이냐. 작은돌아, 네가 나가서 어서 그 교군을 쫓아 보내고 들어오너라. 여보, 마누라도 딱한 사람이오. 자세히 알지도 못하고 헛푸념을 그리 하는구려."

(1) 위의 두 대목을 통해 엿볼 수 있는 김 승지의 성격에 대해 적어 봅시다.

----

(2) 김 승지는 작품 속에서 벌어진 끔찍한 사건에 간접적 책임이 있다고 할 수 있습니다. 이 점에 대해 그의 성격을 중심으로 서술해 봅시다.

강 동지에 대해 묘사한 대목입니다. 제시문을 읽고 다음 문제에 답하시오.
[문항 3]

> 강 동지가 성품은 강하고 힘은 장사라, 하늘에서 떨어지는 벼락도 무섭지 아니하고, 삼학산에서 내려오는 범도 무섭지 아니하나, 겁나는 것은 양반과 돈이라.
>
> 양반과 돈을 무서워하면 피하여 달아나는 것이 아니라 어린아이 젖꼭지를 따르듯 따른다. 따르는 모양은 한 가지나, 따르는 마음은 두 가지라. 양반을 보면 대포를 놓아서 무찔러 죽여 씨를 없애고 싶은 마음이 있으면서 거죽으로 따르고, 돈을 보면 어미 아비보다 반갑고 계집 자식보다 귀애하는 마음이 있어서 속으로 따른다. 그렇게 따르는 돈을 이전 시절에 남부럽지 아니하게 가졌더니, 춘천 부사인지 군수인지, 쉽게 말하려면 인피 벗기는 불한당들이 번갈아 내려오는데, 이놈이 가면 살겠다 싶으나 오는 놈마다 그놈이 그놈이라. 강 동지의 돈은 양반의 창자 속으로 다 들어가고, (후략)

(1) 윗대목을 통해 엿볼 수 있는 당시 양반의 모습에 대해 서술해 봅시다.

----

(2) 양반을 대하는 강 동지의 태도를 통해, 당시의 서민들이 양반에 대해 어떠한 생각을 가지고 있는지 짐작해 봅시다.

이 작품 속에는 현상황에 대한 비유나 닥칠 일에 대한 암시가 종종 사용되었습니다. 이러한 부분에 속하는 다음 두 제시문을 읽고 다음 문제에 답하시오.

[문항 4]

"고 못된 묵은 닭이 웁니다. 여보 순돌 아버지, 어서 그 닭을 잡아 없애 버리시오."

부인 "이 애 그것이 무슨 소리냐. 아무리 날짐승일지라도 본래 한 쌍으로 있던 묵은 암탉을 없앤단 말이냐. 고 못된 햇암탉 한 마리가 들어오더니 묵은 암탉이 설워서 우나 보다. 네 그 햇암탉을 지금으로 잡아내려서 모가지를 비틀어 죽여 버려라."

"이 애 거북아, 오늘은 우리 집에 무슨 경사가 있으려나 보다, 꽃비가 오는구나."

점순이는 저더러 하는 말도 아니건마는 춘천집의 말이 떨어지며 대답을 한다.

"아직 아니 떨어질 꽃도 몹쓸 바람을 만나더니 떨어집니다그려."

(1) 첫번째 글에서 쓰인 묵은 닭과 햇암탉이 비유하는 것은 무엇이며, 김 승지 부인이 위와 같이 말한 까닭은 어째서인지 서술해 봅시다.

----

(2) 두 번째 글에서 춘천집의 말을 받아치는 점순의 대꾸가 무엇을 암시하고 있는지 서술해 봅시다.

〈베스트 논술 한국대표문학〉(전 60권) 목록

권별	작품	작가
1	무정 I	이광수
2	무정 II	이광수
3	무명 · 꿈 · 옥수수 · 할멈	이광수
4	감자 · 시골 황 서방 · 광화사 · 붉은 산 · 김연실전 외	김동인
5	발가락이 닮았다 · 왕부의 낙조 · 전제자 · 명문 외	김동인
6	배따라기 · 약한 자의 슬픔 · 광염 소나타 외	김동인
7	B사감과 러브레터 · 서투른 도적 · 술 권하는 사회 · 빈처 외	현진건
8	운수 좋은 날 · 까막잡기 · 연애의 청산 · 정조와 약가 외	현진건
9	벙어리 삼룡이 · 뽕 · 젊은이의 시절 · 행랑 자식 외	나도향
10	물레방아 · 꿈 · 계집 하인 · 별을 안거든 우지나 말 걸 외	나도향
11	상록수 I	심훈
12	상록수 II	심훈
13	탈춤 · 황공의 최후 / 적빈 · 꺼래이 · 혼명에서 외	심훈 / 백신애
14	태평 천하	채만식
15	레디메이드 인생 · 순공 있는 일요일 · 쑥국새 외	채만식
16	명일 · 미스터 방 · 민족의 죄인 · 병이 낫거든 외	채만식
17	동백꽃 · 산골 나그네 · 노다지 · 총각과 맹꽁이 외	김유정
18	금 따는 콩밭 · 봄봄 · 따라지 · 소낙비 · 만무방 외	김유정
19	백치 아다다 · 마부 · 병풍에 그린 닭이 · 신기루 외	계용묵
20	표본실의 청개구리 · 두 파산 · 이사 외 / 모범 경작생	염상섭 / 박영준
21	탈출기 · 홍염 · 고국 · 그믐밤 · 폭군 · 박돌의 죽음 외	최서해
22	메밀꽃 필 무렵 · 낙엽기 · 돈 · 석류 · 들 · 수탉 외	이효석
23	분녀 · 개살구 · 산 · 오리온과 능금 · 가을과 산양 외	이효석
24	무녀도 · 역마 · 까치 소리 · 화랑의 후예 · 등신불 외	김동리
25	하수도 공사 / 지맥 / 그 날의 햇빛은 · 갈가마귀 그 소리	박화성 / 최정희 / 손소희
26	지하촌 · 소금 · 원고료 이백 원 외 / 경희	강경애 / 나혜석
27	제3인간형 / 제일과 제일장 외 / 사랑 손님과 어머니 외	안수길 / 이무영 / 주요섭
28	날개 · 오감도 · 지주 회시 · 환시기 · 실화 · 권태 외	이상
29	봉별기 · 종생기 · 조춘점묘 · 지도의 암실 · 추등잡필	이상
30	화수분 외 / 김 강사와 T교수 · 창랑 정기 / 성황당	전영택 / 유진오 / 정비석

권별	작품	작가
31	민촌 / 해방 전후 · 달밤 외 / 과도기 · 강아지	이기영 / 이태준 / 한설야
32	소설가 구보씨의 일일 / 장삼이사 · 비오는 길 / 석공 조합 대표 / 낙동강 · 농촌 사람들 · 저기압	박태원 / 최명익 송영 / 조명희
33	모래톱 이야기 · 사하촌 외 / 갯마을 / 혈맥 / 전황당인보기	김정한 / 오영수 / 김영수 / 정한숙
34	바비도 외 / 요한 시집 / 젊은 느티나무 외 / 실비명 외	김성한 / 장용학 / 강신재 / 김이석
35	잉여 인간 / 불꽃 / 꺼삐딴 리 · 사수 / 연기된 재판	손창섭 / 선우휘 / 전광용 / 유주현
36	탈향 외 / 수난 이대 외 / 유예 / 오발탄 외 / 4월의 끝	이호철/ 하근찬/ 오상원/ 이범선/ 한수산
37	총독의 소리 / 유형의 땅 / 세례 요한의 돌	최인훈 / 조정래 / 정을병
38	어둠의 혼 / 개미귀신 / 무진 기행 · 서울 1964년 겨울 외	김원일 / 이외수 / 김승옥
39	뫼비우스의 띠 / 악령 / 식구 관촌 수필 / 기억 속의 들꽃 / 젊은 날의 초상	조세희 / 김주영 / 박범신 이문구 / 윤흥길 / 이문열
40	김소월 시집	김소월
41	윤동주 시집	윤동주
42	한용운 시집	한용운
43	한국 고전 시가와 수필	유리왕 외
44	한국 대표 수필선	김진섭 외
45	한국 대표 시조선	이규보 외
46	한국 대표 시선	최남선 외
47	혈의 누 · 모란봉	이인직
48	귀의 성	이인직
49	금수 회의록 · 공진회 / 추월색	안국선 / 최찬식
50	자유종 · 구마검 / 애국부인전 / 꿈하늘	이해조 / 장지연 / 신채호
51	삼국유사	일연
52	금오신화 / 홍길동전 / 임진록	김시습 / 허균 / 작자 미상
53	인현왕후전 / 계축일기	작자 미상
54	난중일기	이순신
55	흥부전 / 장화홍련전 / 토끼전 / 배비장전	작자 미상
56	춘향전 / 심청전 / 박씨전	작자 미상
57	구운몽 · 사씨 남정기	김만중
58	한중록	혜경궁 홍씨
59	열하일기	박지원
60	목민심서	정약용

〈베스트 논술 한국대표문학〉에 실린 소설과 교과서 대조표

* 〈베스트 논술 한국대표문학〉에 실린 소설과 현행 국어 · 문학 18종 교과서의 수록 내용을 비교 · 분석하였다.

● 초등 학교 교과서(국어)

금오신화, 구운몽, 심청전,
흥부전, 토끼전, 박씨전,
장화홍련전, 홍길동전

● 국정 교과서

작품	작가	교과목
고향	현진건	고등 학교 문법
동백꽃	김유정	중학교 국어 2-1, 중학교 국어 3-1
벙어리 삼룡이	나도향	중학교 국어 1-1
봄봄	김유정	고등 학교 국어(상)
사랑 손님과 어머니	주요섭	중학교 국어 2-1
오발탄	이범선	중학교 국어 3-1
운수 좋은 날	현진건	중학교 국어 3-1

● 고등 학교 문학 교과서

작품	작품	출판사
감자	김동인	교학, 지학, 디딤돌, 상문
갯마을	오영수	문원, 형설
고향	현진건	두산, 지학, 청문, 중앙, 교학, 문원, 민중, 블랙, 디딤돌
관촌 수필	이문구	지학, 문원, 블랙
광염 소나타	김동인	천재, 태성

금 따는 콩밭	김유정	중앙
금수회의록	안국선	지학, 문원, 블랙, 교학, 대한, 태성, 청문, 디딤돌
김 강사와 T교수	유진오	중앙
까마귀	이태준	민중
꺼삐딴 리	전광용	지학, 중앙, 두산, 블랙, 디딤돌, 천재, 케이스
날개	이상	문원, 교학, 중앙, 민중, 천재, 형설, 청문, 태성, 케이스
논 이야기	채만식	두산, 상문, 중앙, 교학
닳아지는 살들	이호철	천재, 청문
동백꽃	김유정	금성, 두산, 블랙, 교학, 상문, 중앙, 지학, 태성, 형설, 디딤돌, 케이스
두 파산	염상섭	문원, 상문, 천재, 교학
등신불	김동리	중앙, 두산
만무방	김유정	민중, 천재, 두산
메밀꽃 필 무렵	이효석	금성, 상문, 중앙, 교학, 문원, 민중, 블랙, 디딤돌, 지학, 청문, 천재, 케이스
모래톱 이야기	김정한	디딤돌, 교학, 문원
모범경작생	박영준	중앙
뫼비우스의 띠	조세희	두산, 블랙
무녀도	김동리	천재, 지학, 청문, 금성, 문원, 민중, 케이스

작품	작가	출판사
무정	이광수	디딤돌, 금성, 두산, 교학, 한교
무진기행	김승옥	두산, 천재, 태성, 교학, 문원, 민중, 케이스
바비도	김성한	민중, 상문
배따라기	김동인	상문, 형설, 중앙
벙어리 삼룡이	나도향	민중
복덕방	이태준	블랙, 교학
봄봄	김유정	디딤돌, 문원
붉은 산	김동인	중앙
B사감과 러브레터	현진건	교학
사랑 손님과 어머니	주요섭	중앙, 디딤돌, 민중, 상문
사수	전광용	두산
사하촌	김정한	중앙, 문원, 민중
산	이효석	문원, 형설
서울, 1964년 겨울	김승옥	문원, 블랙, 천재, 교학, 지학, 중앙
성황당	정비석	형설
소설가 구보씨의 일일	박태원	중앙, 천재, 교학, 대한, 형설, 문원, 민중
수난 이대	하근찬	교학, 지학, 중앙, 문원, 민중, 디딤돌, 케이스
애국부인전	장지연	지학, 한교
어둠의 혼	김원일	천재
역마	김동리	교학, 두산, 천재, 태성, 형설, 상문, 디딤돌

역사	김승옥	중앙
오발탄	이범선	교학, 중앙, 금성, 두산
요한 시집	장용학	교학
운수 좋은 날	현진건	금성, 문원, 천재, 지학, 민중, 두산, 디딤돌, 케이스
유예	오상원	블랙, 천재, 중앙, 교학, 디딤돌, 민중
자유종	이해조	지학, 한교
장삼이사	최명익	천재
전황당인보기	정한숙	중앙
젊은 날의 초상	이문열	지학
젊은 느티나무	강신재	블랙, 중앙, 문원, 상문
제일과 제일장	이무영	중앙
치숙	채만식	문원, 청문, 중앙, 민중, 상문, 케이스
탈출기	최서해	형설, 두산, 민중
탈향	이호철	케이스
태평 천하	채만식	지학, 금성, 블랙, 교학, 형설, 태성, 디딤돌
표본실의 청개구리	염상섭	금성
학마을 사람들	이범선	민중
할머니의 죽음	현진건	중앙
해방 전후	이태준	천재
혈의 누	이인직	천재, 금성, 민중, 교학, 태성, 청문
홍염	최서해	상문, 지학, 금성, 두산, 케이스
화수분	전영택	태성, 중앙, 디딤돌, 블랙

〈베스트 논술 한국대표문학〉에 실린 시와 교과서 대조표

*〈베스트 논술 한국대표문학〉에 실린 시와 현행 국어 · 문학 18종 교과서의 수록 내용을 비교 · 분석하였다.

작품	작가	출판사	작품	작가	출판사
가는 길	김소월	지학, 블랙, 민중	남으로 창을 내겠소	김상용	지학, 한교, 상문
가을의 기도	김현승	블랙	내 마음은	김동명	중앙, 상문
겨울 바다	김남조	지학	내 마음을 아실 이	김영랑	한교
고향	백석	형설	농무	신경림	지학, 디딤, 금성, 블랙, 교학, 형설, 청문
국경의 밤	김동환	지학, 천재, 금성, 블랙, 태성			
			누가 하늘을 보았다 하는가	신동엽	두산
국화 옆에서	서정주	민중			
귀천	천상병	지학, 디딤돌	눈길	고은	문원
귀촉도	서정주	지학	님의 침묵	한용운	지학, 천재, 두산, 교학, 민중, 한교, 태성, 디딤돌
그 날이 오면	심훈	지학, 블랙, 교학, 중앙			
그대들 돌아오시니	정지용	두산	떠나가는 배	박용철	지학, 한교
그 먼 나라를 알으십니까	신석정	교학, 대한	머슴 대길이	고은	디딤돌, 천재
			먼 후일	김소월	청문
껍데기는 가라	신동엽	지학, 천재, 금성, 블랙, 교학, 한교, 상문, 형설, 청문	모란이 피기까지는	김영랑	지학, 천재, 금성, 형설
			목계 장터	신경림	문원, 한교, 청문
꽃	김춘수	금성, 문원, 교학, 중앙, 형설	목마와 숙녀	박인환	민중
			바다와 나비	김기림	금성, 블랙, 한교, 대한, 형설
끝없는 강물이 흐르네	김영랑	디딤, 교학	바위	유치환	금성, 문원, 중앙, 한교
나그네	박목월	천재, 블랙, 중앙, 한교	별 헤는 밤	윤동주	문원, 민중
나룻배와 행인	한용운	문원, 블랙, 대한, 형설	봄은 간다	김억	한교, 교학
남신의주 유동 박시봉방	백석	지학, 두산, 상문	봄은 고양이로다	이장희	블랙

작품	작가	출판사
불놀이	주요한	금성, 형설
빼앗긴 들에도 봄은 오는가	이상화	지학, 천재, 문원, 블랙, 디딤돌, 중앙
산 너머 남촌에는	김동환	천재, 블랙, 민중
산유화	김소월	두산, 민중
살아 있는 것이 있다면	박인환	대한, 교학
살아 있는 날은	이해인	교학
생명의 서	유치환	한교, 대한
샤갈의 마을에 내리는 눈	김춘수	지학, 블랙, 태성
서시	윤동주	디딤돌, 민중
설일	김남조	교학
성묘	고은	교학
성북동 비둘기	김광섭	지학
쉽게 씌어진 시	윤동주	지학, 디딤돌, 중앙
승무	조지훈	지학, 디딤돌, 금성
알 수 없어요	한용운	중앙, 대한
어서 너는 오너라	박두진	디딤돌, 금성, 한교, 교학
오감도	이상	디딤돌, 대한
와사등	김광균	민중
우리가 물이 되어	강은교	지학, 문원, 교학, 형설, 청문, 디딤돌
우리 오빠의 화로	임화	디딤돌, 대한
울음이 타는 가을 강	박재삼	지학, 교학
자수	허영자	교학

작품	작가	출판사
자화상	노천명	민중
절정	이육사	지학, 천재, 금성, 두산, 문원, 블랙, 교학, 태성, 청문, 디딤돌
접동새	김소월	교학, 한교
조그만 사랑 노래	황동규	문원, 중앙
즐거운 편지	황동규	지학, 형설, 청문
진달래꽃	김소월	천재, 태성
청노루	박목월	지학, 문원, 상문
초토의 시 8	구상	지학, 천재, 두산, 상문, 태성
초혼	김소월	디딤돌, 금성, 문원
타는 목마름으로	김지하	디딤돌, 금성, 문원, 민중
풀	김수영	지학, 금성, 민중, 한교, 태성
프란츠 카프카	오규원	천재, 태성
피아노	전봉건	태성
해	박두진	두산, 블랙, 민중, 형설
해에게서 소년에게	최남선	지학, 천재, 금성, 두산, 문원, 민중, 한교, 대한, 형설, 태성, 청문, 디딤돌
향수	정지용	지학, 문원, 블랙, 교학, 한교, 상문, 청문, 디딤돌

〈베스트 논술 한국대표문학〉에 실린 시조와 교과서 대조표

*〈베스트 논술 한국대표문학〉에 실린 시조와 현행 국어·문학 18종 교과서의 수록 내용을 비교·분석하였다.

작품	작가	출판사
가노라 삼각산아	김상헌	교학, 형설
가마귀 눈비 맞아	백팽년	교학
가마귀 싸우는 골에	정몽주 어머니	교학
강호 사시가	맹사성	디딤돌, 두산, 교학
고산구곡	이이	한교
공명을 즐겨 마라	김삼현	지학
구름이 무심탄 말이	이존오	천재
국화야 너난 어이	이정보	블랙
녹초 청강상에	서익	지학
농암가	이현보	민중
뉘라서 가마귀를	박효관	교학
님 그린 상사몽이	박효관	천재
대추볼 붉은 골에	황희	중앙
도산 십이곡	이황	디딤돌, 블랙, 민중, 형설, 태성
동짓달 기나긴 밤을	황진이	지학, 천재, 금성, 두산, 문원, 교학, 상문, 대한
마음이 어린후니	서경덕	지학, 금성, 블랙, 한교
말없는 청산이요	성혼	지학, 천재
방안에 혔는 촉불	이개	천재, 금성, 교학
백구야 말 물어보자	김천택	지학
백설이 쟈자진 골에	이색	지학
삭풍은 나무끝에	김종서	중앙, 형설
산촌에 눈이 오니	신흠	지학

작품	작가	출판사
삼동에 베옷 닙고	조식	지학, 형설
산인교 나린 물이	정도전	천재
수양산 바라보며	성삼문	천재, 교학
십년을 경영하여	송순	지학, 금성, 블랙, 중앙, 한교, 상문, 대한, 형설
어리고 성긴 매화	안민영	형설
어부사시사	윤선도	금성, 문원, 민중, 상문, 대한, 형설, 청문
오리의 짧은 다리	김구	청문
오백년 도읍지를	길재	블랙, 청문
오우가	윤선도	형설
이몸이 죽어가서	성삼문	지학, 두산, 민중, 대한, 형설
이시렴 부디 갈다	성종	지학
이화에 월백하고	이조년	디딤돌, 천재, 두산
이화우 흣뿌릴 제	계랑	한교
재너머 성권농 집에	정철	천재, 형설
천만리 머나먼 길에	왕방연	문원, 블랙
청산리 벽계수야	황진이	지학
추강에 밤이 드니	월산대군	천재, 금성, 민중
춘산에 눈녹인 바람	우탁	디딤돌
풍상이 섞어 친 날에	송순	지학, 청문
한손에 막대 잡고	우탁	금성
훈민가	정철	지학, 금성
흥망이 유수하니	원천석	천재, 중앙, 한교, 디딤돌, 대한

〈베스트 논술 한국대표문학〉에 실린 수필과 교과서 대조표

* 〈베스트 논술 한국대표문학〉에 실린 수필과 현행 국어 · 문학 18종 교과서의 수록 내용을 비교 · 분석하였다.

작품	작가	출판사
가난한 날의 행복	김소운	천재
가람 일기	이병기	지학
구두	계용묵	디딤돌, 문원, 상문, 대한
그믐달	나도향	블랙, 태성
꼴찌에게 보내는 갈채	박완서	태성
나무	이양하	상문
나무의 위의	이양하	문원, 태성
낭객의 신년 만필	신채호	두산, 블랙, 한교
딸깍발이	이희승	지학, 디딤돌, 청문
멋없는 세상 멋있는 사람	김태길	중앙
무궁화	이양하	디딤돌
백설부	김진섭	지학, 천재, 형설, 태성, 청문
생활인의 철학	김진섭	지학, 태성
수필	피천득	지학, 천재, 한교, 태성, 청문
수학이 모르는 지혜	김형석	청문
슬픔에 관하여	유달영	문원, 중앙
웃음설	양주동	교학, 태성
은전 한 닢	피천득	금성, 대한
이야기	피천득	지학, 청문
인생의 묘미	김소운	지학
지조론	조지훈	블랙, 한교
청춘 예찬	민태원	금성, 블랙
특급품	김소운	교학
폭포와 분수	이어령	지학, 블랙
피딴 문답	김소운	디딤돌, 금성, 한교
행복의 메타포	안병욱	교학
헐려 짓는 광화문	설의식	두산

베스트 논술 한국 대표문학 48

귀의성

지은이 이인직
펴낸이 류성관
펴낸곳 SR&B(새로본닷컴)
주 소 서울특별시 마포구 망원동 463-2번지
전 화 02)333-5413
팩 스 02)333-5418
등 록 제10-2307호
인 쇄 만리 인쇄사